全过程工程咨询100问

组织编写　上海同济工程咨询有限公司

主　　编　杨卫东　敖永杰
副 主 编　翁晓红　王大伟　沈　翔

中国建筑工业出版社

图书在版编目（CIP）数据

全过程工程咨询 100 问 / 上海同济工程咨询有限公司
组织编写；杨卫东，敖永杰主编；翁晓红，王大伟，沈
翔副主编 . —北京：中国建筑工业出版社，2023.10（2024.7重印）
ISBN 978-7-112-29222-6

Ⅰ. ①全… Ⅱ. ①上… ②杨… ③敖… ④翁… ⑤王
… ⑥沈… Ⅲ. ①建筑工程—咨询服务—问题解答 Ⅳ.
① F407.9-44

中国国家版本馆 CIP 数据核字（2023）第 184480 号

责任编辑：张智芊
责任校对：党　蕾
校对整理：董　楠

全过程工程咨询100问

组织编写　上海同济工程咨询有限公司
主　　编　杨卫东　敖永杰
副　主　编　翁晓红　王大伟　沈　翔
＊
中国建筑工业出版社出版、发行（北京海淀三里河路 9 号）
各地新华书店、建筑书店经销
北京雅盈中佳图文设计公司制版
建工社（河北）印刷有限公司印刷
＊
开本：787 毫米 × 1092 毫米　1/16　印张：13¼　字数：237 千字
2023 年 10 月第一版　2024 年 7 月第二次印刷
定价：68.00 元
ISBN 978-7-112-29222-6
（41637）

本书编委会

组织编写：上海同济工程咨询有限公司

主　　编：杨卫东　　敖永杰
副 主 编：翁晓红　　王大伟　　沈　翔

其他参与编写人员：

李欣然　　房　放　　王玉萍　　张沛良　　丛　茂
崔莹莹　　叶苗苗　　陈　超　　李鑫森　　李四甲
林燕娥　　高章水　　贾文龙　　王嘉勋　　谭念莹

序

2017 年 2 月，国务院办公厅印发了《国务院办公厅关于促进建筑业持续健康发展的意见》（国办发〔2017〕19 号），首次提出"全过程工程咨询"。2019 年，国家发展改革委联合住房和城乡建设部发布了《国家发展改革委 住房城乡建设部关于推进全过程工程咨询服务发展的指导意见》（发改投资规〔2019〕515 号），将全过程工程咨询划分为投资决策综合性咨询和工程建设全过程咨询。之后，《房屋建筑和市政基础设施建设项目全过程工程咨询服务技术标准（征求意见稿）》《全过程工程咨询服务合同示范文本（征求意见稿）》相继发布，进一步对全过程工程咨询进行了引导和规范。

全过程工程咨询提出伊始，上海同济工程咨询有限公司（以下简称"同济咨询"）就创造性提出了"1+X"全过程工程咨询服务模式，认为"1"是贯穿项目全过程的工程管理服务链，是对项目决策、实施和运行各阶段进行策划、组织、控制、协调的集成化管理；"X"是贯穿工程咨询管理服务中单项工程咨询服务，在 2018 年出版的《全过程工程咨询实践指南》中首次对"1+X"模式的含义及实践进行了系统性阐述。在这些年的实践中，同济咨询积极传播其对全过程工程咨询服务的认识和观点，践行集成化、专业化的服务理念，与行业同仁进行了诸多关于全过程工程咨询的探讨。此次，同济咨询结合自身最新的认识和理解，以及在实践中经常被讨论的问题，编制了这本书，旨在针对一些关键问题提出"同济咨询"观点，供行业同仁探讨，在一定程度上推动全过程工程咨询的进一步发展。

除了同济咨询的观点，行业里还有"1+N""1+N+X"等对全过程工程咨询不同的理解和观点，无论大家理解如何，对于其打破碎片化，促进集成化，提高投资效益、工程建设质量和运营效率的初衷和目的应该是达成共识的。我们相信，随着政策、文件和标准的进一步规范，以及在业内人士的共同努力下，我国将朝着专业化、集成化、协同化、标准化、数字化、国际化的方向，逐步建立起具有中国特色的现代工程咨询服务体系。

上海同济工程咨询有限公司　董事长

2023 年 9 月

前　言

全过程工程咨询自提出以来得到了快速发展，积累了丰富的理论知识和实践经验。作为全国首批全过程工程咨询试点单位之一，上海同济工程咨询有限公司（以下简称"同济咨询"）近年来一直致力于全过程工程咨询的研究和实践，独创性地提出了"1+X"全过程工程咨询服务模式，参与了国家《房屋建筑和市政基础设施建设项目全过程工程咨询服务技术标准（征求意见稿）》《全过程工程咨询服务合同示范文本（征求意见稿）》和《全过程工程咨询招标文件示范文本》等全过程工程咨询领域主要政策、标准等的起草制订工作，并积累了丰富的实践案例。为了说明全过程工程咨询的概念、执行政策、运行方式等，并加深读者的理解，同济咨询融合公司员工的集体智慧，结合实务操作经验及业界专家真知灼见，以"提问—回答"的形式编制了《全过程工程咨询100问》，一方面帮助读者解疑释惑，另一方面也方便读者针对性地查阅。同济咨询始终站在工程咨询行业的发展前沿，为促进中国工程咨询行业的发展贡献力量。

本书不仅介绍了全过程工程咨询的定义、特点和模式，还对实践中大家经常提及的关于费用计取、人员配备、绩效考核等问题进行了回答，最后对全过程工程咨询未来的发展趋势进行了分析，综合了对全过程工程咨询的全方位思考。《全过程工程咨询100问》共分为五章。第一章，全过程工程咨询的概念含义，明确回答了全过程工程咨询的定义、服务范围和内容，以及与项目管理、工程总承包的关系等内容；第二章，全过程工程咨询的相关政策，系统梳理了国家及地方相关政策，并对其进行详细解读；第三章，全过程工程咨询委托与承接，试图从市场实际对全过程工程咨询服务的委托主体、委托方式、服务内容、取费标准、企业资质及人员要求等进行逐一解答；第四章，全过程工程咨询服务开展，从企业层面、投资决策综合性咨询、工程建设全过程咨询三方面展开，并结合实操案例,全面介绍了全过程工程咨询服务开展中所涉及的内容;第五章,全过程工程咨询的未来发展,从辩证的角度对其发展趋势进行了科学分析与预判。

本书由上海同济工程咨询有限公司组织编写,由杨卫东主编。具体分工为:杨卫东、李欣然等编写第一章,敖永杰、崔莹莹等编写第二章,杨卫东、房放等编写第三章,杨卫东、王玉萍、丛茂、王大伟、李欣然、高章水等编写第四章,沈翔等编写第五章。本书在编写过程中引用了大量国家政策文件、行业标准,也参阅了部分论文期刊及文献资料,在此一并表示感谢。最后还要感谢出版社领导和编辑等工作人员为本书出版付出的辛勤劳动。

由于编者时间和水平所限,本书疏漏之处在所难免,真诚欢迎广大读者朋友对本书提出修改补充和更新意见。

2023 年 9 月

目　录

一、全过程工程咨询的概念含义

1. 全过程工程咨询提出的背景是什么？

改革开放以来，我国工程咨询行业快速发展，形成了投资、招标代理、勘察、设计、监理、造价、项目管理等专业化咨询服务业态，工程咨询服务专业化水平逐步提升。在此基础上，提出和推进全过程工程咨询，是建筑业高质量发展、政府管理职能转变、建筑业市场化发展、行业组织结构调整、企业自身发展提升和适应国际化发展的需要（图 1–1）。

第一，全过程工程咨询符合国家当下对建筑业高质量发展的需要。党的十九大报告中提出了"建设现代化经济体系"。"十四五"时期是实施城市更新行动、推进新型城镇化建设机遇期，是加快建筑业转型发展关键期。建筑业作为我国超大规模市场的重要组成部分，对国民经济影响较大，需要从追求高速增长转型为追求高质量发展，"质量第一"和"质量强国"应同步推进。随着投资咨询、招标代理、勘察、设计、监理、造价、项目管理等咨询服务板块逐渐形成，有力地促进了我国工程咨询服务专业化水平的提升，但同时也显现出发展方式粗放、服

建筑业高质量发展　　　　　　建筑业市场化发展

政府管理职能转变　　全过程工程咨询提出的背景　　行业组织结构调整

适应国际化发展　　　　　　企业自身发展提升需求

图 1-1　全过程工程咨询提出的背景

务产品碎片化、市场秩序不规范、管理水平有待提高、科技含量不足等问题，尤其是投资者对项目投资决策、工程建设和运营管理的综合性、跨阶段、一体化咨询日益增强的服务需求与现行制度造成的单项咨询服务供给模式之间的矛盾日益突出。在发展大背景下，《国务院办公厅关于促进建筑业持续健康发展的意见》（国办发〔2017〕19号，以下简称"国务院19号文"）首次提出发展全过程工程咨询，以完善工程建设组织模式，明确将培育全过程工程咨询作为完善工程建设组织模式的重点工作，推动工程咨询企业和建筑业高质量发展，实现由"粗放型发展"向"精细化发展"转型。《国家发展改革委 住房城乡建设部关于推进全过程工程咨询服务发展的指导意见》（发改投资规〔2019〕515号，以下简称"515号文"）进一步明确了开展全过程工程咨询对于促进行业高质量发展的意义和作用，有力地促进了工程咨询行业的转型升级和创新发展。可以说，全过程工程咨询的推行和发展将赋予建筑业新的发展机遇和发展空间，能够统筹管理与技术，促进行业整体水平的提高，并更好地与国际标准接轨。工程咨询企业在追求自身高质量、专业化发展的同时，可以通过拓展、协同、兼并、重组等途径寻求多元化、集成化的发展，能够更好地在投资项目决策、实施、运营等各环节发挥综合性服务的价值，促进项目投资效益、工程建设质量和运营效率的整体提升，从而更好地赋能建筑业高质量发展。

第二，全过程工程咨询服务模式符合我国当前政府管理职能转变的需求。在推进国家治理体系和治理能力现代化的新征程上，贯彻党中央、国务院提出的行政管理体制改革以及政府职能转变目标，推动政府职能深刻转变，同时进一步落实国务院19号文精神，深入推进建筑业"放管服"改革，使市场在资源配置中更好地发挥作用，这给全过程工程咨询服务模式提供了良好的发展土壤。在新形势下，全过程工程咨询可服务于建筑业"十四五"规划涉及招标投标、资质、个人执业制度、工程组织模式、工程担保制度等方面的一系列改革，充分发挥对工程建设项目审批制度改革的支撑作用。随着供给侧结构性改革的不断推进，原本管理体制下的工程咨询行业碎片化壁垒将被逐步打破，行业和企业必将面临融合发展、创新发展的趋势。此项变革将促进建筑咨询行业由管理型向服务型跨进，有利于全过程工程咨询向前发展，政府行政管理从"事前审批"向"事前、事中、事后监管"强化，对于项目建设传统的"重后期实施、轻前期评估"观念转变，更加重视对项目整体目标和风险的把控，加强全过程的集成化管理。

第三，在国家和行业发展的背景下，全过程工程咨询的提出贴合建筑业市场化发展的需求。《中华人民共和国国民经济和社会发展第十四个五年规划和 2035 年远景目标纲要》（以下简称"'十四五'规划"）提出，需深化供给侧结构性改革，构建高水平社会主义市场经济体制，激发市场主体活力，建设高标准市场体系。营商环境是企业在市场经济活动中涉及的外部因素和条件的总和，是企业发展的土壤。随着近年来政府持续优化营商环境，我国的经济增长更加平稳有序，市场竞争更加自由公平，对外开放程度也发展到了新的水平。在营商环境优化的进一步推进下，相关政策文件的陆续出台，一定程度上为全过程工程咨询的推进破除了体制机制障碍，降低了行业的制度复杂性和准入门槛，使各类工程咨询企业获得整合产业链上服务的竞争机会，以市场化发展来促进工程咨询行业的发展，以开放、公平的市场竞争来提升资源配置，从而有利于深化投融资体制改革，提高资金使用效率，保障项目目标的实现。同时，在供给侧结构性改革以及构建"全国统一大市场"背景下，供给体系适配性将进一步提升，市场基础制度规则统一将进一步强化，规范不当市场竞争和市场干预行为，建筑业投资环境将逐步改善，国内咨询企业通过积极学习国外先进的技术和经验，开展全过程工程咨询服务模式，可丰富合作方式和模式，推进建筑行业标准化体系建立和市场化发展。

第四，全过程工程咨询服务模式的提出符合行业组织结构调整的需求。当前，工程咨询行业治理体系仍较为分散，行业自律不健全，现代信息技术融合较慢，能力建设有待加强。近年来，行业组织结构仍以单一化服务企业为主，虽然也出现一些提供多元组合咨询服务的企业，但仍然不能满足业主集成化服务的需求。为适应工程咨询行业的市场化发展，应对全过程工程咨询的发展趋势，产业组织结构的调整和行业内部结构的优化客观上对发展出一批具备专业、高效、全面特点，并在国际上具有竞争优势的全过程工程咨询企业提出需求，咨询企业必将根据自身情况和发展需要进行转型升级，从而促进行业组织结构进一步优化。当前，建筑咨询企业转型升级主要以"专业化发展、多元化发展、集成化发展"三种趋势为主要导向："专业化发展"即以"专、精、尖、特"的单项咨询服务为特点，在工程技术咨询、生态环保咨询、政策咨询、信息化咨询、法律咨询等咨询方向有针对性进行专业化、精细化、尖端化、特色化发展方向；"多元化发展"是在原有服务内容基础上，在全过程工程咨询服务模式下，拓展工程咨询服务内容，进行多层次、多阶段的服务；"集成化发展"则是在条件允许的情况下，综合性全面提升服务能力，提供跨阶段、一体化、综合性咨询服务。全过程工程咨询模式可推动服务理念和服务模式创新，作为企业转型升级的外在动因，推动企业为生存发展形成内驱动力，客观上将有利于优化行业资源配置，提升行业供给治理和供给能力，有效促进行业组织结构的进一步调整和优化。

第五，全过程工程咨询服务模式的提出符合企业自身发展提升的需求。在经济模式多元化发展形势下，市场竞争和政府政策倒逼工程咨询企业推陈出新，主动系统梳理工程建设全过程相关的法律、法规、政策、标准、规范和示范文本，并通过内部环境情况以及对宏观形势和外部环境的分析，提高自身发展和竞争力，以谋求更好地发展，实现企业自身转型升级。在全过程工程咨询环境下，工程咨询企业可以原有工程咨询服务为基础，建立和完善全过程工程咨询服务体系，拓展服务产品和能力，通过产品的组合发展，增强市场竞争能力，提高企业生产经营能力，实现转型升级、创新发展。作为独立的服务主体，工程咨询企业与业主、各类咨询企业、施工企业、政府等在项目建设的全过程多有交集，熟悉与他们沟通的方式和要求，以往协调经验的积累可为其开展全过程工程咨询服务赋能助力。同时，为更好地提供全过程工程咨询服务，咨询企业将进一步主动提升管理能力，完善人才结构，重视队伍培养，并拓展专业技术层次，在全过程工程咨询的推进下，不断提升服务能力，更好地实现自身专业化发展、多元化发展或集成化发展。

第六，全过程工程咨询服务模式的提出符合我国工程咨询行业适应国际化发展的需求。"十四五"规划提出，将构建以国内大循环为主体、国内国际双循环相互促进的新发展格局，建设更高水平开放型经济新体制，推动共建"一带一路"高质量发展，积极参与全球治理体系改革和建设。为适应"国内国际双循环格局"需要，工程咨询行业要先适应国内自身的经济形势和经济发展，同时伴随全球经济一体化的发展，配合经济开放，加快"走出去"步伐。为以中国投资带动中国建造，拓展更大的市场，提升咨询业的综合服务能力和核心竞争力势在必行，并越来越显现出与国际接轨的趋势。过去，我国项目管理、工程监理等相关理论和实践的发展也充分借鉴了国外先进理论，符合国外"全生命周期管理"的概念。而作为对项目工程的工程技术、法律、经济和管理科学等内容进行有机结合的一套理论性和操作性规范性文件的英国 FIDIC（国际咨询工程师联合会）"彩虹系列"合同文本，以及为规范项目各阶段界限的美国 AIA（美国建筑师协会）发布的建筑合同系列文件，也在我国行业相关示范文本中得以借鉴。在国际上"全生命周期管理"理论和"价值交付"概念的启发下，全过程工程咨询服务模式的提出适应了国内工程咨询国际化发展，有利于进一步对接国际项目管理和实施模式，符合我国工程咨询行业国际化发展的需要，能够有效提升我国工程咨询行业在国际市场上的地位和竞争力。

2. 全过程工程咨询的发展历程和趋势是什么？

中华人民共和国成立以来，我国工程咨询业经历了从无到有、由小到大的长足发展。随着改革开放的深入和社会主义市场经济体制的确立，工程咨询产业化、工程咨询单位市场化步伐明显加快，行业规模显著扩大，人员素质不断提高，服务质量和水平稳步提升，在此基础上，全过程工程咨询的理念逐渐被提出。我国的全过程工程咨询发展大致分成三个阶段：起步阶段、专业化发展阶段、高质量发展阶段（图1-2）。

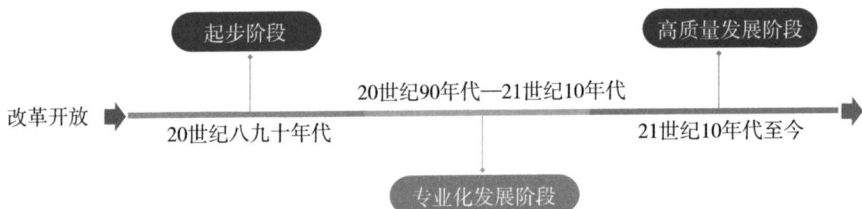

图1-2 全过程工程咨询的发展历程

第一阶段是起步阶段。党的十一届三中全会召开，宣布我国实行改革开放政策，自20世纪80年代起，国家经济体制由计划经济向市场经济进行转变，为此，推进了政府管理体制的改革，逐步进行政府管理机构和职能的调整，适应市场化发展的需要。同时，我国的工程咨询管理理论借鉴国际上先进的工程管理理念（如FIDIC"彩虹系列"合同文本），逐步建立开放的市场化社会环境，推进投资项目组织管理模式的改变，如建立工程监理制度（如京津唐高速项目），引进项目管理制度（如鲁布革项目）等。以鲁布革水电站项目为例，工程项目管理方法的引进，帮助我国项目工程发展引入竞争机制，实行国际工程招标投标；协助实行全过程总承包方式和项目管理方法；项目施工现场的管理机构和作业队伍精干灵活，做到真正能战斗，提高实战性；科学地组织项目施工，讲求综合经济效益。最终"鲁布革工程项目"以低于标底43%的价格中标，降低造价约40%，工期缩短4个月，"鲁布革工程项目"管理经验得以推广。在此阶段，中国工程咨询协会于1992年成立，《工程咨询业管理暂行办法》于1994年颁布，标志着我国工程咨询行业正式形成，国家产业政策也明确把工程咨询纳入服务业。然而，此时从事战略性规划和工程项目后评价等业务的工程咨询机构比较少，工程咨询主业仍局限于前期论证和评估咨询，综合性工程咨询公司极少，而工程勘察设计单位的业务范围还是以工程勘察设计为主。

第二阶段是专业化发展阶段。从20世纪90年代到21世纪10年代左右，我国政府管理体制不断深入、完善，市场经济进一步得到发展。政府监管体制开始呈现行业化、部门化；各类专业资质、资格行政审批制度建立；各类专业咨询协会逐步成立。同时，工程咨询服务专业市场基本形成，形成了投资咨询、招标代理、勘察、设计、监理、造价、项目管理等专业化的单项咨询服务业态，部分专业咨询服务建立了准入制度，促进了我国工程咨询服务专业化水平提升。随着1996年中国工程咨询协会代表我国工程咨询业加入国际咨询工程师联合会（FIDIC）和2001年我国加入世界贸易组织（WTO），我国政府机构改革、科研设计单位全面转制，在此契机下，国内各类工程咨询单位也进行了与政府机构的脱钩改制工作，工程咨询市场进一步开放。与此同时，国外工程咨询机构也开始大力开拓中国市场，在中国设立办事处或公司。此外，国内工程咨询企业也开始尝试进入国际市场，参与国际竞争。

第三阶段是高质量发展阶段。党的十八大以来，我国工程咨询行业积极贯彻落实新发展理念，服务国家战略需求与决策、服务重大项目建设，为各级政府部门和投资者提供了大量有价值的咨询服务。党的十九届六中全会指出，我国全面建成小康社会目标如期实现，正开启实现第二个百年奋斗目标新征程，要实现新的宏伟目标，必须实现高质量发展。作为服务党政决策、服务供给侧结构性改革的重要支撑力量，作为服务国民经济和社会发展的先导产业，工程咨询行业需在准确认识新发展阶段特点的过程中把握行业的历史方位，在全面贯彻新发展理念中找准行业的发展方向，在服务构建新发展格局中明晰行业高质量发展的路径选择。面对当今百年未有之大变局，市场需求、科技发展、行业融合需求、政府管理职能转变、国际化及全球化等外部环境都在客观上推动了行业向前发展。随着我国固定资产投资项目建设水平逐步提高，为更好地实现投资建设意图，投资者或建设单位在固定资产投资项目决策、工程建设、项目运营过程中，对综合性、跨阶段、一体化的咨询服务需求日益增强，这有利于推动投资建设项目组织模式的进一步改革（国务院19号文），有利于加强投资决策阶段综合性咨询、工程建设全过程咨询的集成化管理（515号文），使全过程工程咨询成为发展新引擎。同时，在"双碳"背景下，工程咨询结合绿色建造与智能建造理念，以 BIM、大数据、云计算、人工智能、物联网、移动互联网和区块链为代表的新技术为基础，可推动项目全生命周期数据共享和信息管理；通过智能建造技术赋能，实现建造过程一体化、协同化和平台化，实现绿色工程产品交付。通过全过程工程咨询的服务理念和服务模式创新，加快相关标准规范制定，可培育一批全过程工程咨询骨干企业，从而促进行业整体供给质量和能力提升。当前，行业组织结构开始进行三层探索，咨询企业开始思考转型提升发展，如何更好地推进集成化项目管理与专业化单项工程咨询协同，从而实现行业高质量发展将是当下及未来行业发展的一个重要命题。

整体来看，我国工程咨询行业及全过程工程咨询的发展经历了从萌芽状态到快速成长阶段，再到成熟发展阶段。在萌芽阶段，咨询工作大多是在政府指令性计划下完成，服务内容和服务形式与现代化的咨询服务在深度和广度上均有所差异。到了快速成长阶段，我国工程咨询行业发展逐渐与国际工程行业发展进行接轨，国内各类工程咨询单位也进行了与政府机构的脱钩改制工作，工程咨询市场进一步开放，国内工程咨询行业也开始尝试对接国际标准，进入国际发展时代，与此同时，国外工程咨询机构也开始大力开拓中国市场，在中国设立办事处或公司。在如今的高质量发展阶段，行业发展更加注重国家法律法规、政策及标准的出台和修订，一批涉及全过程工程咨询行业管理、市场准入、市场监管、质量控制的规范性文件陆续出台，各项鼓励支持工程咨询业发展的政策措施进一步落实，使全过程工程咨询的行业认知度有效提升，行业自律管理与服务有效加强，科技水平持续提升，行业发展环境持续优化。通过不同阶段的发展，行业逐渐实现产业的快速增长，准入制度的改革，服务样式多样化，企业性质多元化的改变。

3. 什么是投资决策综合性咨询？

投资决策综合性咨询是工程咨询方接受投资方委托，在项目投资决策阶段，就投资项目的市场、技术、经济、生态环境、能源、资源、安全等影响可行性的要素，结合国家、地区、行业发展规划和相关重大专项建设规划、产业政策、技术标准及相关审批要求进行分析、研究、论证，为投资方提供综合性、一体化的决策依据和建议的服务。

开展投资决策综合性咨询服务的主要目的是深化投融资体制改革、优化营商环境、促进投资高质量发展。工程咨询方根据投资方委托开展投资决策综合性咨询，包括投资策划咨询、可行性研究、项目规划策划、社会稳定风险评估、节能评估、用地预审、水土保持方案等服务内容，并在此基础上编制符合建设项目投资决策基本程序要求的申报材料，同时协助投资方按规定完成投资决策阶段各项审批、核准或备案事项（图1-3）。

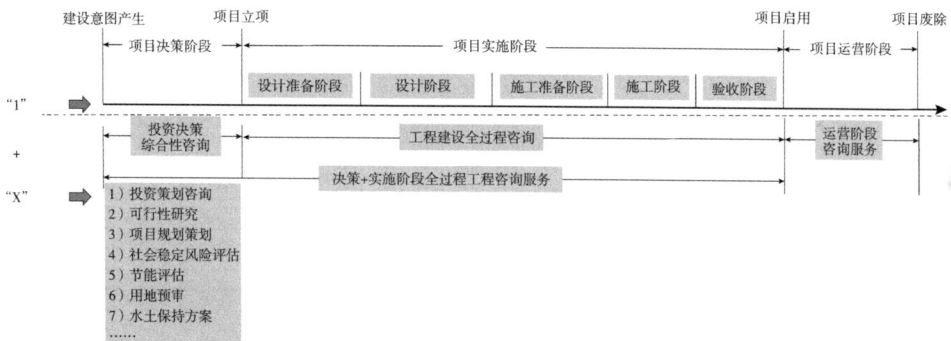

图 1-3　投资决策综合性咨询图示

具体来看，投资决策综合性咨询中的服务内容包括但不限于表1-1所示的内容。

以投资决策综合性咨询促进投资决策科学化是推进全过程工程咨询服务过程中的重要内容。大力提升投资决策综合性咨询水平，规范投资决策综合性咨询服务方式，充分发挥投资决策综合性咨询在促进投资高质量发展和投资审批制度改革中的支撑作用，以政府投资项目优先开展综合性咨询从而增强政府投资决策科学性，提高政府投资效益。这对深刻认识全过程工程咨询、推进全过程工程咨询深化发展及推动工程咨询业高质量发展具有十分深远的意义。

投资决策综合性咨询服务可由工程咨询方采取市场合作、委托专业服务等方式牵头提供，或由其会同具备相应资格的服务机构联合提供。牵头提供投资决策综合性咨询服务的机构，根据与委托方合同约定对服务成果承担总体责任，是投资方委托的建设项目投资决策总顾问，承担投资决策阶段综合性咨询的主体责任，应组织实施好各项咨询任务，并可根据资信、资质条件与能力承担相应申报材料编制任务。投资决策综合性咨询的总负责人由牵头方派出，组建的咨询团队人员应符合各项咨询任务的规定要求；联合提供投资决策综合性咨询服务的各合作方承担相应责任，各自负责相对应的任务。

| 投资决策综合性咨询中的服务内容 | 表1-1 |

咨询服务名称	服务内容
投资策划咨询	进行可行性研究前的准备性调查研究，为寻求有价值的投资机会而对项目的有关背景、投资条件、市场状况等进行初步调查研究和分析预测
可行性研究	对项目落地、实施、运营等各项因素的活动进行分析论述，以支撑投资方内部决策，其更加注重提升咨询服务价值，更加强调研究的客观性、科学性、严肃性，研究内容和深度必须满足投资方"定方案""定项目"的要求，使得项目具有实施价值和实施能力
项目规划策划	包含项目挖掘、论证、包装、推介、开发、运营全过程的策划内容，是将项目工程内容思路理清、完成规划准备的一个重要环节
社会稳定风险评估	制定对项目的风险因素进行识别和定级的方案，在分析项目社会稳定方面合法性、合理性、可行性和可控性范围内，提出对于社会稳定风险的防范措施与应急方案
节能评估	固定资产投资项目节能评估和审查的简称，是指根据节能法规、标准，对项目能源工程情况、项目能耗以及能效水平、项目节能方案和措施进行评估的服务，其是作为项目审批核准或开工建设的前置性条件
用地预审	国土资源管理部门在建设项目审批、批准、备案阶段，依法对建设项目设计的土地利用事项进行的审查，由此产生的预审意见是建设项目批准、核准的必要文件，农用地专用、土地征用必须预审过关才能批准项目用地，一般以节地评价报告、踏勘论证报告等为主要表现形式
水土保持方案	项目建设的重要报建条件，也是水行政主管部门审查批准项目水土保持方案的依据。一般以《水土保持方案报告书（表）》《水土保持设施验收报告》为主要成果形式

4. 什么是工程建设全过程咨询？

工程建设全过程咨询是指工程咨询方在项目实施阶段接受建设单位委托，提供招标代理、勘察、设计、监理、造价、项目管理等全过程一体化咨询服务的活动，其可包含工程招标采购咨询、工程勘察设计咨询、工程监理服务、工程造价咨询、项目管理服务等主要内容（图1-4）。传统工程咨询模式下，建设单位一般会将各项咨询服务分别委托咨询服务单位，实践中越来越凸显出采购程序繁杂、各个咨询单位之间配合不足、总费用相对较高等问题。而在全过程工程咨询服务模式下，以工程建设环节为重点推进全过程咨询，可以有效地满足建设单位一体化服务需求，通过对多项咨询服务的统筹，可以进一步提升咨询服务成效，增强工程建设过程的协同性，有效节约投资成本。

从实施方式来看，工程建设全过程咨询服务应当由一家具有综合能力的咨询单位实施（即自行实施），也可由多家具有招标代理、勘察、设计、监理、造价、项目管理等不同能力的咨询单位联合实施（即以联合体形式实施）。由多家咨询单位联合实施的，应当明确牵头单位及各单位的权利、义务和责任，由一家机构

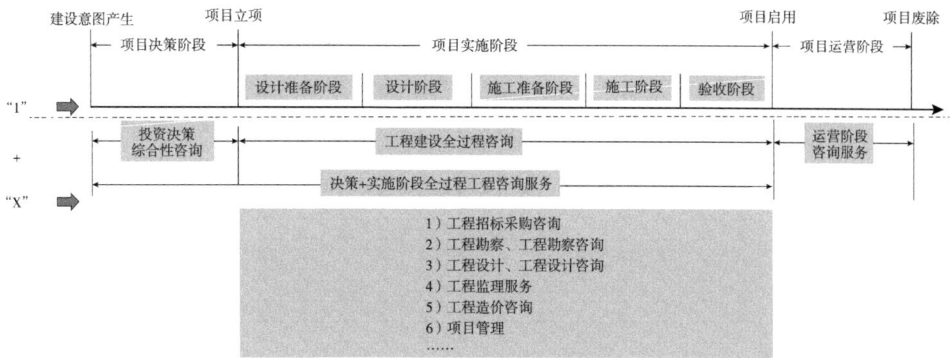

图1-4　工程建设全过程咨询图示

作为牵头单位，并由联合体各方共同与委托方签署工程咨询合同；联合体内部各方也应签署联合体协议，明确各方权利义务安排。

　　开展工程建设全过程咨询服务，如包含勘察、设计、监理或造价咨询服务内容时，全过程工程咨询服务单位应当具有与工程规模及委托内容相适应的资质条件，同时应当自行完成自有资质证书许可范围内的业务，在保证整个工程项目完整性的前提下，按照合同约定或经建设单位同意，可将自有资质证书许可范围外的咨询业务依法依规择优委托给具有相应资质或能力的单位。在这种情况下，全过程工程咨询服务单位应对被委托单位的委托业务负总责。建设单位选择具有相应工程勘察、设计、监理或造价咨询资质的单位开展全过程咨询服务的，除法律法规另有规定外，可不再另行委托勘察、设计、监理或造价咨询单位。

5. 全过程工程咨询有怎样的内涵和特征？ ———————

　　1）全过程工程咨询的内涵

　　通常来讲，工程咨询是以技术为基础，综合运用多学科知识、工程实践经验、现代科学和管理方法，为投资建设项目决策、实施过程和运营维护的全生命周期提供技术性和管理性的智力服务。全过程工程咨询的内涵是指包括全过程的咨询服务和管理的有机整合，可用"1+X"进行表示，"1"是指贯穿项目全过程工程咨询服务的管理集成和技术集成，即贯穿项目决策、实施、运营全生命周期（即"完整全过程"），或者至少涵盖两个阶段的工程咨询服务（即"相对全过程"），形成全过程、跨阶段、集成化的统筹管理服务，其服务内容是全过程（或阶段全过程）的策划、控制和协调工作，接近于以往业主方管理；"X"则是对服务的集成，即对工程咨询涉及的管理、技术、经济、法律四个方面各项服务的总和，是前期咨询、招标代理、工程勘察、工程设计、工程监理、造价咨询、项目管理、BIM 咨询、绿色建筑等专业化的单项咨询服务（图 1-5）。

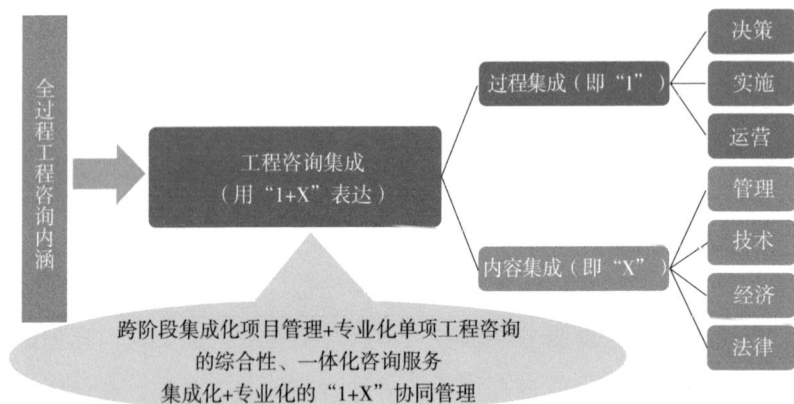

图 1-5　全过程工程咨询的内涵

如图 1-5 所示，全过程工程咨询作为工程咨询集成，是跨阶段集成化项目管理与专业化单项工程咨询的综合性、一体化咨询服务（即集成化 + 专业化的"1+X"协同管理）。和传统工程咨询提供方式相比，全过程工程咨询的服务模式不是简单的单项咨询服务叠加，而是通过统筹和集成管理，从项目整体效益的角度出发，使服务更具整体性、专业性、统筹性。

2）全过程工程咨询的特征

全过程工程咨询服务模式的特征主要体现在四个方面：咨询服务覆盖全过程、涵盖全方位、强调智力性策划、实施集成化管理（图 1-6）。

首先，全过程工程咨询服务模式覆盖工程咨询的全过程。传统工程咨询服务由于其专业化特点，往往专注于项目的某一阶段，而全过程工程咨询服务作为前期咨询、勘察、设计、造价咨询、招标代理、项目管理、工程监理等服务内容的统筹集成，其服务范围更广、服务链条更长，从宏观来看，可贯穿项目决策、实施、运维全生命周期，覆盖"完整全过程"；从具体来看，也可贯穿某一阶段始终或持续于两个或两个以上阶段（即以"同一阶段不同咨询服务的组合"或"不同阶段咨询服务组合"形式实施），覆盖"相对全过程"。

覆盖全过程

强调智力性策划　　特征　　实施集成化管理

涵盖全方位

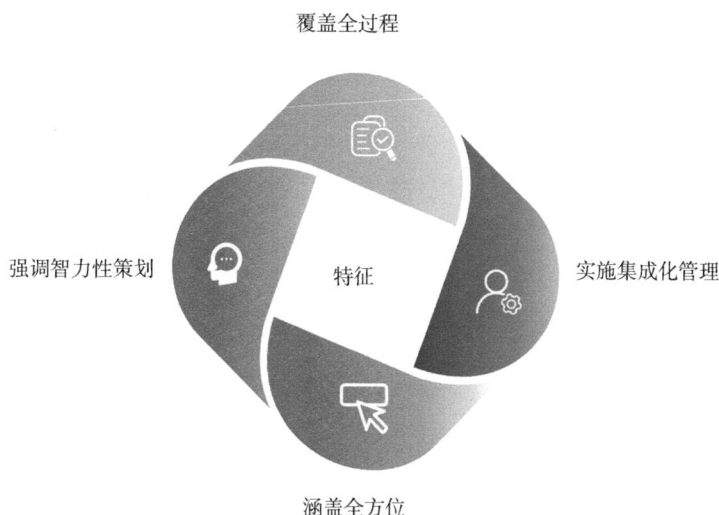

图1-6　全过程工程咨询的特征

其次，全过程工程咨询服务模式还涵盖了工程咨询的全方位。全过程工程咨询可包含项目决策、实施、运维阶段的全部单项咨询服务，是对管理、技术、经济、法律等知识内容的集合，是技术、经济、信息、人才的高度融合和集约化管理。围绕项目的投资目标，全过程工程咨询高度整合各单项咨询原本的业务资源和专业能力，从全过程、一体化的角度提供统筹管理和专业化咨询。

再次，全过程工程咨询服务模式还强调智力性策划。在提供服务过程中，全过程工程咨询服务单位不是简单的纯劳动力工作，而是需要综合运用技术、经济、管理、法律等方面的知识和经验，调动具备相关领域多学科知识、多经验的综合性人才，为委托方提供智力性服务。而从成果上来看，咨询单位的服务成果，往往也体现为咨询报告、科学合理的管理体系等智力性产物，而不是具体的建设项目实体。

最后，全过程工程咨询服务模式实施集成化管理的方式。传统工程咨询服务由多家单位提供，易造成服务单位之间的矛盾，专业工作之间的冲突，同时也会产生较高的沟通成本。而全过程工程咨询服务打破了这种信息交流壁垒，把分散的咨询服务有机结合在一起，提供贯穿项目始终的一体化集成咨询服务，并为今后的工作统筹规划起到指导作用。全过程工程咨询服务单位需要综合考虑项目质量、安全、环保、投资、工期等目标，以及合同管理、资源管理、信息管理、技术管理、风险管理、沟通管理等要素之间的相互制约和影响关系，实施集成化管理，避免项目管理要素独立运作而出现的漏洞和制约。全过程工程咨询服务模式对碎片化服务进行统筹治理，把工程咨询服务整合集成，能有效避免传统工程咨询模式的管理和服务碎片化带来的弊端。

6. 全过程工程咨询的范围和内容是什么？

1）全过程工程咨询的范围

从横向来看，全过程工程咨询的服务范围贯穿项目全寿命周期，包括项目决策阶段、实施阶段（设计＋施工）和运营阶段（图1-7）。在515号文中，现阶段全过程工程咨询主要聚焦于项目决策和实施两个阶段（即投资决策综合性咨询阶段以及工程建设全过程咨询阶段），也可根据市场需求，结合项目全生命周期角度开展跨阶段咨询服务组合或同一阶段内不同类型咨询服务组合，将服务延展至运营阶段。

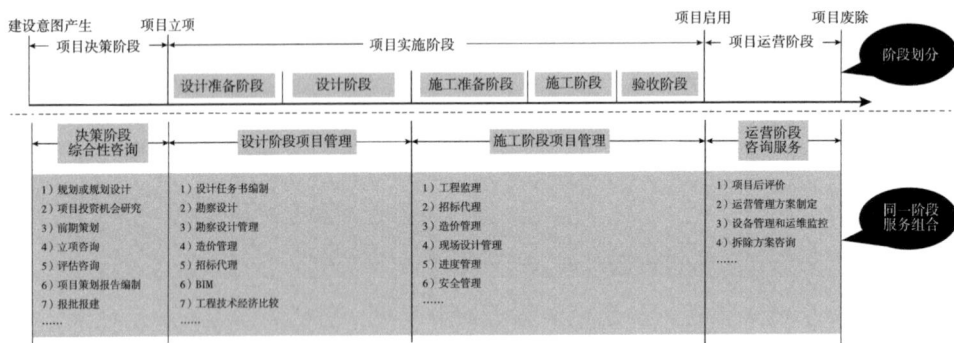

图1-7 以"1+X"全过程工程咨询服务模式（同济模式）
理解全过程工程咨询的范围和内容

从纵向来看，全过程工程咨询可以在项目各阶段进行延伸，除进一步深化传统咨询服务外，还可创新发展其他咨询服务内容。在项目实践中，全过程工程咨询服务范围则由建设单位和咨询单位双方根据项目实际需要，通过招标投标程序和合同来具体确定。

2）全过程工程咨询的内容

全过程工程咨询的服务内容可以用"1+X"模式来概括，其中：

"1"是指贯穿全过程（或相对全过程）的项目管理服务，是在合同委托范围全过程（或相对全过程）实施的策划、组织、管理、控制和协调工作，接近于以往的业主工作，是贯穿全过程的咨询管理服务，即"投资决策综合性咨询＋工程建设全过程咨询＋运营管理咨询"。

"X"是指单项专业工程咨询服务，包括各阶段的管理、技术、法律、经济等服务，可以由承担"1"的咨询单位承担，也可以由其他第三方承担。承担全过程工程咨询企业可以根据委托方意愿、自身服务能力、资质和信誉状况等承担其中的一项或多项专业工程咨询服务，"剩余"的其他专业工程咨询服务可以由委托方直接委托或全过程工程咨询企业通过转委托、联合体、合作体等方式统筹组织和管理。以数学求和公式来比喻，全过程工程咨询服务中可包含多个单项咨询服务 X（即 X_1、X_2、X_3……），全过程工程咨询服务也可形象地看作"$\sum_x$"，"X"服务包括但不限于表 1-2 所示的内容。

单项专业工程咨询管理服务内容   表 1-2

阶段	单项专业工程咨询服务内容
决策阶段	（1）规划或规划设计（概念性规划、城市设计、交通规划等） （2）投融资咨询 （3）项目投资机会研究（市场调研报告等） （4）项目策划（定位策划和功能产品策划、产业策划、商业策划等） （5）立项咨询（编制项目建议书、项目可行性研究报告、项目申请报告和资金申请报告） （6）评估咨询（可行性研究评估、环境影响评价、节能评估、社会稳定风险评估等） （7）项目实施策划报告编制
实施阶段	（8）报批报建和证照办理 （9）工程勘察 （10）工程设计、设计优化、设计总包、设计管理等 （11）招标采购 （12）造价咨询 （13）工程监理 （14）竣工结算
运营阶段	（15）项目后评价 （16）运营管理 （17）拆除方案咨询

如图 1-8 所示，以同济咨询的七大单项工程咨询服务为例，可以看到"X"可以包括但不限于决策咨询、管理咨询、技术咨询、政策咨询、信息咨询、法律咨询、环境咨询，覆盖项目全生命周期内的决策、实施、运营阶段。

自全过程工程咨询服务提出及 515 号文发布以来，全国多个省、市都发布了推进全过程工程咨询发展的相关文件，其中一些对于全过程工程咨询服务可能包含的内容进行了进一步深化。

例如，广东省颁布的《建设项目全过程工程咨询服务指引》，从横向的项目决策阶段、勘察设计阶段、招标采购阶段、工程实施阶段、竣工验收阶段、运营

图1-8 同济咨询单项工程咨询（"X"）服务清单

维护阶段和纵向的全过程工程项目管理、投资咨询、工程勘察、工程设计、招标采购、造价咨询、工程监理、运营维护咨询、BIM 咨询，列举了全过程工程咨询可能涉及的工作内容（表1-3）。

又如湖南省发布的《全过程工程咨询服务试行清单》，以前期阶段、准备阶段、实施阶段、运营阶段为划分，更加细致地对全过程工程咨询的服务内容进行说明和解释（表1-4），为全过程工程咨询服务模式的实践应用提供了有效参考。

7. 在实践中，全过程工程咨询有哪些主要的形式？

515 号文提出，咨询单位可根据市场需求，从投资决策、工程建设、运营等项目全生命周期角度，开展跨阶段咨询服务组合或同一阶段内不同类型咨询服务组合。从全过程工程咨询提出至今，其在各地项目中得到大量应用，逐步进入成熟发展阶段。从实践来看，其主要形式可分为同一阶段不同咨询服务的组合、不同阶段咨询服务的组合、不同阶段的多项咨询服务组合三种。如图1-9所示，同一阶段不同咨询服务的组合是指在同一工程建设阶段，两个及以上的咨询服务内容组合，如在项目实施阶段，全过程工程咨询服务单位可采用"工程监理 + 造价管理"的组合服务模式提供服务；不同阶段咨询服务的组合是指在项目建设不同阶段提供单项咨询服务项目的组合，如企业同时提供"勘察设计 + 工程监理"服务；而不同阶段多项咨询服务组合则是在前两种的基础上，集成更多的咨询服务内容，如统筹提供"前期咨询 + 工程设计 + 工程监理 + 招标代理"等多项服务。

广东省《建设项目全过程工程咨询服务指引》服务内容　　　　表1-3

服务内容	工程建设阶段					
	项目决策阶段	勘察设计阶段	招标采购阶段	工程施工阶段	竣工验收阶段	运营维护阶段
全过程工程项目管理	项目全生命周期的策划管理、报建报批、勘察管理、设计管理、投资管理、合同管理、招标采购管理、施工组织管理、参建单位管理、验收管理，以及质量、计划、安全、信息、沟通、风险、人力资源等管理与协调					
投资咨询	1. 项目建议书 2. 环境影响评价报告 3. 节能评估报告 4. 可行性研究报告 5. 安全评价 6. 社会稳定风险评价 7. 水土保持方案 8. 地质灾害危险性评估 9. 交通影响评价					
工程勘察		1. 勘察方案编审 2. 初步勘察 3. 详细勘察 4. 勘察报告编审			参与项目地基与基础分部工程单位工程验收	
工程设计		1. 方案设计及优化、评审 2. 初步设计及优化、评审 3. 施工图设计及优化、评审 4. 施工图设计技术审查		1. 设计交底和图纸会审 2. 现场重大和关键工序施工方案的合理化建议 3. 设计变更管理 4. 现场施工的配合工作	参与项目地基与基础分部工程、主体结构和单位工程验收	
招标采购			招标采购策划、编制招标采购文件（含工程量清单、招标控制价、合同条款等）、发布招标（资格预审）公告、组织招标文件答疑和澄清、组织开标、评标、编制评标报告报投资人确认，发送中标通知书，协助合同签订等			

续表

服务内容	工程建设阶段					运营维护阶段
	项目决策阶段	勘察设计阶段	招标采购阶段	工程施工阶段	竣工验收阶段	
造价咨询	1. 投资估算编制与审核 2. 项目经济评价报告编制与审核	1. 设计概算的编制与审核 2. 确定项目限额设计指标 3. 对设计文件进行造价测算与经济优化建议 4. 施工图预算的编制与审核 5. 分析项目投资风险，提出管控措施	1. 工程量清单的编制与审核 2. 招标控制价的编制与审核 3. 制定项目合约规划 4. 清标 5. 拟定合同文本、协助合同谈判 6. 编制项目资金使用计划	1. 合同价款咨询（包括合同分析、合同交底、合同变更管理工作） 2. 施工阶段造价风险分析及建议 3. 计算及审核工程预付款和进度款 4. 变更、签证及索赔管理 5. 材料、设备的询价、提供核价建议 6. 施工现场造价管理 7. 项目动态造价分析 8. 审核及汇总分阶段工程结算	1. 竣工结算审核 2. 工程技术经济指标分析 3. 竣工决算报告的编制与审核 4. 配合完成竣工结算的政府审计 5. 根据审计结果，对工程的最终结算款进行审定	项目维护与更新造价管控
工程监理				1. 建立项目监理规划和实施方案 2. 进度管理 3. 质量管理 4. 职业健康安全与环境管理 5. 工程变更、索赔及施工合同争议处理 6. 信息和合同管理 7. 协调有关单位之间的工作关系	1. 工程验收策划与组织、单位工程验收 2. 分部分项工程验收 3. 竣工资料收集与整理 4. 工程质量缺陷管理	
运营维护咨询						1. 项目后评价 2. 项目绩效评价 3. 设施管理 4. 资产管理
BIM咨询	1. 采用BIM使方案与财务分析工具集成 2. 修改相应参数实时获得项目各方案的投资收益指标	1. 采用BIM进行自动化成本控制 2. 基于BIM的设计优化与变更	1. 采用BIM进行自动化算量及措施量计算 2. 基于BIM的快速询价	采用BIM进行成本、进度、材料、设备等多维信息管理及流程优化	采用BIM的竣工成本控制与审核	采用BIM进行运营信息的管理、修改、查询、调用工作

表1-4

湖南省《全过程工程咨询服务试行清单》

（一）前期阶段

阶段						
任务名称	1. 规划咨询	2. 全过程工程咨询策划	3. 投资机会研究	4. 概念性方案设计	5. 各类投资的申请手续	6. 立项所需的相关文件（行政报批文件、行政许可文件）
任务内容	前期准备、编写工作大纲	论证项目总体目标	分析投资动机	进行概念性方案设计并进行配合立项修改	编制初步可行性研究/项目建议书（政府投资类）	节能评估报告及批文
	开展市场/行业调查研究	分析项目资源情况	鉴别投资机会		编制可行性研究（政府投资类）	洪水影响评价报告
	项目目标专题论证	策划项目组织模式	论证投资方向		填报项目申请报告（企业投资类）	农业灌溉影响意见书
	编制总体方案与各专项规划方案	确定项目咨询范围	具体项目机会论证		填报资金申请报告（投资补助、贴息和国有资金类）	超限高层建筑工程抗震设防审批
	规划实施、监测及纠偏	进行项目风险评估				建设项目用地预审
	评估反馈					建设项目重要矿床审批
						农用地转用审批
						土地征收审批
						供地方案审批
						建设项目土地使用证
						项目环境影响评价报告及批文
						生产建设项目水土保持方案及批文
						新建、扩建、改建建设过程避免危害气象探测环境审批
						社会稳定风险评估报告及批文
						水、电、燃气、通信等功能性需求申请
						其他

（二）准备阶段

阶段							
任务名称	1. 工程勘察	2. BIM工作	3. 工程设计	4. 造价合约咨询	5. 工程和设备采购咨询	6. 报建管理	7. 施工准备
任务内容	勘察方案的编制和审核	项目人员配置及体系建立	完成方案设计	对专项设计方案进行经济分析	编制招标采购方案	总平方案报批 ／ 质监报备 ／ 监备案	工程总控一级计划

续表

(二) 准备阶段

阶段	任务内容						
	初步勘察	BIM实施规划编制	建立方案设计BIM模型	编制项目设计概算	招标文件的编制	初步设计方案报审、备案	白蚁防治管理
	详细勘察	BIM模型深度标准编制	方案设计评审、优化	确定项目限额设计指标	招标公告的发布	人防异地建设报批	施工许可证申报
	勘察报告的编制审核	BIM考核办法制定	方案设计报规确认	对设计文件进行造价测算	组织招标文件进行答疑澄清	抗震设防送审	环境影响评价审批
	提供正式勘察报告	各参与方BIM技术要求编制	完成初步设计	对设计进行经济优化建议	组织开标、评标工作	民用建筑节能设计审查备案	污水排入排水管网许可
	建立地质BIM模型(指导土方量平衡等)	各参与方BIM工作任务书编制	建立初步设计BIM模型	编制施工图预算	编制评标报告报业主确认	施工图审查备案	报建费缴纳
任务内容		BIM软件硬件采购、部署方案	初步设计评审、优化	编制工程量清单及招标控制价	发送中标通知书	规划许可证	施工用水申请及审批
		BIM协同平台操作手册编制	初步设计审查	分析项目投资风险、提出管控措施	协助合同签订	合同备案	施工用电申请及审批
		项目BIM培训	完成施工图设计	编制项目资金使用计划			
		全过程工程咨询单位BIM应用实施细则编制	建立施工图设计BIM模型	制定项目合约规划			
		设计BIM模型审核	施工图设计评审、优化	拟定合同文本、协助合同谈判			
			施工图设计技术审查				

追加列：施工单位进度计划、施工总布置方案、临水临电方案、技术交底及图纸会审、工程基点移交、工程测量

续表

（三）实施阶段

阶段 / 任务名称	1.BIM工作	2.设计服务	3.投资控制	4.进度控制	5.质量控制	6.职业健康安全与环境管理	7.风险管理	8.合同管理	9.信息管理	10.竣工验收管理		11.结算、审计	12.运营准备咨询
任务内容	审核施工阶段BIM进度计划	设计交底和图纸会审	合同价款咨询（包括合同分析、合同交底、合同变更管理工作）	建立进度管理体系	建立质量管理体系	督促施工企业安全、环保现场文明管理体系的建立	风险管理规划	合同评审	项目相关资料的收集与归档	竣工资料收集与整理	环保部门验收	项目结算审核工作	运营管理人员的培训
	审核施工阶段BIM模型	现场重大和关键工序施工方案的合理建议	施工阶段造价风险分析及建议	项目总控进度阶段管理	质量总控目标及分解	督促施工企业相关规章制度的建立与履行	风险源识别与评估	协助签订合同	参建各方之间的资料信息传递	竣工模型创建、审查	规划验收	出具项目结算报告	质保期管理
	组织设计BIM模型复核	设计变更管理	施工阶段标/预算价清理	项目分级计划、阶段性计划	制定质量工作程序	建立项目职业健康安全与环境管理办法	风险控制与应对	组织合同交底		项目BIM工作总结	质检验收	配合完成竣工结算的政府审计工作	配合运营的系统调试与修正
	审核施工总进度计划平面布置	现场施工的配合工作	计算及审核工程预付款和进度款	进度计划的动态跟踪及调整	施工、材料质量监督	安全文明施工考评		合同履行过程管理		基础验槽、验收	建设工程竣工验收备案完成	根据审计结果，对工程的最终结算价进行款进行审定	设备设施移交
	审核重点施工工艺方案及工艺模拟		变更及索赔管理（包括变更、签证、索赔测算、签证审核、索赔计算或审核）	施工企业进度计划管控	审核施工组织设计	各项预防措施的实施情况记录		合同实施后评价		主体验收	工程竣工备案款支付情况审核完成		

续表

（三）实施阶段

阶段	（三）实施阶段					
任务内容	协助三维技术交底	项目索赔管理	施工过程质量管控	重大安全事故的处理	材料、设备的询价，提供核价建议	弱电检测	工程竣工结算备案完成
	基于BIM平台的质量、安全、进度、成本管理		现场重大专项方案的审查		参与施工现场造价管理	防雷检测	建设工程档案预验收意见书取得
	审核BIM辅助变更管理及模型更新维护		与设计相关技术问题处理		项目动态造价分析	单机调试和联动调试完成	综合竣工验收完成
			项目相关质量验收工作		工程技术经济指标分析	消防检测、验收	水、电、气正式供应
			重大质量事故的处理		审核及汇总分阶段工程结算		

（四）运营阶段

阶段	（四）运营阶段		
任务名称	1. 运维咨询	2. 延续更新咨询	3. 配合后评价
任务内容	BIM模型的二次开发应用	配合项目延续更新	配合项目后评价报告的编制
	项目的运营维护管理		
	运维费用支付审核		
	配合运营期绩效考核报告的编制		

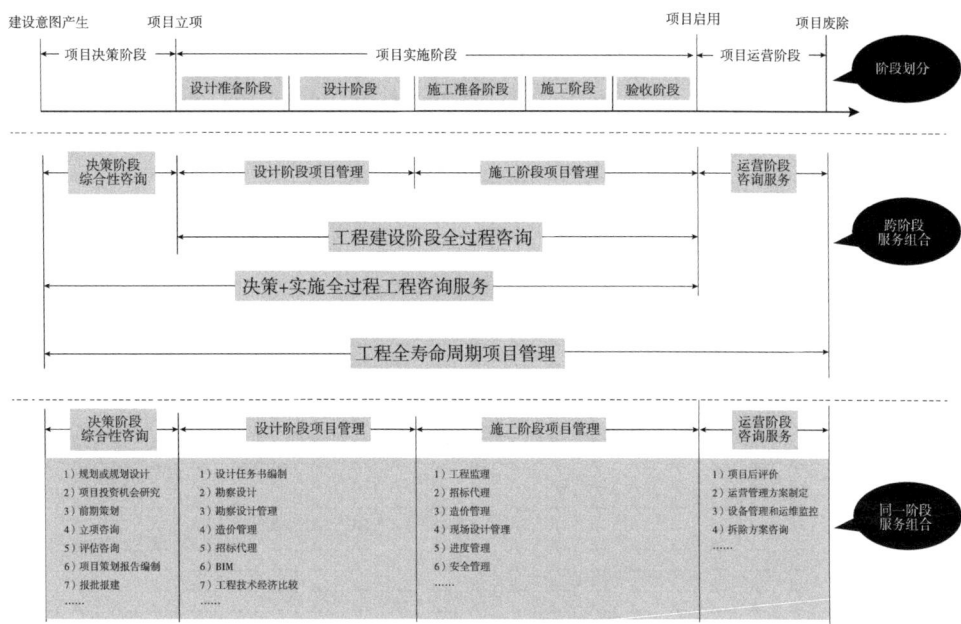

图1-9　全过程工程咨询的阶段图例

需注意的是，无论以何种形式实施全过程工程咨询，都不是咨询服务的简单叠加，而应以对项目的统筹管理为核心，对各单项咨询服务进行集成。在实践中，根据不同项目的重点以及业主方的关注问题，可以调整特定项目的全过程工程咨询服务形式，提供更加多样化的服务。

8. 是否所有项目都适合采用全过程工程咨询？

虽然当前全过程工程咨询开展得如火如荼，但不是所有项目都适合采用全过程工程咨询。项目各参与方尤其是建设方和咨询方，应该在综合考虑项目实施内外部条件、建设方自身条件、区域行业发展情况等因素下，判断项目是否采取全过程工程咨询。

首先，项目在决定是否采取全过程工程咨询的服务模式之前，建设方及其顾问需要从宏观上综合考虑项目实施的内外部情况。此处结合 SWOT 和 PEST 模型的构建展开说明，SWOT 指的是优势（Strength）、劣势（Weakness）、机会（Opportunity）和威胁（Threat），PEST 则指的是政治（Political）、经济（Economic）、社会（Social）和技术（Technological），可分析的因素包括但不限于表 1-5 和表 1-6 中的内容。

对于项目是否采用全过程工程咨询的 SWOT 分析示例　　　　表 1-5

S（优势）	W（劣势）
服务内容多，有一体化、统筹性管理需求； 项目子项较多； 促进项目投资效益提升； 提升管理效能	项目规模小，没必要实施全过程工程咨询； 信息技术工具缺乏； 缺少综合性服务人才
O（机会）	T（威胁）
项目具有示范性意义； 国家及地方政策鼓励开展全过程工程咨询	没有全过程工程咨询服务项目实践经验； 无法及时找到有能力的全过程工程咨询服务单位

对于项目是否采用全过程工程咨询的 PEST 分析示例　　　　表 1-6

P（政治）	E（经济）	S（社会）	T（技术）
国家政策支持，即政府投资项目和国有企业投资项目带头推行工程建设全过程咨询； 行业标准即将出台； 对接国际化发展的需要	政策鼓励建设单位根据咨询服务节约的投资额对咨询企业进行奖励； 全过程工程咨询促进项目咨询服务总体节约； 全过程工程咨询服务取费标准实践中仍不清晰； 低价竞争	社会对全过程工程咨询的接受程度； 咨询企业转型升级实践需要； 部分资质的提供行业准入基础； 工程总承包模式的推进为全过程工程咨询服务模式提供土壤	信息化管理手段有待提升； 从业人员对新技术的掌握仍然不足； "双碳""绿色节能""智慧建造""新基建"等理念或趋势的跨学科结合难度

其次，建设单位需要客观考虑自身能力。在工程建设实践过程中，建设单位可首先评估自身是否可全面发挥能力有效推进项目，是否具备充足优秀的项目经理和项目管理人员，是否可以充分利用他们自身的专业素养和综合素质来完成业主方项目管理的全部工作，以确保项目的全过程有序、合理、保质保量进行。如果业主方具备成熟的工程项目管理能力，则无须另外寻求全过程工程咨询企业来对项目进行统筹管理。

最后，需要具体评估项目的实际情况。在项目工程内容较为基础（如仅涉及少量传统咨询服务）、需要提供的管理内容并不复杂、项目利益相关方关系简单的情况下，业主方可以自行或委托独立项目管理单位对项目进行管理，此时全过程工程咨询发挥的统筹管理作用并不一定比传统项目管理显著，盲目选择全过程工程咨询可能造成人员和成本的浪费。同时，对于某些已经开始进行的项目，可能不适合中途采用全过程工程咨询的服务模式，例如项目已处于设计或施工阶段，并处于有序推进中，则无须耗费更多时间再次进行管理工作的统筹规划和整体安排。

此外，是否采用全过程工程咨询还需要考虑项目所在区域的行业发展情况。从地方性政策来看，全过程工程咨询不一定适应于每一个城市项目建设发展需要。从工程咨询服务市场供给来看，市场已形成大量可提供各单项咨询服务的单位，但却仍然缺乏能够实施一体化全服务的咨询单位。这是由于全过程工程咨询对于兼具技术和管理能力的复合型人才要求较高，而工程咨询行业人员流动性较大，企业存量人才缺乏且人才培养成本投入不足所导致。因此，在有的省市，建设方可能因供需渠道不通畅而无法有效获取全过程工程咨询服务资源。

因此，项目不是必须采取全过程工程咨询，也不是一定不能采取全过程工程咨询服务模式，需要通过客观理性分析、严格论证后做出决策和选择。

9. 全过程工程咨询有行业或专业的限制吗？

事实上，全过程工程咨询没有行业或专业的限制。

首先，从性质来讲，全过程工程咨询作为一种服务模式可以应用在多行业项目中。横向上，建设工程项目可划分决策、实施、运营三个阶段，这与全过程工程咨询的服务范围相符合；纵向上，"1+X"全过程工程咨询服务模式中，其"X"可以是任何一个服务内容，可适用于各专业项目。

其次，从全过程工程咨询的作用来讲，其与任何行业或专业项目的价值取向相统一。全过程工程咨询能够发挥的统筹管理作用，可以促进项目进程合理发展，帮助有效处理项目各阶段难题。同时，全过程工程咨询服务对利益相关方的协调可以有效促进沟通效率提高，预防和高效解决过往常见纠纷。第三，全过程工程咨询服务可有利于促进项目提质增效，帮助实现项目效益最大化。

此外，从目前全过程工程咨询服务模式的实践情况和行业趋势来讲，全过程工程咨询服务已在除房屋建筑和市政基础设施领域外的其他行业及专业进行了应用，并取得了良好成效。当前，各地方、各行业协会（如中国工程咨询协会及电力行业、交通行业、水利行业等相关协会）都已经或正在制定除房屋建筑和市政基础设施领域以外的其他行业适用的全过程工程咨询服务模式标准，全过程工程咨询服务模式客观上已在多个行业和专业得到应用。

因此，在不违背法律法规禁止性规定情形下，在充分满足市场和项目需求背景下，在相关企业具备良好服务能力条件下，全过程工程咨询服务模式可在更广阔的领域得到运用。

10. 为何推进全过程工程咨询需打破行业壁垒和条块分割的部门管理？——

从我国工程咨询行业发展历程上看，精细的政府行政部门管理（主要体现在资质管理、行政审批等方面）有效促进了行业专业化发展，促进了行业格局形成。但在运用全过程工程咨询服务发挥统筹管理作用的趋势下，"碎片化"咨询管理需向"全过程"咨询管理转变，因此，从多个角度来看，只有打破行业壁垒和条块分割的部门管理，才能更加适应新时期发展（图1-10）。

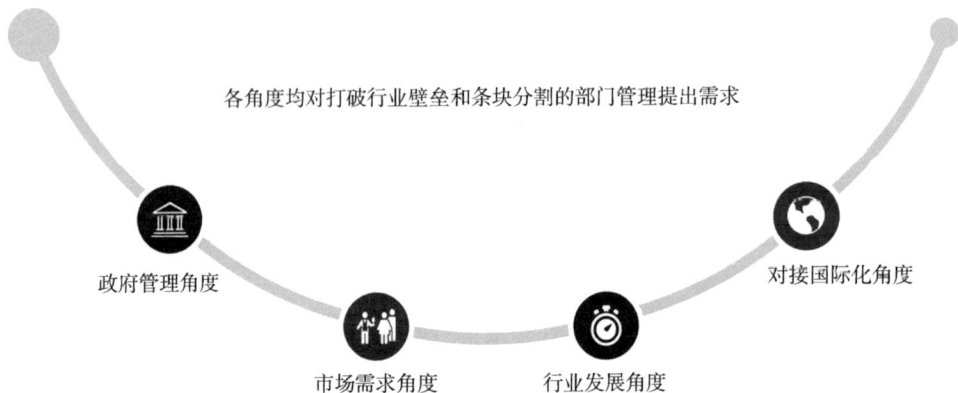

各角度均对打破行业壁垒和条块分割的部门管理提出需求

政府管理角度

市场需求角度　　行业发展角度

对接国际化角度

图1-10　发展全过程工程咨询对打破行业壁垒和条块分割的部门管理提出需求

首先，从政府管理角度来讲，打破行业阻隔与条块分割是当前政府职能转变和"放管服"改革的必然结果，是建筑业改革的需要。在新形势下，政府管理将进一步由"事前审批"向"事中事后监管"转变，政府传统管理的观念正在更新。在工程咨询行业行政许可减少或取消的背景下，政府对企业的资质管理会进一步弱化，对从业人员个人能力的重视会进一步提升，通过使市场在资源配置中更好地发挥作用，促进行业转型升级向前发展，提高行业整体水平，推进全过程工程咨询。

其次，从市场需求角度来讲，全过程工程咨询的发展需要有合适土壤。在供给侧结构性改革背景下，建筑业的投资环境逐步改善，工程建设愈加复杂，需要工程咨询服务发挥作用。行业壁垒和条块分割的部门管理不利于市场满足需求方综合性、一体化咨询服务的需求，限制了市场的进一步开放。近年来，相关政策文件的陆续出台，一定程度上破除了行业之间的阻碍、体制机制的障碍、部门管理的割裂，促进建筑业营商环境优化，降低了行业的制度复杂性和准入门槛，使各类工程咨询企业在整合产业链服务上获得更加开放和公平的竞争机会。而良性发展的公平市场竞争可以帮助行业提升资源配置，从而有利于深化投融资体制改革，提高资金使用效率，保障项目目标的实现。

再次，从行业发展角度来讲，行业阻隔与条块分割的部门管理阻碍了建筑业寻求新的发展机遇和空间的进程。工程咨询企业作为行业的从业者，行业壁垒和条块分割的部门管理加大了工程咨询企业尤其是小型专业化咨询企业能力提升的难度。只有打破这种阻隔，才能诞生更多能够整合全产业链咨询服务的企业，促进企业在公平、有序的环境下根据自身需求选择发展模式，从而服务于全过程工程咨询，使全过程工程咨询能够在投资项目决策、实施、运营等各环节发挥更大价值，促进项目投资效益、工程建设质量和运营效率的整体提升，从而更好地赋能建筑业和工程咨询业的高质量发展，促进全过程工程咨询发展更上一台阶。

最后，从国际化的角度来讲，行业阻隔与条块分割的部门管理不利于满足我国工程咨询行业接轨国际化发展的需要。伴随全球经济一体化发展和"一带一路"的推进，以中国投资带动中国建造进而带动中国咨询，必然要"走出去"，拓展更大的市场。而行业阻隔与条块分割的部门管理不符合国际上项目一体化管理、全生命周期管理等理念，不利于我国工程咨询行业引进国外先进管理理念。全过程工程咨询服务模式的实施客观上将推进国内工程咨询行业进一步适应国际化发展，只有打破行业与部门内部的间隔，改变传统"碎片化"的咨询服务，加强国内行业标准、合同示范文本等与国际接轨，才能真正实现我国的工程咨询业走出去，使国内咨询企业学习国际先进的技术和经验，丰富合作方式和模式，适应工程咨询国际化发展，满足国际市场的需要，推进建筑行业市场化发展，赋能工程建设发展。

近年来，一系列相关政策文件的出台一定程度上降低了行业壁垒、改善了条块分割的部门管理，很大程度上加强了行业整合，为全过程工程咨询的提供了发展基础，有利于实现全过程工程咨询全过程、一体化服务目标实现。

11. 全过程工程咨询与项目管理的关系？

通常来说，项目管理是管理学上辅助目标达成的方法论，指在项目活动中运用专门的知识、技能、工具和方法，使项目能够在有限资源限定条件下，实现或超过设定需求和期望的过程。从工程建设角度讲，项目管理的定义较广，业主方、施工方及项目各参与方都有其自身的项目管理工作。

而从工程咨询角度出发，项目管理是其中一项传统咨询服务，可包含勘察设计管理、合同管理、招标采购管理、施工管理、验收交付管理、项目运营管理等。随着社会经济和技术的发展，工程项目的规模越来越大，工程越来越复杂，项目管理服务涉及的要素也越来越广。相关要素虽然错综复杂，但它们之间是相互联系、相互制约并具有内在规律的，把这些内容的要素合理地进行组织和管理，就能有效地达到工程项目管理和控制的整体目的。为了确保项目按质、按量、按预计投资、按时完成，目前项目管理服务已朝着"全面详细计划、严格按计划实施、及时反馈更新、严密跟踪对比"发展，并利用各种项目管理软件，以信息化手段推动进度计划的编制和控制、费用控制、文档资料管理等工作，促进管理目标达成和项目目的实现。

从价值上来讲，全过程工程咨询是经过整合的提供相关咨询服务从而保证工程交付产品价值实现的咨询服务。对全过程工程咨询服务而言，从整体服务体系上来看，"1+X"全过程工程咨询服务中的"1"即是指全过程、跨阶段、集成化的项目管理服务，而"X"指具体的单项专项咨询服务。可以说项目管理是全过程工程咨询的核心，使全过程工咨询能够发挥统筹管理的作用，没有项目管理工作，全过程工程咨询就成了单项咨询服务的简单叠加，则不能称之为全过程工程咨询（图1-11）。

图1-11 全过程工程咨询与项目管理的关系

12. 全过程工程咨询与工程总承包的关系是什么？

通常来讲，工程总承包模式主要分为设计 – 施工总承包（DB，即 Design-Build）与设计采购施工 / 交钥匙工程总承包（EPC，即 Engineering-Procurement-Construction）。《住房和城乡建设部 国家发展改革委关于印发房屋建筑和市政基础设施项目工程总承包管理办法的通知》（建市规〔2019〕12号）主要规范的是 EPC 总承包模式，是指从事工程总承包的单位按照与建设单位签订的合同，对工程项目的设计、采购、施工等实行全过程或者若干阶段承包，并在合同框架下对工程中由其承担的工作内容的质量、安全、工期和造价等全面负责的工程建设组织实施方式。在 EPC 模式中，Engineering 包含了整个项目内容的选址、总体方案、组织实施、协调以及具体的图纸设计工作等；Procurement 则包含了一般建筑材料采购、满足项目使用功能的各种专业设备采购，以及项目建成后调试、试运营期间所需的材料采购；Construction 的内容包括施工、安装、设备调试、试车及试运营等。

EPC 工程总承包的特点主要有四个方面：第一，业主把工程的设计、采购、建造和试运营等具体工作整体打包后委托给工程总承包商负责组织实施，业主只负责整体的、原则的、目标的管理和控制；第二，业主只与工程总承包商签订总承包合同；第三，业主可以向项目派出管理团队，或是聘请专业的项目管理公司作为代理业主对工程进行管理，这种管理是原则性的、阶段性的目标管理而并不涉及过多的具体事务；第四，业主把工程总承包的管理风险转移给总承包商，减轻了其管理责任与风险。

作为完善工程建设组织模式的两个重要手段，工程总承包模式与全过程工程咨询模式存在较强的内在联系和区别（图 1-12、表 1-7）。

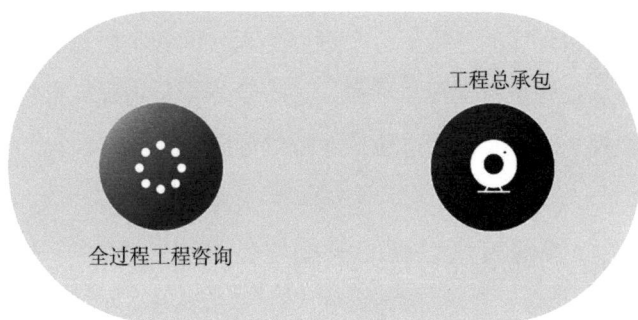

图 1-12　全过程工程咨询和工程总承包既有内在联系又有相互区别

全过程工程咨询模式与工程总承包模式的联系和区别　　　　　　　　表 1-7

全过程工程咨询和工程总承包的内在联系	
具体联系	**主要内容**
都能促进项目价值实现和提升	促进工程建设组织模式，服务于项目建设目标，保证项目建设质量，提高项目完成效率，为业主方提供更好的服务
二者在项目实施中可能存在管理关系	全过程工程咨询单位受建设单位委托开展相关管理服务，可在授权范围内代表建设单位对工程总承包单位进行监督和管理
开展二者的单位均存在相关资质管理要求	全过程工程咨询包含勘察、设计、监理等服务时需满足相应的资质要求；工程总承包商需要具备与工程相适应的设计或施工资质
都可涵盖项目全过程或各阶段，且强调发挥建筑师的作用	全过程工程咨询可覆盖项目决策、实施、运营阶段；工程总承包也可覆盖项目设计、采购、施工和试运行的全过程或若干阶段

具体区别	主要内容
二者的工作内容和角色定位不同	全过程工程咨询服务单位主要是业主的"智囊",除提供统筹协调的项目管理服务外,还可提供招标采购管理、勘察设计管理、造价咨询、工程监理等咨询服务,是"包服务";而工程总承包方则是项目的"生产方",直接从事项目设计、采购、建造等工作,是"包工程"
二者的融资属性不同	全过程咨询通常不涉及直接融资,仅提供融资咨询服务;工程总承包则常与融资相关联并存在相应的法律风险
二者的法律地位不同	全过程工程咨询服务单位和建设方之间是委托代理关系,主要接受业主的委托负责全过程的项目管理和服务,其合同上更偏向于委托合同,为业主提供有偿的咨询服务;工程总承包方与建设方之间则是承发包关系,工程总承包方和业主签订的是承揽合同,通过合同规定发包方和承包方的权利和责任
二者承担的责任不同	针对项目缺陷,全过程工程咨询服务单位基于其代理方地位,向业主承担间接责任;而工程总承包方则基于其承包方地位,承担直接责任。因此,二者在损害赔偿、违约责任等范围上也存在很大区别

全过程工程咨询和工程总承包之间的区别

在建筑业高质量发展的趋势下,全过程工程咨询和工程总承包两种模式相辅相成,相互促进,加快推行工程总承包、进一步培育全过程工程咨询,有利于促进工程建设组织模式的完善,促进建筑业持续健康发展。

13. 全过程工程咨询与代建制的关系是什么?

2003 年底,国务院常务会议原则性通过《投资体制改革方案》,提出在全国范围内大力推行"代建制";2004 年,《国务院关于投资体制改革的决定》(国发〔2004〕20 号)要求加强政府投资项目管理,改进建设实施方式,提出"对非经营性政府投资项目加快推行'代建制',即通过招标等方式,选择专业化的项目管理单位负责建设实施,严格控制项目投资、质量和工期,竣工验收后移交使用单位"。在近二十年的实践中,"代建制"在我国政府投资非经营性项目上普遍运用,其是受建设项目的项目法人委托,由专业化的项目管理单位承担项目建设管理及相关工作的建设管理模式。政府或项目实施单位通过招标等方式,选择专业化的工程项目管理单位负责项目建设实施,严格保证工程质量、加快建设周期、提高投资效益,验收合格后移交给使用单位。具体而言,代建单位需按照约定承担代理项目建设的法人职责，即不仅负责组织设计、施工、材料设备的选型，还直接承担工程全过程的管理和监督职能。在"代建制"下，工程建设管理模式由工程自管型的小生产管理方式向项目专业化转变，项目的工程技术及管理手段也更趋于现代化。

同为工程项目建设管理的"工具"，全过程工程咨询与代建制在内涵和外延上存在区别和联系（图1-13、表1-8）。

全过程工程咨询模式与代建制的联系和区别　　　　　　　　　表1-8

全过程工程咨询与代建制的联系	
具体联系	主要内容
二者都是对项目管理理论和方法的具体应用	二者都可实现对项目的统筹管理，从项目投资、质量、进度等方面进行控制，促进项目目标达成
二者都依据合同约定承担服务义务	二者与业主之间均为委托代理关系，根据委托合同约定在授权范围内开展活动
二者都鼓励将工程咨询服务推广到工程项目服务的全链条	鼓励将投资咨询、勘察、设计、监理、招标代理、造价等业务职能纳入服务范围内，避免相关服务二次招标，极大提高投资效率
二者都需遵守相应的回避制度	对施工、建设材料和设备采购等相关方进行回避，保证工程项目的透明和公平
全过程工程咨询与代建制的区别	
具体区别	主要内容
二者的性质不同	全过程工程咨询是一种服务模式，代建制是在我国建筑业管理体制下诞生的一种制度。同时，在代建项目中，在符合条件的情况下可以使用全过程工程咨询的模式，而全过程工程咨询服务模式并不能包含代建制
二者的服务广度不同	代建制下，代建单位完成验收移交的手续后，不负责项目的后期维护和运营；而全过程工程咨询则可根据业主需求将服务拓展至运营阶段
二者的介入时间不同	当前，不同地域对代建单位的介入时间有不同规定（如是否可在可行性研究之前介入）；全过程工程咨询可在决策阶段提供服务，在项目进行概念性规划和总体规划、编制控制性详细规划方案等过程时就可以介入，进入时间相对较灵活
二者的服务对象不同	全过程工程咨询可适用于所有投资类型的项目，鼓励在政府投资项目上适用；而代建制由于其"制度性"特点，明确规定应用于非经营性政府投资项目
二者的取费方式不同	全过程工程咨询服务费可采取人工成本加酬金、单项咨询费加统筹管理费等方式计取，计费方式较为灵活；代建管理费则有费率规定，费用比全过程工程咨询而言相对较低

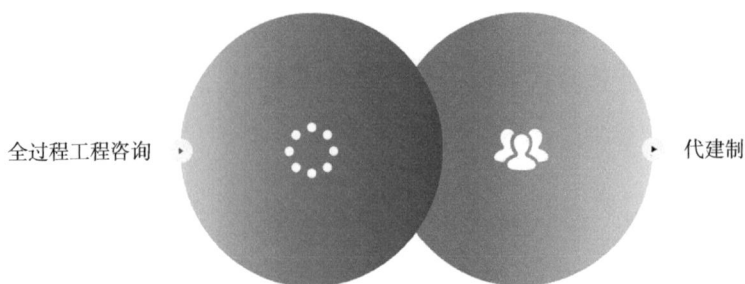

图 1-13　全过程工程咨询和代建制存在内在联系和区别

14. 全过程工程咨询与建筑师负责制的关系是什么？ ——————

建筑师负责制是以担任民用建筑工程项目设计主持人或设计总负责人的注册建筑师（以下简称"建筑师"）为核心的设计团队，依托所在的设计企业为实施主体，依据合同约定，对民用建筑工程全过程或部分阶段提供全寿命周期设计咨询管理服务，最终将符合建设单位要求的建筑产品和服务交付给建设单位的一种工作模式。在建筑师负责制下，建筑师提供包括前期策划、咨询、设计、施工管理、质保等在内的全过程工程咨询服务。

国务院 19 号文提出，政府投资工程应带头推行全过程工程咨询，鼓励非政府投资工程委托全过程工程咨询服务。在民用建筑项目中，充分发挥建筑师的主导作用，鼓励提供全过程工程咨询服务。住房和城乡建设部发布《关于征求在民用建筑工程中推进建筑师负责制指导意见（征求意见稿）意见的函》（建市设函〔2017〕62 号），提出推进建筑师负责制，充分发挥建筑师主导作用，鼓励提供全过程工程咨询服务，明确建筑师权利和责任，提高建筑师地位，提升建筑设计供给体系质量和建筑设计品质，增强核心竞争力，满足"中国设计"走出去和参与"一带一路"国际合作的需要。提出要扩大建筑师负责制试点范围，实现建筑师对建筑项目设计的管理控制。

建筑师负责制符合国际通行的行业准则，如《国际建协建筑师职业实践政策推荐导则》就对建筑师职业责任作了明确规定。国际上建筑师负责制的初衷是：建筑师作为专业技术人员和业主利益的代理人，在业主要求的环境品质和限定的资源条件下，制定建筑的功能和技术性能指标，并创造性地整合各种技术方案和空间安排，通过设计图纸与文件的表达记录方式，向施工者准确传达并监督、协调其实施过程，同时以第三者的立场公正、公平地协调处理建造过程中的各方关系，以达到业主对项目的品质、造价、进度等方面的要求。在该制度下，负责建筑师是团队的牵头人和统筹者，所有的相关服务以建筑师为核心展开，建筑市场亦采用个人准入管理，责任明确到人。因此，在国内推行建筑师负责制，是对现行工程建设管理流程和工程建设组织模式的创新，也是工程建设领域优化市场环境的有力举措。

结合建筑师负责制特点，其与全过程工程咨询存在一定共通和差异（图1-14、表1-9）。

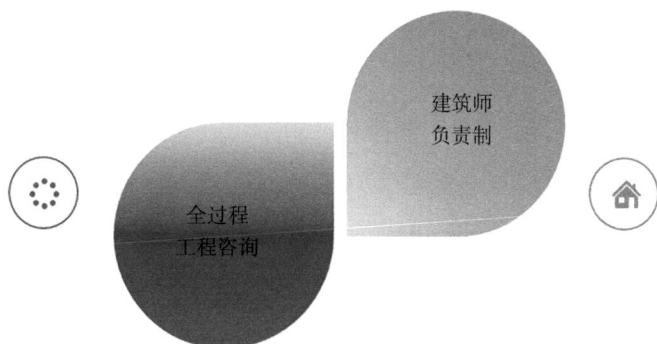

图1-14 全过程工程咨询和建筑师负责制存在联系和区别

全过程工程咨询模式与建筑师负责制的联系和区别　　　　　　　　　　表1-9

全过程工程咨询与建筑师负责制的联系	
具体联系	主要内容
二者服务范围相同	可在项目决策、实施、运营多阶段开展服务，鼓励贯穿工程项目全生命周期
二者的价值出发点相同	进一步统筹项目建设全过程管理成效，加强管控，保证项目的建设质量，提高项目的完成效率，为业主方提升交付成果价值
二者相辅相成	建筑师负责制增大了建筑师的权利，也加大了建筑师所需承担的责任，建筑师担任工程质量、进度、投资控制总负责的角色，在设计、施工阶段拥有了更高的发言权、决策权和领导权，有利于保证工程质量安全。建筑师负责制的集成性使其成为全过程工程咨询的一种促进形式

全过程工程咨询与建筑师负责制的区别	
具体区别	主要内容
二者的侧重点不同	建筑师负责制核心体现贯穿项目全生命周期的"技术服务＋技术管理"，而全过程服务模式则在项目不同阶段有不同侧重：如在决策阶段，注重统筹管理和围绕可行性研究；而在建设阶段则以项目管理为核心
二者的推行阻力不同	当前传统工程监理企业、工程造价企业、项目管理企业等转型意向迫切且具备项目管理经验，开展全过程工程咨询服务难度相对较小；建筑师负责制落地干扰较多，各方要求和利益无法平衡，建筑师控制质量、控制成本、控制品质及项目管理能力还需进一步增强

全过程工程咨询服务模式与建筑师负责制二者的总目标是一致的。面对不同项目工程，应充分发挥模式和制度的最大优越性，使工程咨询服务更好适应不同项目类型，提高项目完成的工作效率，促进项目更好地建成。

15. 全过程工程咨询单位可能承担哪些法律责任？全过程工程咨询单位能否代替建设单位承担法律责任？

在全过程工程咨询服务实施过程中，全过程工程咨询单位与建设单位可承担的法律责任包括民事法律责任、行政法律责任和刑事法律责任三大类，如表1-10所示。

全过程工程咨询单位与建设单位承担的法律责任 　　　　表1-10

	全过程工程咨询单位承担的责任	建设单位承担的责任
民事法律责任	如基于咨询服务合同而产生的违约责任； 在服务过程中，因存在过错造成损失，承担侵权责任； ……	如基于咨询服务合同而产生的违约责任； 如由于所持建筑物倒塌造成人员损害而承担的无过错责任； ……
行政法律责任	如违反《建设工程质量管理条例》《建设工程安全管理条例》等，被行政处以罚款； ……	违反《中华人民共和国建筑法》，如设计单位或者建筑施工企业在工程设计或者施工作业中，违反法律、行政法规和建筑工程质量、安全标准，降低工程质量，被处以罚款； ……
刑事法律责任	涉及《中华人民共和国刑法》对于重大责任事故罪的规定； 涉及《中华人民共和国刑法》关于串通投标的规定； ……	涉及《中华人民共和国刑法》对于重大责任事故罪的规定； 涉及《中华人民共和国刑法》违规招标投标的规定； ……

在不违反法律法规禁止性规定和行业市场化发展环境下，全过程工程咨询单位的主要法律责任——民事法律责任，则来源于未按合同约定的期限和质量完成咨询服务，如未按期限完成咨询服务、未安排专业人员提供咨询服务、未按合同约定的质量提供咨询服务等。咨询单位应对其所提供服务成果的真实性、有效性和科学性负责，如因咨询单位原因造成服务成果不合格的，包括由于服务成果的质量问题、数据不实、计算方法错误所导致的决策失误，建设单位有权要求咨询单位采取补救措施，直至达到合同要求的标准，并承担相应的违约责任。需注意

的是，为兼顾权责利相统一及公平合理，实践中全过程工程咨询单位的赔偿一般以咨询费或特定数额为上限，不赔偿建设单位任何收入损失、利润损失、生产延误、合同损失、使用损失、业务损失、第三方惩罚性赔偿、商业机会损失、任何非直接或特殊或间接的损失。

另外，针对全过程工程咨询单位能否代替建设单位承担法律责任的问题，首先应明确法律责任从何而来，一般说来，民事法律责任主要是由民事侵权行为和违约行为产生的，通常存在过错。同时，《中华人民共和国民法典》还规定了几种无过错责任的例外。行政法律责任的产生主要是违法人的相关行为违反了相关行政法律法规的规定，影响了社会公共利益或其他人的利益。刑事法律责任的产生原因是该行为的违法性及应受惩罚性，若该行为达到了一定的社会危害性，构成《中华人民共和国刑法》所规定的犯罪，则应承担刑事责任。

可见，建设单位法律责任绝大部分由其自身行为导致（其余还有无过错责任），当违约或违法事实发生时，建设单位根据自身过错大小和属性承担相应的法律责任，该法律责任的承担并不排除全过程工程咨询服务单位承担责任，反之，全过程工程咨询服务单位也不能代替业主承担责任。

二、全过程工程咨询的相关政策

16. 目前全国各地对全过程工程咨询出台了哪些政策文件？ ————

1）国家层面全过程工程咨询的相关政策

2017 年 2 月，《国务院办公厅关于促进建筑业持续健康发展的意见》（国办发〔2017〕19 号）发布，提出培育全过程工程咨询。鼓励投资咨询、勘察、设计、监理、招标代理、造价等企业采取联合经营、并购重组等方式发展全过程工程咨询，培育一批具有国际水平的全过程工程咨询企业。

2017 年 5 月，《住房城乡建设部关于开展全过程工程咨询试点工作的通知》（建市〔2017〕101 号）发布，确定在北京、上海、江苏、浙江、福建、湖南、广东、四川 8 省（市）以及中国建筑设计院有限公司等 40 家企业开展为期两年的全过程工程咨询试点工作。广西壮族自治区、陕西省先后经住房和城乡建设部批准，也加入到试点省（市）中，故共有 10 省（市、区）被列为全过程工程咨询试点地区名录，作为全过程工程咨询的先行者。

2017 年 11 月，中华人民共和国国家发展和改革委员会令第 9 号发布《工程咨询行业管理办法》，其中对"全过程工程咨询"定义为："采用多种服务方式组合，为项目决策、实施和运营持续提供局部或整体解决方案以及管理服务。"

2018 年 3 月，住房和城乡建设部建筑市场监管司发布《关于征求推进全过程工程咨询服务发展的指导意见（征求意见稿）和建设工程咨询服务合同示范文本（征求意见稿）意见的函》（建市监函〔2018〕9 号），明确了全过程工程咨询服务的定义，给出合同示范文本。

2019 年 3 月，《国家发展改革委 住房城乡建设部关于推进全过程工程咨询服务发展的指导意见》（发改投资规〔2019〕515 号）发布，对房屋建筑和市政基础设施领域推进全过程工程咨询服务提出了具体指导意见，明确提出全过程工程咨询包括投资决策综合性咨询和工程建设全过程咨询，同时鼓励多种形式全过程工程咨询服务模式。

2021年4月，中国工程咨询协会发布《工程咨询行业2021—2025年发展规划纲要》，提出到2025年，"全过程工程咨询成为发展新引擎。推动全过程工程咨询服务理念和服务模式创新，加快相关标准规范制定，培育一批全过程工程咨询骨干企业，促进提高全过程工程咨询的供给质量和能力"这一重要发展目标。并提出："加快推进全过程工程咨询。进一步发挥全过程工程咨询对工程建设项目审批制度改革的支撑作用。实施项目投融资、设计及投资管理、建设模式、运营方式等多方案论证，增强投资决策科学性和咨询协调性。重视项目管理策划，通过实施全方位管理，确保全过程工程咨询服务科学开展。根据项目实际情况合理选择全过程工程咨询服务模式，带动增强全过程工程咨询协同性。注重咨询项目示范引领，深入开展全过程工程咨询后评价，不断提升服务水平。"

2022年1月，《住房和城乡建设部关于印发"十四五"建筑业发展规划的通知》（建市〔2022〕11号），提出发展全过程工程咨询服务。加快建立全过程工程咨询服务交付标准、工作流程、合同体系和管理体系，明确权责关系，完善服务酬金计取方式。发展涵盖投资决策、工程建设、运营等环节的全过程工程咨询服务模式，鼓励政府投资项目和国有企业投资项目带头推行。培养一批具有国际竞争力的全过程工程咨询企业和领军人才。

2022年3月，《中国工程咨询协会关于印发〈关于加快推进工程咨询业高质量发展的指导意见〉的通知》（中咨协政研〔2022〕21号），提出大力推进全过程工程咨询服务，进一步发挥全过程工程咨询对工程建设项目审批制度改革的支撑作用。

以下是近五年来国家和地方层面关于全过程工程咨询的相关政策梳理，详见表2-1。

国家及地方全过程工程咨询相关政策文件　　　　表2-1

序号	文件名称	文号	发文单位	发文日期
国家层面				
1	《国务院办公厅关于促进建筑业持续健康发展的意见》	国办发〔2017〕19号	国务院办公厅	2017年2月24日
2	《住房城乡建设部关于开展全过程工程咨询试点工作的通知》	建市〔2017〕101号	住房和城乡建设部办公厅	2017年5月2日

序号	文件名称	文号	发文单位	发文日期
3	《住房城乡建设部关于促进工程监理行业转型升级创新发展的意见》	建市〔2017〕145 号	住房和城乡建设部	2017 年 7 月 7 日
4	《住房城乡建设部办公厅关于同意广西壮族自治区开展全过程工程咨询试点的复函》	建办市函〔2017〕651 号	住房和城乡建设部办公厅	2017 年 9 月 15 日
5	《工程咨询行业管理办法》	中华人民共和国国家发展和改革委员会令第 9 号	国家发展改革委	2017 年 11 月 6 日
6	《关于征求推进全过程工程咨询服务发展的指导意见（征求意见稿）和建设工程咨询服务合同示范文本（征求意见稿）意见的函》	建市监函〔2018〕9 号	住房和城乡建设部建筑市场监管司	2018 年 3 月 15 日
7	《住房城乡建设部办公厅关于同意陕西省开展全过程工程咨询试点的复函》	建办市函〔2018〕573 号	住房和城乡建设部办公厅	2018 年 10 月 15 日
8	《国家发展改革委 住房城乡建设部关于推进全过程工程咨询服务发展的指导意见》	发改投资规〔2019〕515 号	国家发展改革委 住房和城乡建设部	2019 年 3 月 15 日
9	《关于征求〈房屋建筑和市政基础设施建设项目全过程工程咨询服务技术标准（征求意见稿）〉意见的函》	/	国家发展改革委固定资产投资司 住房和城乡建设部建筑市场监管司	2020 年 4 月 23 日
10	《关于印发〈工程咨询行业 2021–2025 年发展规划纲要〉的通知》	中咨协政研〔2021〕24 号	中国工程咨询协会	2021 年 4 月 15 日
11	《住房和城乡建设部关于印发"十四五"建筑业发展规划的通知》	建市〔2022〕11 号	住房和城乡建设部	2022 年 1 月 19 日
12	《中国工程咨询协会关于印发〈关于加快推进工程咨询业高质量发展的指导意见〉的通知》	中咨协政研〔2022〕21 号	中国工程咨询协会	2022 年 3 月 21 日
地方层面				
1	《关于印发〈浙江省全过程工程咨询试点工作方案〉的通知》	建建发〔2017〕208 号	浙江省住房和城乡建设厅	2017 年 6 月 13 日
2	《四川省住房和城乡建设厅关于印发〈四川省全过程工程咨询试点工作方案〉的通知》	川建发〔2017〕11 号	四川省住房和城乡建设厅	2017 年 7 月 17 日
3	《广东省住房和城乡建设厅关于印发〈广东省全过程工程咨询试点工作实施方案〉的通知》	粤建市〔2017〕167 号	广东省住房和城乡建设厅	2017 年 8 月 7 日
4	《关于印发〈福建省全过程工程咨询试点工作方案〉的通知》	闽建科〔2017〕36 号	福建省住房和城乡建设厅 福建省发展改革委 福建省财政厅	2017 年 8 月 30 日

续表

序号	文件名称	文号	发文单位	发文日期
5	《江苏省住房和城乡建设厅关于印发〈江苏省开展全过程工程咨询试点工作方案〉的通知》	苏建科〔2017〕526号	江苏省住房和城乡建设厅	2017年10月27日
6	《厦门市建设局 厦门市发展改革委 厦门市财政局关于印发〈厦门市全过程工程咨询试点工作实施方案〉的通知》	厦建勘设〔2017〕33号	厦门市建设局 厦门市发展改革委 厦门市财政局	2017年11月21日
7	《黑龙江省住房和城乡建设厅关于开展全过程工程咨询试点工作的通知》	黑建函〔2017〕376号	黑龙江省住房和城乡建设厅	2017年12月12日
8	《关于加强工程总承包和全过程工程咨询试点项目管理工作的通知》	闽建科〔2017〕48号	福建省住房和城乡建设厅	2017年12月25日
9	《湖南省住房和城乡建设厅关于印发〈湖南省全过程工程咨询试点工作方案和第一批试点名单〉的通知》	湘建设函〔2017〕446号	湖南省住房和城乡建设厅	2017年12月21日
10	《自治区住房城乡建设厅关于印发〈广西全过程工程咨询试点工作方案〉的通知》	桂建发〔2018〕2号	广西壮族自治区住房和城乡建设厅	2018年2月1日
11	《湖南省住房和城乡建设厅关于印发全过程工程咨询工作试行文本的通知》	湘建设〔2018〕17号	湖南省住房和城乡建设厅	2018年2月2日
12	《自治区住房和城乡建设厅关于印发〈全过程工程咨询试点工作方案〉的通知》	宁建（建）发〔2018〕31号	宁夏回族自治区住房和城乡建设厅	2018年4月25日
13	《吉林省住房和城乡建设厅关于印发〈关于推进全过程工程咨询服务发展的指导意见〉的通知》	吉建办〔2018〕28号	吉林省住房和城乡建设厅	2018年7月2日
14	《黑龙江省住房和城乡建设厅关于全过程工程咨询试点企业承接业务范围的通知》	黑建函〔2018〕461号	黑龙江省住房和城乡建设厅	2018年7月17日
15	《河南省住房和城乡建设厅关于印发〈河南省全过程工程咨询试点工作方案（试行）〉的通知》	豫建设标〔2018〕44号	河南省住房和城乡建设厅	2018年7月25日
16	《关于印发〈安徽省开展全过程工程咨询试点工作方案〉的通知》	建市〔2018〕138号	安徽省住房和城乡建设厅等	2018年9月30日
17	《内蒙古自治区住房和城乡建设厅关于开展全过程工程咨询试点工作的通知》	内建工〔2018〕544号	内蒙古自治区住房和城乡建设厅	2018年10月12日
18	《关于开展全过程工程咨询试点的通知》	陕建发〔2018〕388号	陕西省住房和城乡建设厅	2018年10月30日
19	《省发展改革委 省建设厅关于贯彻落实〈国家发展改革委 住房城乡建设部关于推进全过程工程咨询服务发展的指导意见〉的实施意见》	浙发改基综〔2019〕324号	浙江省发展改革委 浙江省住房和城乡建设厅	2019年7月9日
20	《关于推进综合性全过程工程咨询服务发展的通知》	苏发改投资发〔2019〕655号	江苏省发展改革委 江苏省住房和城乡建设厅	2019年7月26日

序号	文件名称	文号	发文单位	发文日期
21	《山东省住房和城乡建设厅　山东省发展和改革委员会关于在房屋建筑和市政工程领域加快推行全过程工程咨询服务的指导意见》	鲁建建管字〔2019〕19号	山东省住房和城乡建设厅山东省发展改革委	2019年10月14日
22	《黑龙江省住房和城乡建设厅关于在房屋建筑和市政工程领域推进全过程工程咨询服务发展的指导意见》	黑建建〔2019〕12号	黑龙江省住房和城乡建设厅	2019年12月30日
23	《省发展改革委　省住房城乡建设厅关于加快推进我省全过程工程咨询服务发展的实施意见》	黔建建发〔2020〕1号	贵州省发展改革委贵州省住房和城乡建设厅	2020年6月19日
24	《山东省住房和城乡建设厅　山东省发展和改革委员会关于印发贯彻〈房屋建筑和市政基础设施项目工程总承包管理办法〉十条措施的通知》	鲁建建管字〔2020〕6号	山东省住房和城乡建设厅山东省发展改革委	2020年6月23日
25	《湖南省住房和城乡建设厅关于推进全过程工程咨询发展的实施意见》	湘建设〔2020〕91号	湖南省住房和城乡建设厅	2020年7月20日
26	《关于在房屋建筑和市政基础设施工程领域加快推进全过程工程咨询服务发展的实施意见》	陕建发〔2020〕1118号	陕西省住房和城乡建设厅陕西省发展改革委	2020年8月26日
27	《深圳市住房和建设局关于征求〈深圳市推进全过程工程咨询服务发展的实施意见〉（征求意见稿）及其配套文件意见的函》	/	深圳市住房和建设局	2020年12月10日
28	《湖南省住房和城乡建设厅关于印发〈湖南省房屋建筑和市政基础设施项目全过程工程咨询招标投标管理暂行办法〉的通知》	湘建设〔2020〕206号	湖南省住房和城乡建设厅	2020年12月28日
29	《关于在全省房屋建筑和市政基础设施领域工程项目实行工程总承包和全过程工程咨询服务的函》	/	黑龙江省住房和城乡建设厅	2021年2月9日
30	《关于印发〈吉林省推进房屋建筑和市政基础设施工程全过程咨询服务的实施意见〉的通知》	吉建联发〔2021〕16号	吉林省住房和城乡建设厅吉林省发展改革委中国人民银行长春中心支行	2021年4月26日
31	《青岛市住房和城乡建设局关于印发监理企业开展全过程工程咨询服务经验做法（第一批）的通知》	青建管字〔2021〕37号	青岛市住房和城乡建设局	2021年7月26日

序号	文件名称	文号	发文单位	发文日期
32	《关于印发〈黑龙江省房屋建筑和市政基础设施项目全过程工程咨询服务招标投标管理办法（试行）〉的通知》	黑建规范〔2021〕14号	黑龙江省住房和城乡建设厅	2021年12月31日

注：地方层面仅梳理标题中包含"全过程工程咨询"的相关政策，对于文中有涉及"全过程工程咨询"的相关政策暂未列入。

2）地方层面全过程工程咨询的相关政策

截至2022年，全国包括北京、上海、江苏、浙江、福建、湖南、广东、四川、广西、陕西、贵州、宁夏、山东、吉林、河南、安徽、内蒙古、重庆以及黑龙江19个省（市、区）被列入或开展了全过程工程咨询试点工作。除北京市、上海市没有出台全过程工程咨询试点工作方案外，其他17个省（市、区）都陆续出台相关试点方案或指导意见。另外，湖南省、黑龙江省颁布了招标投标管理办法（图2-1）。

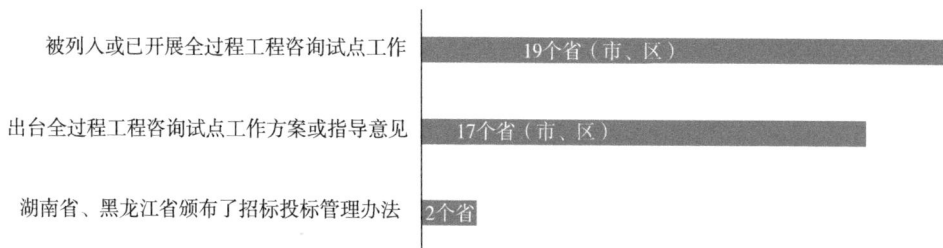

图2-1 地方全过程工程咨询相关政策分类

17. 目前国内提出了哪些创新的全过程工程咨询服务模式？

1）515号文对全过程工程咨询模式的规定

（1）在投资决策综合性咨询环节，对全过程工程咨询模式的规定

①鼓励投资者在投资决策环节委托工程咨询单位提供综合性咨询服务，统筹考虑影响项目可行性的各种因素，增强决策论证的协调性。

②鼓励项目单位采用投资决策综合性咨询，减少分散专项评价评估，避免可行性研究论证碎片化。

（2）在工程建设全过程咨询环节，对全过程工程咨询模式的规定

在房屋建筑、市政基础设施等工程建设中，鼓励建设单位委托咨询单位提供

招标代理、勘察、设计、监理、造价、项目管理等全过程咨询服务，满足建设单位一体化服务需求，增强工程建设过程的协同性。

（3）鼓励多种形式全过程工程咨询服务模式

①除投资决策综合性咨询和工程建设全过程咨询外，咨询单位可根据市场需求，从投资决策、工程建设、运营等项目全生命周期角度，开展跨阶段咨询服务组合的全过程工程咨询服务模式。

②咨询单位也可根据市场需求，从投资决策、工程建设、运营等项目全生命周期角度，开展同一阶段内不同类型咨询服务组合的全过程工程咨询服务模式。

③鼓励和支持咨询单位创新全过程工程咨询服务模式，为投资者或建设单位提供多样化的服务。

注：同一项目的全过程工程咨询单位与工程总承包、施工、材料设备供应单位之间不得有利害关系。

2）目前国内创新全过程工程咨询模式大致可分为四类

根据515号文相关规定，地方部分省（市、区）在试点方案、实施意见等相关文件中对全过程工程咨询的服务模式，提出大致两种规定：一是鼓励支持建设单位采用全过程工程咨询；二是鼓励和支持咨询单位创新全过程工程咨询服务模式。而目前国内提出的创新全过程工程咨询模式有"1+X"全过程工程咨询模式、"1+N"全过程工程咨询模式、"1+N+X"全过程工程咨询模式、"一体化"全过程工程咨询模式。

（1）"1+X"全过程工程咨询模式

①同济咨询"1+X"全过程工程咨询模式

作为全国首批全过程工程咨询试点单位之一，上海同济工程咨询有限公司（以下简称"同济咨询"）以多年的工程咨询实践经验为基础，先后主持或参与了《建设工程咨询产品分类标准》《全过程工程咨询服务体系研究》《全过程工程咨询服务指导意见》《全过程工程咨询服务的技术标准》等相关课题、标准的研究和制定工作，积累了丰富理论基础。同时，结合我国工程咨询领域的现状、法规体系、实践操作惯例等特点，独创性地提出了"1+X"全过程工程咨询服务模式，在业界引起了广泛关注。其中，"1"是指贯穿项目全过程的工程咨询管理服务链，是对项目决策、实施和运行各阶段进行策划、组织、控制、协调的集成化管理；"X"是指全过程工程咨询管理服务中单项工程咨询管理服务，咨询方可以根据委托方需求和意愿承担其中的一项或多项专业性的工程咨询服务。该模式对建设项目的组织方式、委托方式、市场准入、服务要求和监督管理等提出了一系列的构想（图2-2）。

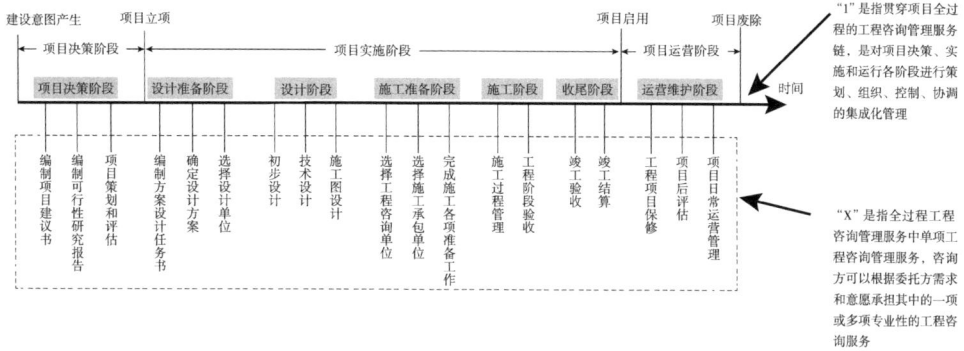

图 2-2 同济咨询"1+X"全过程工程咨询服务模式
（全生命周期的全过程工程咨询服务）

同时，同济咨询鼓励多种形式全过程工程咨询服务模式——跨阶段咨询服务组合的全过程工程咨询服务，如决策＋实施（设计＋监理）的服务组合、建设项目管理＋设计的服务组合、建设项目管理＋监理的服务组合、建设项目管理＋造价＋招标的服务组合等（图2-3）。

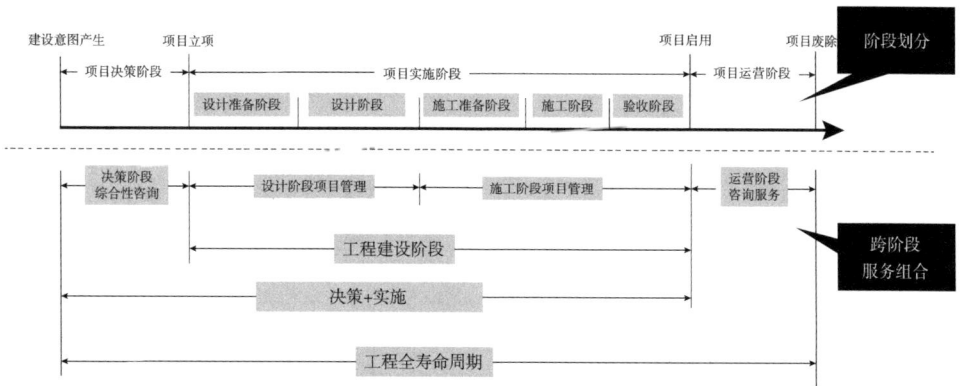

图 2-3 同济咨询"1+X"全过程工程咨询服务模式
（跨阶段咨询服务组合的全过程工程咨询服务）

此外，同济咨询鼓励多种形式全过程工程咨询服务模式——同一阶段服务组合的全过程工程咨询服务，如决策阶段的规划或规划设计、项目投资机会研究、前期策划、立项咨询、评估咨询、项目策划报告编制、报批报建等，设计阶段的设计任务书编制、勘察设计、勘察设计管理、造价管理、招标代理、BIM、工程技术经济比较等，实施阶段的工程监理、招标代理、造价管理、现场设计管理、进度管理、安全管理等，运营阶段的项目后评价、运营管理方案制定、设备管理和运维监控、拆除方案咨询等同一阶段的不同专项咨询服务组合（图 2-4）。

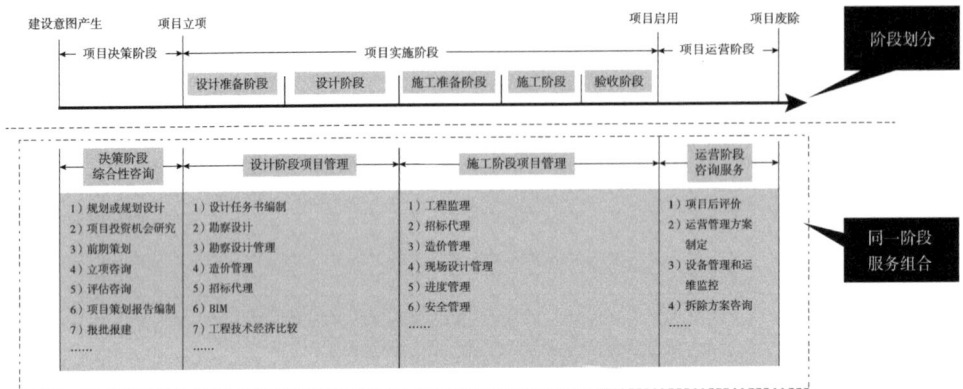

图 2-4　同济咨询"1+X"全过程工程咨询服务模式
（同一阶段咨询服务组合的全过程工程咨询服务）

同济咨询致力于改变传统的碎片化的咨询服务模式，构建覆盖项目全生命周期的全过程咨询服务体系，经过 30 年的不懈努力，同济咨询已形成七大业务板块，百余项创新各专项领域服务产品（图 2-5）。

②其他地方"1+X"全过程工程咨询模式

2019 年 12 月，广西壮族自治区住房和城乡建设厅发布《广西壮族自治区工程建设全过程咨询服务导则（试行）》，也提出"1+X"全过程工程咨询模式，与

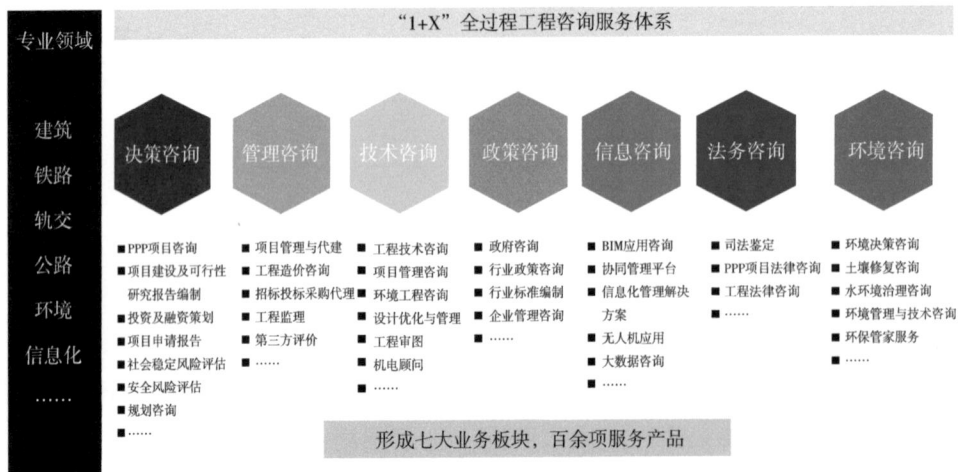

图 2-5　同济咨询"1+X"全过程咨询服务体系

同济咨询"1+X"全过程工程咨询模式一脉相承。

（2）"1+N"全过程工程咨询模式

①安徽省对"1+N"模式的定义

2021年9月，安徽省住房和城乡建设厅发布安徽省工程建设地方标准《全过程工程咨询服务管理规程（征求意见稿）》，提出："1+N"全过程工程咨询服务模式是指委托人把全过程工程咨询服务中的项目管理及部分专项咨询服务委托给一家咨询人，而把其他专项咨询服务独立委托给其他专项咨询人。其中"1"是指项目管理，"N"是指专项咨询服务的一项或多项。为体现全过程工程咨询服务的连续性、系统性和集成化，"1+N"全过程工程咨询服务模式必须包括项目管理（"1"），且项目管理应是建设项目全生命周期或至少一个完整阶段的全过程项目管理。

承担"1+N"全过程工程咨询服务的咨询人宜由一家具备投资咨询、勘察、设计、监理、造价咨询等至少一项资质（信）的咨询单位承担。当专项咨询（"N"）较多时，也可由多家咨询单位组成的联合体承担，或由一家咨询单位通过合理、合法转委托方式实施。实行"1+N"全过程工程咨询服务时，委托人应授权咨询人加强对委托人另行委托其他专项咨询服务的管理，确保建设项目全过程工程咨询的连续性、系统性、协调性。

②广东省、深圳市对"1+N"模式的定义

2020年12月，深圳市住房和建设局发布《深圳市全过程工程咨询服务导则》（征求意见稿），参考2018年4月广东省住房和城乡建设厅发布的《建设项目全过程工程咨询服务指引（咨询企业版）（征求意见稿）》和《建设项目全过程工程咨询服务指引（投资人版）（征求意见稿）》，提出"1+N"模式。"1"是指全过程工程项目管理（必选项），"N"包括但不限于投资咨询、工程勘察、工程设计、招标采购、造价咨询、工程监理、运营维护咨询和BIM咨询（可选项）。

③陕西省、内蒙古自治区对"1+N"模式的定义

2019年1月，陕西省住房和城乡建设厅发布《陕西省全过程工程咨询服务导则（试行）》，同年8月，内蒙古自治区工程建设协会发布了《内蒙古自治区工程建设全过程咨询服务导则（试行）》，分别提出"1+N"模式。指由一家具备咨询、勘察、设计、监理、造价等至少一项资质的咨询企业承担建设项目管理及一项或多项专业咨询服务。"1"是指项目管理，服务范围包括建设项目决策、施工准备、施工、运维四个阶段中的一个或多个阶段，由建设单位自主确定。"N"

是指专业咨询服务的一项或多项。

（3）"1+N+X"全过程工程咨询模式

2020 年 12 月，中国建筑业协会发布的《全过程工程咨询服务管理标准》T/CCIAT 0024—2020 在 "3.3 组织形式"中提出全过程工程咨询的服务形式宜采用 "1+N+X" 模式。"1+N+X" 模式中，"1"指全过程工程项目管理，由一家企业或者两家以上企业组成联合体承担全过程工程咨询项目管理，服务范围包括投资决策阶段、工程建设阶段、运营阶段中的一个阶段或多个阶段；"N"指专业咨询的一项或多项，可由上述承担全过程工程项目管理的企业或具有勘察、设计、监理、造价等至少一项资格的咨询企业承担；"X"指在项目实施过程中根据业主需求，不由承担全过程工程项目管理的企业实施，但应整合资源协调管理的专项服务。

天津理工大学尹贻林教授提出：全过程工程咨询的服务模式可简单地理解为 "1+N+X"，"1"指的是项目管理，"N"指的是全过程工程咨询单位自行实施专项咨询，"X"指的是自行实施的专项服务之外的专项服务，"+"指的是平台（标准化、数据化、智能化）。该模式就是在传统的咨询服务模式上，通过标准化、数据化、智能化的平台，将传统领域的专项咨询和传统领域之外的服务融合到项目服务中，使原本割裂的服务模式有机联合在一起，共同"保证项目的成功"。

尹教授创造性地提出 "X"，把传统的工程咨询转变为一个包容的、与时俱进的全过程工程咨询，因为随着社会的变化，不断有新方法、新技能出现，那么 "X" 就可以无限地吸收新方法、新技能。而法律咨询作为新兴的服务模式，就是包含在 "X" 中，在未来的全过程工程咨询中，法律服务在项目的合约管理、招标采购管理、工程建造管理等过程中提供法律风险识别、评估和分析，并制定完善的防范措施，也是必不可少的一个环节。

（4）"一体化"全过程工程咨询模式

2021 年 9 月，安徽省住房和城乡建设厅发布安徽省工程建设地方标准《全过程工程咨询服务管理规程（征求意见稿）》，还提出：为保证全过程工程咨询服务的连续性、系统性、集成化，鼓励委托人选择"一体化"全过程工程咨询服务模式。"一体化"全过程工程咨询服务模式是指咨询人全部承担建设项目全生命周期或相对完整阶段包括项目管理和所有需要的专项咨询服务。

承担"一体化"全过程工程咨询服务的咨询人可以是一家咨询单位，也可以是由多家咨询单位组成的联合体。当由一家具有综合能力的咨询人承担"一体化"全过程工程咨询服务时，咨询人应具备国家法律法规要求的相应资质。咨询人应当自行完成咨询服务合同约定的项目管理任务和自有资质证书许可范围内业务的专项咨询任务，在保证整个工程项目完整性的前提下，按照合同约定或经委托人同意，可将自有资质证书许可范围外业务的专项咨询任务依法依规择优委托给具有相应资质或能力的单位，并对被委托单位的委托业务负总责。当由两家或两家以上咨询单位组成联合体承担"一体化"全过程工程咨询服务时，联合体咨询单位应具备国家法律法规要求的相应资质，并在委托合同中明确联合体牵头单位及各单位的权利、义务和责任。联合体牵头单位应自行完成咨询服务合同约定的项目管理任务。

18. 各地政策文件中，对全过程工程咨询的适用范围有怎样的规定？——

1）515 号文对全过程工程咨询适用范围的规定

（1）适用于房屋建筑和市政基础设施领域

①在房屋建筑和市政基础设施领域推进全过程工程咨询服务发展。

②在房屋建筑、市政基础设施等工程建设中（征求意见稿还强调在交通、水利、能源等工程建设中），鼓励建设单位委托咨询单位提供招标代理、勘察、设计、监理、造价、项目管理等全过程咨询服务，满足建设单位一体化服务需求，增强工程建设过程的协同性。

（2）在投资决策综合性咨询环节，政府投资项目要优先开展综合性咨询

为增强政府投资决策科学性，提高政府投资效益，政府投资项目要优先采取综合性咨询服务方式。

（3）在工程建设全过程咨询环节，引导政府投资项目和国有企业投资项目，鼓励民间投资项目

①要充分发挥政府投资项目和国有企业投资项目的示范引领作用，引导一批有影响力、有示范作用的政府投资项目和国有企业投资项目带头推行工程建设全过程咨询。

②鼓励民间投资项目的建设单位根据项目规模和特点，本着信誉可靠、综合能力和效率优先的原则，依法选择优秀团队实施工程建设全过程咨询。

2）地方对全过程工程咨询适用范围的规定

地方各省（市）根据 515 号文要求，并结合实际情况，对全过程工程咨询适用范围的规定具有明显的一致性和差异化特征，一致性表现在适用项目类型"以

政府投资项目和国有企业投资项目为主，同时，鼓励非政府投资项目"，差异化表现在各地推荐作为试点的项目类型不同，主要以房屋建筑和市政工程为主。此外，还有代建、工程总承包、PPP、工业园区项目等（图2-6）。

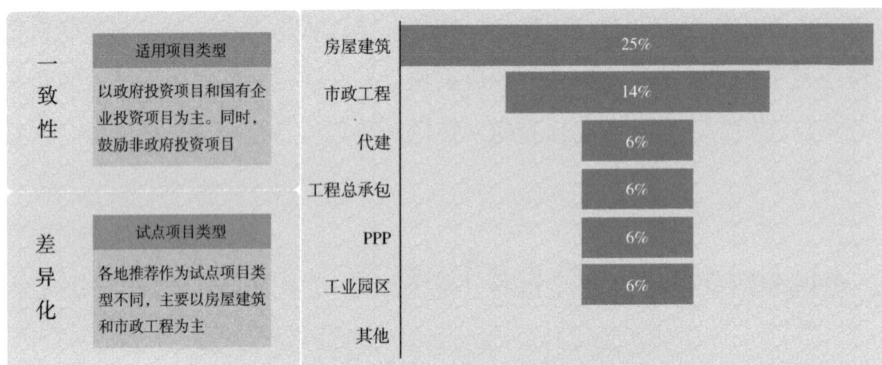

图2-6　地方对全过程工程咨询的适用范围情况分析

具体可分为以下三类：

（1）适用范围规定较窄的城市（北京市）

对于总投资3000万元以下的公用事业工程（不含学校、影剧院、体育场馆项目），建设规模5万平方米以下成片开发的住宅小区工程，无国有投资成分且不使用银行贷款的房地产开发项目，建设单位有类似项目管理经验和技术人员，能够保证独立承担工程安全质量责任的，可以不实行工程建设监理，实行自我管理模式。鼓励建设单位选择全过程工程咨询服务等创新管理模式[①]。

（2）多行业推行全过程工程咨询（江苏省、浙江省、陕西省3省份）

江苏省规定，除了在房屋建筑和市政基础设施领域推行全过程咨询服务外，各级交通运输、水利等行业主管部门可以参照借鉴住房和城乡建设部门在房屋建筑和市政基础设施领域推进全过程工程咨询服务的做法，在各自领域探索推行全过程工程咨询服务。

浙江省规定，开展多领域协同，率先在教育、文化、卫生等省级公共事业领域开展创新试点，房屋建筑和市政基础设施领域已有试点基础的，及时总结经验，提供借鉴，试点范围逐步覆盖交通、能源、水利等基础设施领域。

---

① 资料来源：北京市住房和城乡建设委员会、北京市地方金融监督管理局、北京市规划和自然资源委员会、中国银行保险监督管理委员会北京监管局联合发布的《关于印发〈北京市可不聘用工程监理建设项目工程质量潜在缺陷保险暂行管理办法〉的通知》（京建发〔2020〕257号）。

陕西省规定，加快房屋建筑和市政基础设施工程领域步伐，其他行业工程领域可参照执行。

（3）多投资类型项目推行全过程工程咨询（浙江省、陕西省、黑龙江省3省份）

除了规定对政府（国有）投资项目实行全过程工程咨询服务，发挥示范引领作用外，对适用范围的规定还有所不同，比如江苏省并未提及非政府投资项目。浙江省还鼓励PPP项目、工程总承包项目建设单位根据项目规模和特点，依法选择优秀团队实施全过程咨询服务。

陕西省鼓励全过程工程咨询单位积极参与"一带一路"建设项目咨询服务活动，探索国际工程项目咨询服务模式；还鼓励民间投资项目、军民融合项目积极采用全过程工程咨询服务；采用工程总承包的项目，率先推行全过程工程咨询服务。

黑龙江省提出2020年起，新启动的棚户区改造、公共租赁住房、老旧小区改造等政府投资的保障性安居工程项目，应率先采用全过程工程咨询服务模式。

各地对全过程工程咨询适用范围的部分规定如表2-2所示。

各地对全过程工程咨询适用范围的部分规定　　　　　　　　　　表2-2

序号	省（市）	适用范围的规定
1	江苏省	1. 推进本地区房屋建筑和市政基础设施领域全过程咨询服务发展； 2. 各级交通运输、水利等行业主管部门可以参照借鉴住房和城乡建设部门在房屋建筑和市政基础设施领域推进全过程咨询服务的做法，在各自领域探索推行全过程咨询服务； 3. 各地各部门要积极引导政府投资项目和国有企业投资项目，带头推行投资决策综合性咨询和工程建设全过程咨询，充分发挥示范引领作用
2	浙江省	1. 构建全过程咨询服务体系，积极引导政府（国有）投资项目和有条件的社会投资项目开展全过程工程咨询服务； 2. 开展多领域协同。率先在教育、文化、卫生等省级公共事业领域开展创新试点，房建市政领域已有试点基础的，及时总结经验，提供借鉴，试点范围逐步覆盖交通、能源、水利等基础设施领域； 3. 鼓励PPP项目、工程总承包项目建设单位根据项目规模和特点，依法选择优秀团队实施全过程咨询服务，提升项目组织管理水平，确保项目质量和安全
3	湖南省	1. 政府投资、国有资金投资新建项目应采用全过程工程咨询模式组织建设； 2. 2020年，政府投资、国有资金投资新建项目全面推广全过程工程咨询；2021年，政府投资、国有资金投资新建项目全面采用全过程工程咨询，社会投资新建项目逐步采用全过程工程咨询；2025年，新建项目采用全过程工程咨询的比例达到70%以上，全过程工程咨询成为前期工作的主流模式
4	深圳市	1. 政府投资项目优先引入全过程工程咨询服务； 2. 鼓励民间投资项目的建设单位根据项目规模和特点，本着信誉可靠、综合能力和效率优先的原则，依法选择优秀团队实施全过程工程咨询； 3. 以本市新一轮大基建、新基建项目的投资建设为契机，培育本市全过程工程咨询服务企业

续表

序号	省（市）	适用范围的规定
5	陕西省	1. 加快房屋建筑和市政基础设施工程领域步伐，其他行业工程领域可参照执行； 2. 鼓励全过程工程咨询单位积极参与"一带一路"建设项目咨询服务活动，探索国际工程项目咨询服务模式，助力发展"枢纽经济、门户经济、流动经济"； 3. 政府投资项目率先开展咨询服务。政府投资和国有资金投资的建设项目原则上实行全过程工程咨询服务； 4. 鼓励民间投资项目、军民融合项目积极采用全过程工程咨询服务； 5. 采用工程总承包的项目，率先推行全过程工程咨询服务
6	山西省	要结合本地实际，在本地区选择一批具备较好示范效应、使用通用技术的房屋建筑、市政基础设施工程投资项目，采用全过程工程咨询项目管理模式
7	山东省	1. 适用于全省房屋建筑和市政工程项目； 2. 政府投资和国有资金投资的项目原则上实行全过程工程咨询服务，鼓励民间投资项目积极采用全过程工程咨询服务
8	贵州省	1. 政府和国有投资项目带头优先推行全过程工程咨询，到2020年底以前采取全过程工程咨询服务的项目不低于30%； 2. 鼓励民间投资项目的建设单位根据项目规模和特点，本着信誉可靠、综合能力和效率优先的原则，依法选择优秀团队实施工程建设全过程咨询
9	黑龙江省	1. 发挥政府和国有投资项目的示范引领作用，2020年起，新启动的棚户区改造、公共租赁住房、老旧小区改造等政府投资的保障性安居工程项目，应率先采用全过程工程咨询服务模式； 2. 2022年起，政府和国有投资的房屋建筑和市政工程项目原则上应采用全过程工程咨询服务模式
10	吉林省	1. 在房屋建筑和市政基础设施工程投资决策、工程建设、运营管理过程中，为建设单位提供涉及市场、经济、技术、组织、管理等各有关方面的综合性、跨阶段、一体化咨询服务； 2. 政府投资工程原则上实行全过程工程咨询服务； 3. 鼓励非政府投资工程积极采用全过程工程咨询服务

19. 各地政策文件中，对全过程工程咨询企业的资质资格要求有怎样的规定？

1）515号文对全过程工程咨询企业的资质资格要求

（1）在投资决策综合性咨询环节，对全过程工程咨询企业的要求

鼓励纳入有关行业自律管理体系的工程咨询单位发挥投资机会研究、项目可行性研究等特长，开展综合性咨询服务。

（2）在工程建设全过程咨询环节，对全过程工程咨询企业的要求

①咨询单位资质要求和准入要求

a. 全过程咨询单位不提供勘察、设计、监理或造价咨询服务时，无资质

要求；

b. 全过程咨询单位提供勘察、设计、监理或造价咨询服务时，应当具有与工程规模及委托内容相适应的资质条件；

c. 全过程咨询服务单位应当自行完成自有资质证书许可范围内的业务。

注：如须招标投标的，应符合招标投标法律法规；法律法规规定不能另行委托的，须从法律法规。

②转委托条件

a. 保证整个工程项目完整性；

b. 按照合同约定或经建设单位同意；

c. 可将自有资质证书许可范围外的咨询业务依法依规择优委托给具有相应资质或能力的单位。

③转委托的责任关系

全过程咨询服务单位应对被委托单位的委托业务负总责。

④鼓励政策

建设单位选择具有相应工程勘察、设计、监理或造价咨询资质的单位开展全过程咨询服务的，除法律法规另有规定外，可不再另行委托勘察、设计、监理或造价咨询单位。

2）地方对全过程工程咨询企业的资质资格要求

地方各省（市、区）根据 515 号文要求，并结合实际情况，对全过程工程咨询企业通常要求具备与工程规模和委托工作内容相适应的一项或多项资质，但各地对资质具体要求（如数量等）不同。有些省（市、区）采取放松态度，如湖南省提出"放宽全过程工程咨询企业资质、资格限制。企业依法通过招标投标方式取得全过程工程咨询服务的，可在其资质许可范围内承担投资咨询、工程勘察、工程设计、工程监理、造价咨询及招标代理等业务"。有些省（市、区）则强调"应当具有与工程规模和委托工作内容相适应的工程咨询、工程设计、工程监理、造价咨询等工程建设类两项及以上的资质"。还有省（市、区）则采取折中方式，提出"或具备单一资质且年营业收入在行业排名全区前三名的企业"。

具体要求分类如下（图 2-7）：

（1）50% 允许一项资质

江苏省、浙江省、广东省、宁夏回族自治区、安徽省、吉林省、陕西省允许具备一项资质即可开展全过程工程咨询服务。

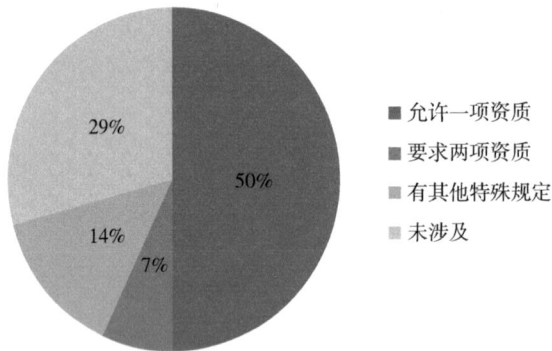

图2-7　地方对全过程工程咨询企业的资质资格要求情况分析

（2）7% 要求两项资质

四川省明确要求两项及以上工程建设类资质。

（3）14% 有其他特殊规定

广西壮族自治区要求具备工程设计、工程监理、造价咨询两项及以上的甲级资质，或具备单一资质且年营业收入在行业排名全区前三名的企业。

河南省要求具备工程设计、工程监理、造价咨询两项及以上的甲级资质，或具备单一资质且年营业收入在行业排名各省辖市、省直辖县（市、港区）前三名的企业。

（4）29% 未涉及

福建省、湖南省、山东省，以及内蒙古自治区对于资质要求未明确规定。

20. 各地政策文件中，对全过程工程咨询从业人员要求有怎样的规定？

1）515号文对全过程工程咨询从业人员要求的规定

（1）在投资决策综合性咨询环节，对全过程工程咨询从业人员要求的规定

投资决策综合性咨询应当充分发挥咨询工程师（投资）的作用，鼓励其作为综合性咨询项目负责人，提高统筹服务水平。

（2）在工程建设全过程咨询环节，对全过程工程咨询从业人员要求的规定

①工程建设全过程咨询项目负责人应当取得工程建设类注册执业资格且具有工程类、工程经济类高级职称，并具有类似工程经验。

②对于工程建设全过程咨询服务中承担工程勘察、设计、监理或造价咨询业务的负责人，应具有法律法规规定的相应执业资格。

③全过程咨询服务单位应根据项目管理需要配备具有相应执业能力的专业技术人员和管理人员。

注：设计单位在民用建筑中实施全过程工程咨询的，要充分发挥建筑师的主导作用。

（3）对全过程工程咨询从业人员的政策支持

创新咨询人员管理方式，要逐步减少投资决策环节和工程建设领域对从业人员实施的资质资格许可事项。

2）地方对全过程工程咨询从业人员的要求

地方各省（市、区）根据515号文要求，并结合实际情况，对全过程工程咨询从业人员的要求也有所不同。在已出台全过程工程咨询试点方案的17个省（市、区）中，对全过程工程咨询的项目负责人要求相同的是：全过程工程咨询项目负责人应具有一项或多项与委托工作内容相适应的工程建设类注册执业资格，但具体资格要求有所不同，按文件要求的频次排依次为：注册建筑师、注册建造师、注册监理工程师、注册造价工程师、勘察设计注册工程师、注册规划师、注册咨询工程师和注册结构师（图2-8）。

另外，对从业人员可担任全过程工程咨询项目负责人在项目数量上的规定如下。

①可允许项目负责人担任多项委托合同的城市（深圳市）

深圳市规定"全过程工程咨询项目负责人原则上只担任一项委托合同的全过

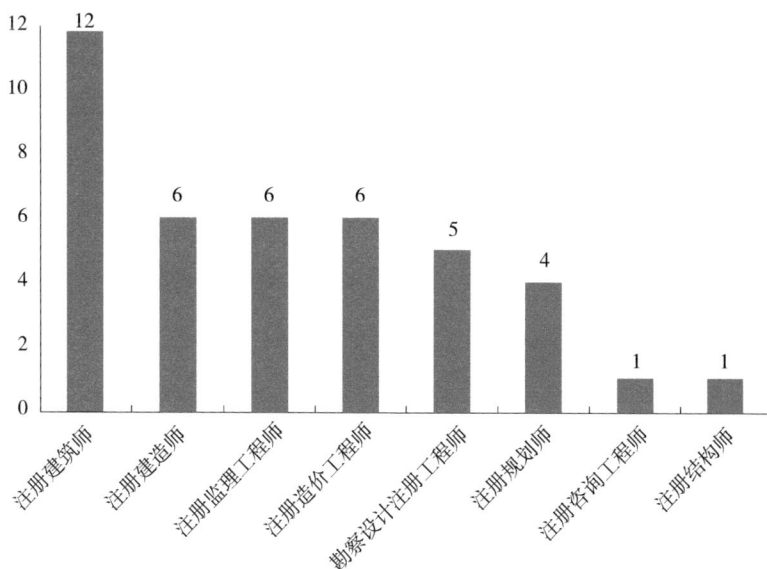

图2-8 17个试点省（市、区）对全过程工程咨询项目负责人的资格要求情况分析

程工程咨询项目负责人。当需担任多项委托合同的全过程工程咨询项目负责人时，须经委托单位同意"。

②项目负责人只能担任一项委托合同的省份（山东省、吉林省2省份）

山东省、吉林省要求"工程建设全过程咨询项目负责人不得同时在两个或者两个以上的工程项目任职"。

21. 各地政策文件中，对全过程工程咨询单位的委托方式有怎样的规定？

1）515号文对全过程工程咨询单位委托方式的规定

（1）在投资决策综合性咨询环节，对全过程工程咨询单位委托方式的规定

①工程咨询单位服务方式

a. 采用市场合作、委托专业服务等方式牵头提供；

b. 由其会同具备相应资格的服务机构联合（联合体）提供。

②不同服务方式的责任关系

a. 牵头提供投资决策综合性咨询服务的机构，根据与委托方合同约定对服务成果承担总体责任；

b. 联合提供投资决策综合性咨询服务的，各合作方承担相应责任。

（2）在工程建设全过程咨询环节，对全过程工程咨询单位委托方式的规定

①工程咨询单位服务方式

a. 应当由一家具有综合能力的咨询单位实施；

b. 也可由多家具有招标代理、勘察、设计、监理、造价、项目管理等不同能力的咨询单位联合实施。

②联合服务方式的责任关系

由多家咨询单位联合实施的，应当明确牵头单位及各单位的权利、义务和责任。

（3）对全过程工程咨询服务招标管理的规定

加快构建适合我国投资决策和工程建设咨询服务的招标文件及合同示范文本，科学制定合同条款，促进合同双方履约。

2）地方对全过程工程咨询单位委托方式的规定

地方各省（市、区）根据515号文要求，并结合实际情况，在试点工作方案

中规定，社会投资项目可以直接委托实施全过程工程咨询服务。依法应当招标的项目，可在计划实施时通过招标方式委托全过程工程咨询服务；委托内容不包括前期投资咨询的，也可在项目立项后由项目法人通过招标方式委托全过程工程咨询服务。并且，多个省（市、区）强调"探索通过招标或政府购买服务的方式将一个项目或多个项目一并打包委托全过程工程咨询服务。而对于经过依法发包的全过程工程咨询服务项目，可不再另行组织前期咨询、工程监理、招标代理和造价咨询等单项咨询业务招标"。这些方案充分体现了试点省（市、区）政府力图在合法、合规的基础上，推动全过程工程咨询的整体业务打包模式，有利于发挥全过程工程咨询的综合作用（图2-9）。

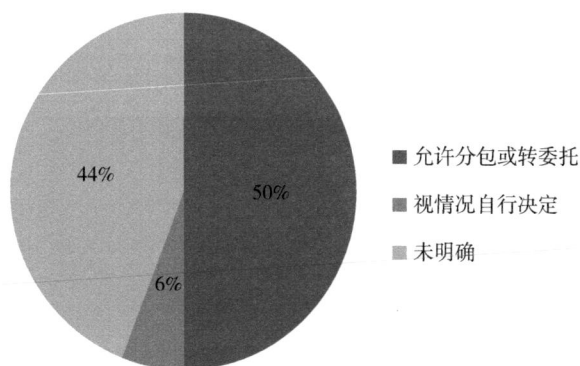

图2-9 17个试点省（市、区）试点方案中的委托方式分析图

（1）关于是否招标的规定

湖南省、陕西省、山东省、黑龙江省等省份规定"全过程工程咨询业务包含依法必须招标的勘察、设计、监理等内容的，应当依法招标"。

湖南省还提出"政府投资的重大基础设施建设项目、民生工程项目在建设单位明确投资决策意向后，即可开展包括投资咨询在内的全过程工程咨询招标"。

山西省规定"依法应当进行招标的全过程工程咨询服务项目可通过综合招标方式一次性发包"。

（2）关于委托方式的规定

江苏省、湖南省、深圳市、陕西省、山西省、山东省、贵州省、黑龙江省8省（市）规定可独立委托，也可由联合体实施全过程工程咨询服务。关于转委托，深圳市规定可以转委托，并可在投标文件中明确拟转委托单位。

吉林省规定"全过程工程咨询服务单位应在自有资质资格许可范围内开展咨

询服务，不得将应由自己完成的咨询服务业务另行委托其他单位完成"。

关于全过程工程咨询单位代签章问题，贵州省规定"建设单位应与全过程工程咨询单位签订书面委托合同，全过程工程咨询单位可以根据建设单位授权，在相应的工程文件中代表建设单位签章，但依法依规必须由建设单位签章的工程文件，仍应由建设单位独立签章或由建设单位与全过程工程咨询单位共同签章"。

地方对全过程工程咨询单位委托方式的部分规定如表 2-3 所示。

地方对全过程工程咨询单位委托方式的部分规定　　　　　　表 2-3

序号	省（市）	委托方式的规定
1	江苏省	1. 鼓励项目单位在建设实施阶段委托工程咨询单位提供招标代理、勘察、设计、监理、造价、项目管理等全过程咨询服务。 2. 鼓励一家具有综合能力的工程咨询单位独立实施或多家具备不同能力的工程咨询单位联合实施全过程咨询服务
2	湖南省	1. 已经完成立项的项目在可行性研究报告批复后，依法以招标或直接委托方式选择工程咨询企业。 2. 政府投资的重大基础设施建设项目、民生工程项目在建设单位明确投资决策意向后，即可开展包括投资咨询在内的全过程工程咨询招标。 3. 建设单位根据项目特点、委托内容、服务需求等依法设立投标人资质、资格和业绩条件，自主确定联合体投标、咨询业务分包、委派招标人代表进入评标委员会等事项。 4. 全过程工程咨询所包含的各项咨询服务中有任一项属于依法必须招标的，应当采用招标方式。 5. 全过程工程咨询评标内容应包含咨询服务方案。 6. 建设单位可要求投标人提供设计方案，并在招标公告中明确给予未中标单位经济补偿。 7. 房屋建筑项目评标内容包括设计方案的，评标委员会应有注册建筑师参与。 8. 推进全过程工程咨询招标投标全流程电子化，实行远程异地评标。 9. 以联合体形式中标的，建设单位应与联合体签订全过程咨询合同，明确联合体牵头单位和各方权利义务
3	深圳市	1. 全过程工程咨询服务招标时，建设单位对投标人资格可以不作资质要求，不得对已取消资质要求的服务内容设立资质方面门槛。 2. 全过程工程咨询服务单位在保证整个工程项目完整性的前提下，按照合同约定或经建设单位同意，可将自有资质证书许可范围外的咨询业务直接择优委托给具有相应资质或能力的单位，全过程工程咨询服务单位应对转委托单位的业务负总责。 3. 全过程工程咨询服务单位可在投标文件中明确拟转委托单位
4	陕西省	1. 建设单位可以通过招标或者直接委托的方式选择一家咨询单位（或联合体）开展全过程工程咨询服务。 2. 全过程工程咨询业务包含依法必须招标的勘察、设计、监理等内容的，应当依法招标
5	山西省	1. 依法应当进行招标的全过程工程咨询服务项目可通过综合招标方式一次性发包。 2. 实施全过程工程咨询服务的企业在保证整个工程项目完整性的前提下，按照合同约定或经建设单位同意，将约定的分项服务择优委托给具有相应资质的企业，全过程工程咨询企业对被委托企业的委托业务承担连带责任
6	山东省	1. 建设单位可以通过招标或者直接委托的方式选择一家咨询单位（或联合体）开展全过程工程咨询服务。 2. 全过程工程咨询业务包含依法必须招标的勘察、设计、监理等内容的，应当招标

续表

序号	省（市）	委托方式的规定
7	贵州省	1. 全过程咨询服务可由建设单位依法采用公开招标或自主决定直接委托的方式。 2. 全过程工程咨询服务可由一家具有综合能力的工程咨询企业实施，或可由多家具有不同专业特长的工程咨询企业联合实施。 3. 也可根据建设单位的需求，依据全过程工程咨询企业自身的条件和能力，为工程建设全过程中的投资决策环节和工程建设实施环节提供不同层面的组织、管理、经济和技术服务。 4. 鼓励并支持本省咨询单位与国内外工程顾问公司合作。 5. 建设单位应与全过程工程咨询单位签订书面委托合同，全过程工程咨询单位可以根据建设单位授权，在相应的工程文件中代表建设单位签章，但依法依规必须由建设单位签章的工程文件，仍应由建设单位独立签章或由建设单位与全过程工程咨询单位共同签章
8	黑龙江省	1. 项目决策、工程建设和项目运营阶段全过程工程咨询应依法履行招标投标或政府采购程序。 2. 依法应当招标的项目，可通过招标方式委托全过程工程咨询服务。 3. 如委托内容不包括项目决策咨询的，可在项目立项后由项目法人通过招标方式委托全过程工程咨询服务。 4. 全过程工程咨询业务包含依法必须招标的勘察、设计、监理等内容的，应当招标。 5. 采取招标方式的，招标人应当根据项目特点以及投标人拟从事该项目的服务方案、报价、企业能力和信用等因素确定评标标准和办法，禁止恶意低价竞争行为。 6. 项目决策、工程建设、项目运营全部或部分服务内容可由1家全过程工程咨询企业实施，也可由1家全过程工程咨询企业牵头与其他咨询企业联合实施。 7. 对选择具有相应监理、设计资质的企业开展全过程工程咨询服务的工程项目，可不再另行委托监理、设计单位
9	吉林省	1. 依法应当招标的项目，建设单位在确定了拟建内容、拟建规模、建设地点、投估算、资金筹措计划以及项目的进度等投资需求后，即可通过招标方式委托全过程工程咨询服务。 2. 全过程工程咨询服务单位应在自有资质资格许可范围内开展咨询服务，不得将应由自己完成的咨询服务业务另行委托其他单位完成。 3. 建设单位委托全过程工程咨询单位后，在委托范围内的服务内容，不再另行单独委托其他咨询服务单位

3）招标文件示范文本对全过程工程咨询单位委托方式的规定

根据对国家及地方相关政策的梳理与解读，目前国家层面仅发布了《全过程工程咨询服务合同示范文本（征求意见稿）》，并未发布相关招标文件示范文本。广西壮族自治区、深圳市先后发布全过程工程咨询服务招标文件范本。

在《广西壮族自治区房屋建筑和市政工程基础设施全过程工程咨询服务招标文件范本（2020年版）》中，招标文件示范文本分为公开招标和邀请招标两种，提出："原则上鼓励投标人以单独一家企业形式参与投标，投标人可以将不在本企业资质业务范围内的业务分包给其他具有相应资质的企业，投标时须提供相关附条件生效的分包协议或分包合同。"同时也接受联合体投标，要求："联合体投标的，牵头方必须是具备工程设计、工程监理、造价咨询中的两项及以上的甲级资质的企业或被列入住房和城乡建设部公布的试点企业名单或广西全过程工程咨询试点企业。"并规定联合体投标的，应满足要求："3.4.1 本项目接受联合体投标。联合体各方均应符合'具有独立法人资格''具有独立承担民事责任的能力'的条件。3.4.2 联合体各方应当签订联合体协议书，其中联合体牵头人代表联合体各方成员负责投标和合同实施阶段的主办、协调工作，但联合体其他成员在投标、签约与履行合同过程中，负有连带的和各自的法律责任。3.4.3 组成联合体进行投标的成员单位不得再以自己的名义单独参与同一标段的投标，也不得组成新的联合体参与同一标段的投标。3.4.4 联合体各方应分别在人员、设备、资金等方面具有承担本项目联合体协议书分工职责范围内的履约能力。3.4.5 联合体中有同类资质的企业按照联合体协议书分工承担相同工作的，应当按照资质等级较低的企业确定联合体资质等级，并按照企业信誉实力评分较低的企业确定企业信誉实力分。"

《深圳市全过程工程咨询招标文件示范文本》（征求意见稿）提出："全过程咨询服务单位应当自行完成自有资质证书许可范围内的业务，在保证整个工程项目完整性的前提下，按照合同约定或经建设单位同意，可将自有资质证书许可范围外的咨询业务依法依规择优委托给具有相应资质或能力的单位，全过程咨询服务单位应对被委托单位的委托业务负总责。建设单位选择具有相应工程勘察、设计、监理或造价咨询资质的单位开展全过程咨询服务的，除法律法规另有规定外，可不再另行委托勘察、设计、监理或造价咨询单位。"对于采用联合体投标的，要求："拟派全过程工程咨询项目负责人必须由联合体牵头人委派。"

22. 目前对全过程工程咨询的取费有怎样的规定？ ——

1）515 号文对全过程工程咨询的取费规定

完善全过程工程咨询服务酬金计取方式。

（1）全过程工程咨询服务酬金可在项目投资中列支，也可根据所包含的具体服务事项，通过项目投资中列支的投资咨询、招标代理、勘察、设计、监理、造价、项目管理等费用进行支付。全过程工程咨询服务酬金在项目投资中列支的，所对应的单项咨询服务费用不再列支。

（2）投资者或建设单位应当根据工程项目的规模和复杂程度，咨询服务的范围、内容和期限等与咨询单位确定服务酬金。

（3）全过程工程咨询服务酬金可按各专项服务酬金叠加后再增加相应统筹管理费用计取，也可按人工成本加酬金方式计取。

（4）全过程工程咨询单位应努力提升服务能力和水平，通过为所咨询的工程建设或运行增值来体现其自身市场价值，禁止恶意低价竞争行为。

（5）鼓励投资者或建设单位根据咨询服务节约的投资额对咨询单位予以奖励。

2）地方全过程工程咨询的取费标准

地方各省（市、区）根据515号文要求，并结合实际情况，对全过程工程咨询单位取费标准的规定有所不同。10个试点省份认为，全过程工程咨询服务酬金应在工程概算中列支，并明确包含的服务内容，各项专项服务费用可分别列支。广西壮族自治区、河南省认为，服务酬金应在工程估算或概算列支，这说明服务酬金的计取可叠加计算。部分省（市、区）提出："服务费用的计取或根据全过程工程咨询项目机构人员数量、岗位职责、执业资格等，采用人工计时单价计取费。"另外，也有省（市、区）提出："鼓励建设单位对全过程工程咨询企业提出并落实的合理化建议按照项目改进的实际成效和节约的投资额给予一定的奖励，奖励方式由双方在合同中约定。"，其中，部分省（市、区）提出"全过程工程咨询服务费可探索实行以基本酬金加奖励的方式"。另外，四川省、山东省未明确规定服务酬金（图2-10）。

根据各试点省（区）份政策规定，对全过程工程咨询的计费模式，主要分为叠加法、人工成本加成法和基本酬金加奖励的方法，详见表2-4。

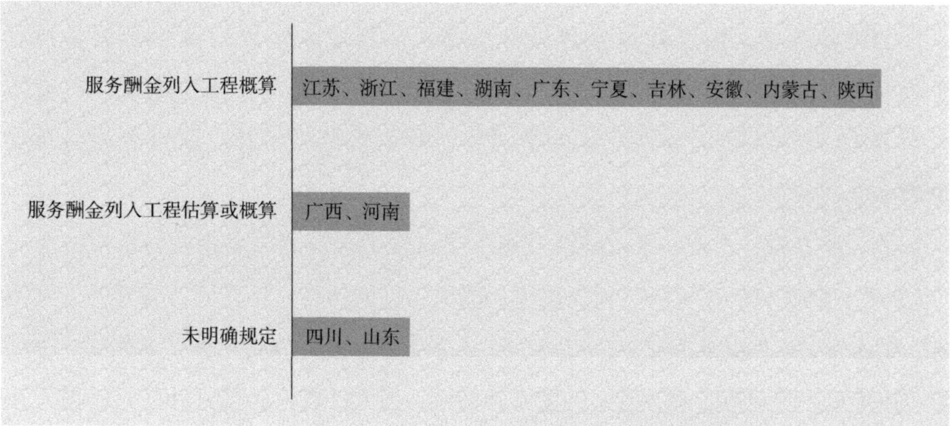

服务酬金列入工程概算	江苏、浙江、福建、湖南、广东、宁夏、吉林、安徽、内蒙古、陕西
服务酬金列入工程估算或概算	广西、河南
未明确规定	四川、山东

图2-10　各试点省（区）对全过程工程咨询服务酬金的规定

各试点省（区）份对全过程工程咨询的计费模式　　表 2-4

省（区）份	酬金			奖励
	方式一		方式二	
	叠加法		人工成本加成法	
	N/X	1+ N/X		
浙江	√			√
四川	√		√	√
宁夏		√	√	√
广东	√	√		√
福建	√			√
江苏	√			√
湖南	√			√
广西	√		√	√
山东		√	√	√
吉林	√			√
河南	√		√	√
安徽	√			√
内蒙古	√			√
陕西	√			√

说明：叠加法中的"N/X"指各专项咨询服务费；"1+N/X"指全过程工程项目管理费 + 各专项咨询服务费。

23. 目前全国及各地都确定了哪些全过程工程咨询试点企业和试点项目？

2017 年 5 月，住房和城乡建设部发布《住房城乡建设部关于开展全过程工程咨询试点工作的通知》（建市〔2017〕101 号），确定中国建筑设计院有限公司等 40 家企业开展为期两年的全过程工程咨询试点工作。试点企业名单详见表 2-5。

随后地方各省（市、区）陆续发布了全过程工程咨询试点企业名单，16 个省（市、区）按照发布时间从早到晚排序，依次为：四川省、广东省、福建省、河南省、湖南省、广西壮族自治区、江苏省、山东省、宁夏回族自治区、贵州省、浙江省、重庆市、陕西省、吉林省、内蒙古自治区、黑龙江省。16 省（市、区）共发布试点企业（企业联合体）数量为 1289 个，试点项目数量为 239 个，详见表 2-6。

国家首批全过程工程咨询试点企业名单　　　　　　　　表2-5

编号	试点企业名称
1	中国建筑设计院有限公司
2	北京市建筑设计研究院有限公司
3	中国中元国际工程有限公司
4	中冶京诚工程技术有限公司
5	中国寰球工程有限公司
6	北京市勘察设计研究院有限公司
7	建设综合勘察研究设计院有限公司
8	北京方圆工程监理有限公司
9	北京国金管理咨询有限公司
10	北京希达建设监理有限责任公司
11	京兴国际工程管理有限公司
12	中国市政工程华北设计研究总院有限公司
13	中国天辰工程有限公司
14	同济大学建筑设计研究院（集团）有限公司
15	华东建筑设计研究院有限公司
16	上海市政工程设计研究总院（集团）有限公司
17	上海华城工程建设管理有限公司
18	上海建科工程咨询有限公司
19	上海市建设工程监理咨询有限公司
20	上海同济工程咨询有限公司
21	启迪设计集团股份有限公司
22	中衡设计集团股份有限公司
23	江苏建科建设监理有限公司
24	中国电建集团华东勘测设计研究院有限公司
25	中国联合工程公司
26	宁波高专建设监理有限公司
27	浙江江南工程管理股份有限公司
28	福建省建筑设计研究院
29	深圳市建筑设计研究总院有限公司
30	悉地国际设计顾问（深圳）有限公司
31	广东省建筑设计研究院
32	深圳市华阳国际工程设计股份有限公司
33	广州轨道交通建设监理有限公司
34	海南新世纪建设项目咨询管理有限公司

编号	试点企业名称
35	林同棪国际工程咨询（中国）有限公司
36	重庆赛迪工程咨询有限公司
37	中国建筑西南设计研究院有限公司
38	成都衡泰工程管理有限责任公司
39	四川二滩国际工程咨询有限责任公司
40	中国建筑西北设计研究院有限公司

地方各省（市、区）全过程工程咨询试点企业及试点项目统计　　表2-6

省（市、区）	试点企业数			试点项目数	
	第一批	第二批	第三批	第一批	第二批
四川省	33	84			
广东省	26	28	23	77	
福建省	22				
河南省	50				
湖南省	30			10	10
广西壮族自治区	23				
江苏省	176	231		35	52
山东省	63	143			
宁夏回族自治区	3	34			
贵州省	32				
浙江省	53			55	
重庆市	39				
陕西省	20	70			
吉林省	20				
内蒙古自治区	55				
黑龙江省	31				
合计	1289			239	

24. 目前已经出台哪些全过程工程咨询规范标准？

当前国家和地方着手制定了一系列全过程工程咨询相关标准。2020年4月，国家发展改革委联合住房和城乡建设部发布了《房屋建筑和市政基础设施建设项目全过程工程咨询服务技术标准（征求意见稿）》；2020年8月，住房和城乡建设部发布《全过程工程咨询服务合同示范文本（征求意见稿）》；2021 年 1 月，中国招标投标协会发布《建设项目全过程工程咨询服务招标文件示范文本》；2021 年 7 月，中国勘察设计协会发布《全过程工程咨询服务规程（征求意见稿）》。上海同济工程咨询有限公司（以下简称"同济咨询"）均参与了上述标准规范的编制工作，并正在牵头或作为主编单位开展《全过程工程咨询服务导则》（以下简称"导则"）、《全过程工程咨询服务实施规范》（以下简称"规范"）、《全过程工程咨询服务之工程建设全过程咨询实施指南》（以下简称"实施指南"）等全过程工程咨询系列团体标准的编制工作。

广东省、江苏省、陕西省、内蒙古自治区、广西壮族自治区等 10 省（市、区）也陆续以试行、征求意见稿等形式发布了全过程工程咨询相关标准，其中 7 省（市、区）颁布了服务合同示范文本（包括征求意见稿），4 个省（市、区）颁布了招标文件示范文本（图 2-11、表 2-7）。

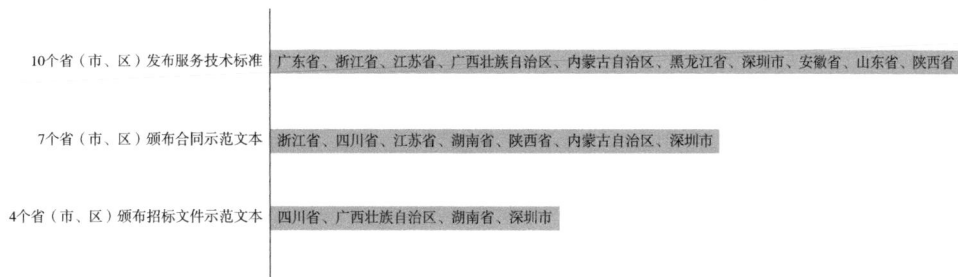

10个省（市、区）发布服务技术标准	广东省、浙江省、江苏省、广西壮族自治区、内蒙古自治区、黑龙江省、深圳市、安徽省、山东省、陕西省
7个省（市、区）颁布合同示范文本	浙江省、四川省、江苏省、湖南省、陕西省、内蒙古自治区、深圳市
4个省（市、区）颁布招标文件示范文本	四川省、广西壮族自治区、湖南省、深圳市

图 2-11　各试点省（市、区）出台全过程工程咨询规范标准统计分析

国家及地方全过程工程咨询规范标准清单　　　　　　　　　　表 2-7

序号	标准 / 文件名称	编号 / 文号	发布单位	发布日期
		国家层面		
1	房屋建筑和市政基础设施建设项目全过程工程咨询服务技术标准（征求意见稿）	/	国家发展改革委、住房和城乡建设部	2020 年 4 月 23 日
2	全过程工程咨询服务管理标准	T/CCIAT 0024—2020	中国建筑业协会	2020 年 10 月 15 日
3	水利水电工程全过程工程咨询服务导则	T/CNAEC 8001—2021	中国工程咨询协会	2021 年 7 月 9 日
4	全过程工程咨询服务规程（征求意见稿）	/	中国勘察设计协会	2022 年 9 月 13 日

序号	标准／文件名称	编号／文号	发布单位	发布日期
5	建设项目全过程工程咨询标准	T/CECS 1030—2022	中国工程建设标准化协会	2022 年 3 月 8 日
6	市政基础设施工程全过程工程咨询指南（征求意见稿）	/	中国市政工程协会	2022 年 3 月 24 日
7	工程监理企业开展全过程工程咨询服务指南	/	中国建设监理协会	已结题，待发布
8	全过程工程咨询服务导则	/	中国工程咨询协会	编制中
9	全过程工程咨询服务实施规范	/	中国工程咨询协会	编制中
10	全过程工程咨询服务之工程建设全过程咨询实施指南	/	中国工程咨询协会	编制中
地方层面				
1	湖南省住房和城乡建设厅关于印发全过程工程咨询工作试行文本的通知	湘建设〔2018〕17 号	湖南省住房和城乡建设厅	2018 年 2 月 2 日
2	广东省住房和城乡建设厅关于征求《建设项目全过程工程咨询服务指引（企业咨询版）（征求意见稿）》和《建设项目全过程工程咨询服务指引（投资人版）（征求意见稿）》意见的函	粤建市商〔2018〕26 号	广东省住房和城乡建设厅	2018 年 4 月 4 日
3	浙江省住房和城乡建设厅 浙江省市场监督管理局关于印发《浙江省建设工程咨询服务合同示范文本》（2018 版）的通知	浙建〔2018〕24 号	浙江省住房和城乡建设厅浙江省市场监督管理局	2018 年 11 月 23 日
4	省住房和城乡建设厅关于印发《江苏省全过程工程咨询服务合同示范文本（试行）》和《江苏省全过程工程咨询服务导则（试行）》的通知	苏建科〔2018〕940 号	江苏省住房和城乡建设厅	2018 年 12 月 14 日
5	自治区住房和城乡建设厅关于印发《广西壮族自治区房屋建筑和市政工程全过程工程咨询服务招标文件范本（试行）》的通知	桂建发〔2018〕20 号	广西壮族自治区住房和城乡建设厅	2018 年 12 月 26 日
6	关于印发《陕西省全过程工程咨询服务导则（试行）》《陕西省全过程工程咨询服务合同示范文本（试行）》的通知	陕建发〔2019〕1007 号	陕西省住房和城乡建设厅	2019 年 1 月 9 日
7	关于印发四川省全过程工程咨询服务招标文件示范文本和合同示范文本（试行）的通知	川建质安监协〔2019〕40 号	四川省建设工程质量安全与监理协会	2019 年 7 月 16 日
8	关于印发《内蒙古自治区工程建设全过程咨询服务导则（试行）》《内蒙古自治区工程建设全过程咨询服务合同（试行）》的通知	内工建协〔2019〕9 号	内蒙古自治区工程建设协会	2019 年 8 月 20 日

序号	标准／文件名称	编号／文号	发布单位	发布日期
9	自治区住房和城乡建设厅关于印发《广西壮族自治区工程建设全过程咨询服务导则（试行）》的通知	桂建管〔2019〕71号	广西壮族自治区住房和城乡建设厅	2019年12月27日
10	关于发布浙江省工程建设标准《全过程工程咨询服务标准》的公告	公告〔2020〕第28号	浙江省住房和城乡建设厅	2020年6月5日
11	自治区住房和城乡建设厅关于印发《广西壮族自治区房屋建筑和市政基础设施工程总承包招标文件范本（2020年版）》的通知	桂建发〔2020〕14号	广西壮族自治区住房和城乡建设厅	2020年10月30日
12	黑龙江省住房和城乡建设厅关于征求《黑龙江省全过程工程咨询导则》修改意见的函	黑建函〔2020〕1618号	黑龙江省住房和城乡建设厅	2020年11月23日
13	深圳市住房和建设局关于征求《深圳市推进全过程工程咨询服务发展的实施意见》（征求意见稿）及其配套文件意见的函	／	深圳市住房和建设局	2020年12月10日
14	关于安徽省工程建设地方标准《全过程工程咨询服务管理规程（征求意见稿）》公开征求意见的通知	／	安徽省住房和城乡建设厅	2021年9月18日
15	山东省住房和城乡建设厅关于发布《全过程工程咨询服务内容清单》的通知	鲁建标字〔2021〕40号	山东省住房和城乡建设厅	2021年12月15日

从标准的结构分析，国家标准《水利水电工程全过程工程咨询服务导则》T/CNAEC 8001—2021，地方标准江苏省、陕西省的《全过程工程咨询服务导则（试行）》，内蒙古自治区、广西壮族自治区的《工程建设全过程咨询服务导则（试行）》，以及浙江省的《全过程工程咨询服务标准》DB 33/T 1202—2020按服务内容展开；广东省、深圳市的地方标准按服务阶段展开；剩余其他标准虽然提纲按服务阶段展开，章节实则按服务内容进行表述。国家及地方标准，总体上回答了全过程工程咨询"是什么"的问题。值得一提的是，广东省、深圳市的地方标准，按服务阶段展开，每个阶段均包含"项目管理＋专项咨询"，体现了全过程工程咨询的全生命周期特点，打破传统的碎片化思维，实现集成化服务。

从标准的内容分析，当前发布的国家及地方标准，将全过程工程咨询定义为："工程咨询方综合运用多学科知识、工程实践经验、现代科学技术和经济管理方法，采用多种服务方式组合，为委托方在项目投资决策、建设实施乃至运营维护阶段持续提供局部或整体解决方案的智力性服务活动。"全过程工程咨询服务涵盖项目全生命周期。从标准的深度上看，基本上在导则和规范的标准程度，主要回答了全过程工程咨询服务"是什么"的问题，部分回答了工作流程、成果等"怎么做"的问题（如《全过程工程咨询服务管理规程》），总体上在实操性方面的指导性有限。

而目前受中国工程咨询行业协会委托，同济咨询正在牵头编制和主编的"导则""规范""实施指南"等全过程工程咨询系列团体标准，是行业内比较系统的一套规范标准，具有前瞻性和引领性。"导则""规范""实施指南"三者在术语、定义上一脉相承、保持统一，"导则"主要回答"是什么"；"规范"是告诉什么该做，什么不该做，提出的要求是"最低要求"；"实施指南"旨在回答"怎么做"的问题，提供"最佳实践做法"，核心是在"导则"和"规范"基础上"为标准使用者提供更具体明确的引导"，深度类似作业指导书。

三、全过程工程咨询委托与承接

25. 委托全过程工程咨询服务的主体都包括哪些？——————

515 号文中提到："随着我国固定资产投资项目建设水平逐步提高，为更好地实现投资建设意图，投资者或建设单位在固定资产投资项目决策、工程建设、项目运营过程中，对综合性、跨阶段、一体化的咨询服务需求日益增强。"可见，全过程工程咨询服务的委托主体是对综合性、跨阶段、一体化等多种全过程工程咨询服务模式有需求的投资者或建设单位。

不同的投资主体对全过程工程咨询服务内容的需求是不一样的。按照投资性质，可以把项目分为政府投资项目、企业投资项目两大类，政府投资项目的委托主体一般包括各相关政府部门、国有企业、项目公司等，企业投资类项目的委托主体一般为有服务需求的企业。由于不同的主体单位因其单位性质、组织管理结构、承担的社会职能等有所不同，结合目前市场上开展全过程工程咨询的实践情况，不同类型需求主体单位的情况如表 3-1 所示。

不同需求主体单位开展全过程工程咨询服务情况   表 3-1

需求主体	主体单位特点	开展全过程工程咨询情况
政府或事业单位	国家管理的执法机关； 承担部分政府类投资项目的建设管理职责； 一般缺少较为完整的各类专业咨询技术团队	在投资决策阶段，因政府各审批管理部门行政职能不同，政府类投资项目在投资决策阶段采用由一家咨询单位承担综合性咨询服务的模式较少，并联审批、联合审批机制仍在探索和试点阶段；在工程建设阶段，因政府单位大多缺少专业的部门和管理团队，一般会采用委托第三方的全过程工程咨询（或项目管理）单位来承担具体的建设管理服务；部分大型公共建筑项目，因其技术难度和管理复杂程度较高，采用全过程工程咨询服务模式越来越多

续表

需求主体	主体单位特点	开展全过程工程咨询情况
承担工程建设的国有企业	由政府控股的投资建设企业； 有较为完整的工程建设管理部门和相关管理团队； 有与工程建设相关的决策、设计管理、招标采购、成本合约、工程管理等相关管理制度	投资决策阶段的咨询工作一般由主体单位组织各专业部门和相关咨询企业来完成；工程建设阶段的管理工作要根据项目规模和主体单位内部组织管理能力来确定是否采用全过程工程咨询服务模式
项目公司	为某个项目的投资、建设、运营专门成立的公司； 相关的工程管理部门和技术人员相对较少，技术力量较为薄弱	项目公司在成立后，一般项目的前期决策工作基本完成，在工程建设阶段，如果项目公司缺少技术人员和管理人员，需要依靠第三方咨询企业的力量来进行项目的建设管理，可采用全过程工程咨询服务模式，服务内容主要以工程建设阶段的服务内容为主
地产企业	从事房地产开发、经营、管理和服务活动的企业； 有国有企业也有民营企业； 一般拥有完善的工程管理制度体系和专业的技术管理团队	绝大多数地产企业因专业从事地产项目的开发和管理，企业内部有完整的前期决策、设计、招标采购、成本管理、工程管理等部门和人员，其管理经验丰富，管理水平较高，一般很少采用全过程工程咨询服务模式
外资、民营企业	不同类型、不同规模的企业情况各不相同； 投资决策、招标采购、工程管理等制度主要以企业相关流程和制度为主	根据投资项目的规模，结合企业的技术力量和管理水平，由企业自行选择相适用的管理模式

目前，开展全过程工程咨询服务较多的地区有浙江省、江苏省、广东省、山东省、湖南省等，其他各地也陆续有项目采用全过程工程咨询模式。不同投资性质、不同类型、不同规模的项目，要根据委托主体的具体服务需求，确定服务范围，由委托主体与提供全过程工程咨询的咨询机构或联合体单位签订委托合同，按照双方的权责义务执行合同。

26. 目前市场上的全过程工程咨询服务的内容都包括哪些，不同组合的服务内容适用范围是什么？

2017 年至今，全国各地的全过程工程咨询理论研究和实践探索逐步开展，不同服务内容的全过程工程咨询组合按照时间顺序，大体分为三个阶段（表 3-2）：投资决策阶段、项目实施阶段、项目运营阶段。

不同组合的服务内容要根据业主的需求和项目的情况进行分析，通过综合考虑项目的投资类型、业主的管理能力、可供选择的咨询企业特点和实力等因素，选择最适合的服务组合，最大程度提升项目的投资效益和管理效率。

不同阶段全过程工程咨询服务内容及适用范围　　　　表 3-2

不同阶段全过程工程咨询服务模式	不同服务模式的具体服务内容	适用范围
以项目实施阶段（设计阶段＋施工阶段）为主的"项目管理＋工程监理"全过程工程咨询服务	在全过程工程咨询发展初期，主要是以项目实施阶段的项目管理和工程监理为主，部分项目也包含了造价咨询、招标代理等单项咨询，不包含工程设计服务，该模式是以往市场上已招标的项目采用最多的服务模式	项目前期投资决策已完成，进入项目实施阶段，工程设计工作已经开始，主要需求是项目实施阶段（包含设计阶段和施工阶段）的技术咨询和管理服务
以项目实施阶段为主的工程建设全过程咨询服务（包含工程设计服务）	近年来，全过程工程咨询发展到了一定阶段，对于设计的重视程度越来越高，服务内容开始把工程设计服务也纳入全过程工程咨询服务范围之内，具体内容根据需求可包括前期报批报建管理、工程设计、施工阶段项目管理、工程监理、招标代理、造价咨询和其他专项服务，该模式也是目前市场上出现较多的全过程工程咨询服务模式	项目的投资决策已通过，项目类型、建设规模、工期、建设投资等基本情况也已经确定，主要需求是项目实施阶段的工程建设全过程咨询服务（包含工程设计服务）
跨越投资决策阶段、项目实施阶段、项目运营阶段的全寿命周期的全过程工程咨询服务	随着对项目最终价值交付的重视，在未来的发展阶段，全过程工程咨询的服务阶段会逐步向投资决策阶段和项目运营阶段延伸，服务范围将跨越项目全寿命周期，形成全寿命周期的项目管理＋各单项咨询服务的模式（即"1+X"全过程工程咨询服务模式），由一家综合型咨询企业来承接项目的咨询总包，各单项服务可根据需求情况进行部分的咨询分包，最大程度提升项目的建设效率和管理水平	项目还处于前期论证阶段，具体的投资规模、项目类型、建设周期、收益回报等还未确定，需要全过程工程咨询企业来进行项目全寿命周期的咨询管理服务，以实现最终的项目收益
其他服务模式	由于业主单位的情况各不相同，对于全过程工程咨询服务的需求也有所不同，业主可以根据项目规模和自身管理能力等情况，选择最适合的全过程工程咨询服务组合，为项目提供定制化的咨询服务和管理模式	业主单位具备一定的技术力量和管理能力，根据具体的服务需求来确定全过程工程咨询的服务内容

对 118 个冠以"某某项目全过程工程咨询服务"的招标公告中所涉及服务范围和内容统计来看，主要还是集中在建设实施阶段的施工监理、造价咨询（包括施工阶段造价控制和项目清单及预算控制）、安全生产监督等（表 3-3、图 3-1）。

全过程工程咨询招标服务内容出现频次统计　　　　表 3-3

序号	内容名称	出现频次	百分比
1	施工监理	114	96.61%
2	施工阶段造价控制	110	93.22%

续表

序号	内容名称	出现频次	百分比
3	项目清单及预算控制	83	70.34%
4	项目管理	67	56.78%
5	安全生产监督	66	55.93%
6	招标代理	65	55.08%
7	进度管理	62	52.54%
8	合约管理	61	51.69%
9	竣工验收	39	33.05%
10	设计	31	26.27%
11	设计管理	27	22.88%
12	前期策划咨询	21	17.80%
13	勘察	18	15.25%
14	报批报建	17	14.41%
15	其他	13	11.02%
16	规划咨询	11	9.32%
17	勘察管理	8	6.78%

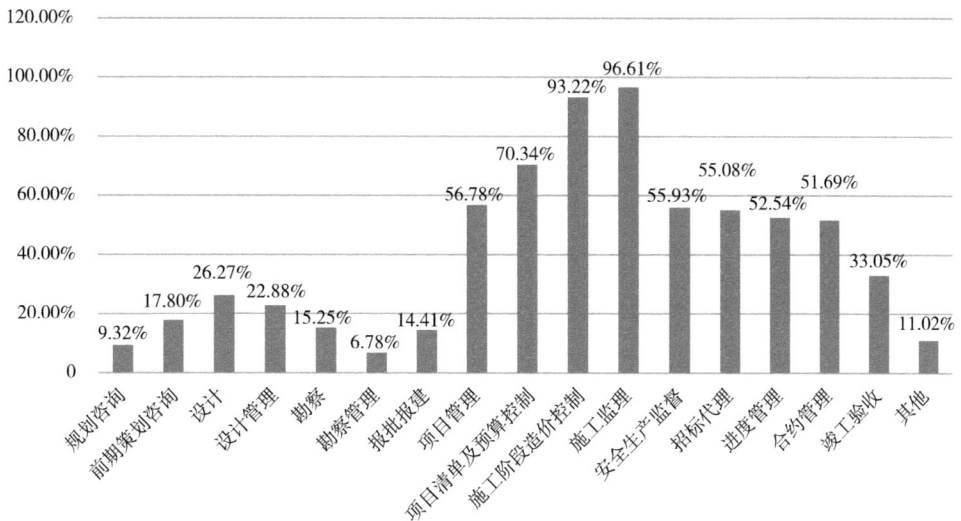

图 3-1 全过程工程咨询招标服务内容出现频次统计

27. 专业性工程咨询企业是否要转型成为全过程工程咨询企业？不同类型的企业该如何转型？

从事专业性工程咨询企业是否要转型成为全过程工程咨询企业，取决于企业对未来的发展战略决策，是继续在专业领域内深耕，还是通过各种手段转型发展全过程工程咨询，对于企业来说各有利弊。未来工程咨询行业里，可提供跨阶段、综合性、一体化的全过程集成化服务的企业，在数量上来说占比较低，还是存在大量的专业性咨询企业，可直接承担项目的各单项咨询工作，也可作为全过程工程咨询的合作方或分包方，具体承担某一专业性咨询工作。未来咨询企业的发展格局具体可归纳为以下三类（表3-4）：

未来咨询企业的发展格局   表3-4

工程咨询行业未来发展格局	不同发展战略	企业特点
"金字塔"形的行业组织结构，包含一批可提供集成化服务的综合型企业，部分多元化发展企业，以及大量的专业化发展企业	集成化发展	企业总体数量不多，每个咨询企业都具备提供跨阶段、综合性、一体化的全过程工程咨询服务能力
	多元化发展	企业数量介于集成化企业和专业化企业之间，包含服务主体多元化、服务模式多样化、服务内容组合化的不同特点的企业。这类企业一般具备较强的专业化能力，并可以根据市场需求，结合自身优势，提供多元化的服务产品
	专业化发展	专业化企业的数量最多，包含各行业中的各类"专、精、尖、特"专业化咨询企业，在某一专业深耕发展，在专业化发展中具备较强的竞争力

对于企业发展战略定位于继续从事专业化发展的工程咨询企业，可进一步在专业领域做精专业技术，朝着"专、精、尖、特"的专业化目标发展。目前市场上也涌现出越来越多的知名专业性工程咨询企业，在不同行业领域、不同类型项目、不同阶段专业性服务不断积累，形成专业性的品牌企业。

部分咨询企业也可向多元化的方向转型，可结合企业在市场占有、专业技术、服务品质等方面的优势，将服务的主体多元化，拓展新的客户资源，将服务的模式多样化，发展出具备企业特点和符合客户需求的服务模式，将服务内容组合化，为客户提供针对性的服务。

企业未来发展战略为可提供跨阶段、综合性、集成化服务的咨询企业，根据企业自身的情况和市场占有率，以及资本的实力，可通过兼并收购、团队培养、市场拓展、企业合作等方式，转型发展全过程工程咨询业务，在过程中，要从发展策略、企业结构、制度优化、经营开拓、人才培养、企业技能、企业文化等多个方面提升企业发展全过程工程咨询的能力，克服诸多困难，不断补齐短板，朝着可提供集成化服务的全过程工程咨询企业转型升级。

在企业转型发展过程中，要制定符合企业发展的战略目标，通过对宏观形势和外部环境分析（PEST），以及对行业和企业内部环境分析（SWOT），选择不同的发展战略（如竞争性战略、稳定性战略、紧缩性战略），在战略实施过程中，从组织架构、管理体系、人才队伍、服务能力、企业特色、公共关系、共同价值观以及企业外部环境等多方面提升企业的综合实力。

案例：同济咨询转型升级之路

同济咨询转型升级之路如表3-5所示。

同济咨询转型升级之路 表3-5

发展阶段	转型升级历程
企业成立之初 （1992年）	同济咨询正式成立于1992年，主要从事房屋建筑和市政监理，业务较为单一，主要以上海的业务为主
第一次转型 （1992—2008年）	顺应城市建设规模化发展，截至2003年，先后兼并重组了以房建、市政、公路、铁路等专业为主要业务的若干家监理企业，根据自身特点提出了多专业、多行业、多服务主体和多地域的多元化企业发展战略，逐步在房屋建筑、市政公用、公路桥梁、铁路交通、航空航天、港口航道、石油化工、邮电通信等多个专业和行业开展了监理业务，服务对象主要包括了政府机构、国有企业、金融机构、工业财团、房地产商、医药卫生、教育机构等，监理项目覆盖全国20多个省市和地区。截至2008年末，各公司全年监理业务收入总量在全国名列前茅，较好地实现了多元化发展战略。与此同时也存在部分问题，例如：业务类型主要集中于施工阶段的工程监理，仅实现了工程建设咨询施工阶段横向的多专业、多行业、多地域的发展，服务产品仍较单一、技术含量偏低、人员密集、市场同质化竞争积累等
第二次转型 （2008—2020年）	顺应建筑市场集成化和专业化发展，提出"双轮驱动"战略，即"稳固发展监理、积极开拓咨询"战略，实现纵、横多元化，形成工程监理、工程咨询两大服务板块。监理板块仍从事工程监理服务，以施工阶段的质量和安全监理服务为主，发展专业化监理服务；咨询板块不断探索全过程项目管理模式，补齐各类单项咨询服务，逐步构建并形成"1+X"全过程工程咨询服务体系，成为行业同济咨询服务模式
创新发展阶段 （2020年至今）	顺应新时代创新、协调、绿色、开放、共享的发展理念，结合工程咨询行业高质量发展要求，对接国家重大战略部署和社会经济发展趋势，以市场为导向，以产学研平台为依托，以创新发展为动力，加大人才队伍培育力度，加快创新服务产品的研发和转化，推进企业"专业化、集成化、协同化、标准化、信息化、国际化"建设，增强企业的核心竞争力和品牌效应，持续推进"1+X"全过程工程咨询服务体系的构建和完善，实现"区域化、行业化、专业化"发展战略目标，争创全国一流并享有国际盛誉的综合性高端智库型工程咨询服务企业

28. 若采用联合体形式的全过程工程咨询委托模式，联合体牵头单位宜为怎样的企业？各联合体成员单位的职责如何划分？————

采用联合体形式的全过程工程咨询委托模式，联合体单位牵头方的选择要根据委托方的服务需求、项目的类型与复杂程度、咨询企业的综合管理能力等多个因素综合进行考虑。

目前市场上考虑选择联合体牵头单位主要是取决于委托方的组织管理能力和项目咨询服务的需求情况，主要可以分为以下几种情况（表 3-6）：

不同管理能力的委托方对全过程工程咨询联合体牵头单位的需求　　　　　表 3-6

主要服务需求	不同管理能力的委托方情况	宜作为全过程工程咨询联合体牵头单位的类型
项目施工现场管理	委托方有前期决策、设计、成本、采购等内部机构，缺少工程现场管理的技术团队，主要服务需求是项目现场管理	主要从事施工现场项目管理、工程监理的企业宜作为全过程工程咨询联合体牵头方单位，协助委托方进行施工现场的管理工作
设计以及相关设计咨询管理	委托方具备较强的项目管理能力，设计专业技术能力不足，对项目的设计工作较为重视，主要服务需求是设计工作	主要从事设计业务的设计院宜作为全过程工程咨询联合体牵头方单位，可采用以设计为主导的全过程工程咨询模式，来满足委托方对设计工作的需求
跨阶段的全过程工程咨询	委托方缺少前期决策、设计、招标采购、造价、项目管理、监理等多个专业的技术管理团队，需要具备集成化管理能力的全过程工程咨询企业或联合体单位，来进行具体的管理工作	具备集成化管理能力的咨询企业宜作为全过程工程咨询联合体牵头方单位，该企业需要有全过程项目管理的相关人员和类似经验，并具有较强的协调各联合体成员单位的能力，全方位协助委托方进行全过程的项目管理工作

随着全过程工程咨询的不断发展，集成化管理能力将是衡量咨询企业综合实力的重要依据。能做到项目的全过程集成化管理，必然需要咨询企业具备全过程项目管理、投资决策、勘察设计、招标造价、现场管理、信息化咨询以及各类专项咨询等多专业技术管理能力，不同类型的咨询企业需要根据企业的特点，发挥优势，补齐短板，提升全过程的集成化管理水平。

全过程工程咨询单位为联合体形式时，对于联合体各成员单位，根据全过程工程咨询的服务内容和要求，在投标阶段或合同签订阶段，明确联合体单位各自所承担的工作内容、对应的服务酬金、权责义务等，以联合体协议和全过程工程咨询合同相关条款作为联合体各方开展工作的主要依据，联合体各方分别对各自负责的工作承担相应的职责，联合体牵头方作为总体协调单位，一般也承担相关的连带责任。对于包含在全过程工程咨询服务范围之内，但合同协议未明确由具体哪一方联合体成员承担的相关工作，一般由联合体牵头单位根据委托方的要求和工作内容，协调各联合体成员单位进行具体的工作安排。

29. 全过程工程咨询业务是否可以转委托？转委托的原则是什么？相关方的职责如何划定？全过程工程咨询业务中有哪些服务内容可以转委托？

除法律明确禁止转委托的咨询业务（例如：勘察、全过程设计、工程监理），经委托人同意，受托人可以将部分业务进行转委托，承担转委托的咨询单位需具备相应资质和能力，全过程工程咨询服务单位应对被委托单位的委托业务负总责。

515号文第三部分"以全过程咨询推动完善工程建设组织模式"，在第三条"促进工程建设全过程咨询服务发展"中明确指出，全过程咨询单位提供勘察、设计、监理服务时，应当具有与工程规模及委托内容相适应的资质条件。全过程咨询服务单位应当自行完成自有资质证书许可范围内的业务，在保证整个工程项目完整性的前提下，按照合同约定或经建设单位同意，可将自有资质证书许可范围外的咨询业务依法依规择优委托给具有相应资质或能力的单位，全过程咨询服务单位应对被委托单位的委托业务负总责。建设单位选择具有相应工程勘察、设计、监理资质的单位开展全过程咨询服务的，除法律法规另有规定外，可不再另行委托勘察、设计、监理单位。

在实际操作过程中，全过程工程咨询业务中的部分咨询服务（除法律明确禁止转委托的咨询业务）可以转委托的前提是经委托人同意，转委托的服务内容和方式可以在招标阶段及合同签订阶段中具体约定，也可以在实施过程中与委托人进行协商确认，具体转委托方式如下（表3-7）：

不同阶段的转委托方式　　　　　　　　　　　　　表3-7

序号	阶段	转委托方式
1	招标阶段	在全过程工程咨询服务招标阶段中，委托人需在招标文件中具体说明是否可以转委托以及转委托的服务内容，同时也可以进一步明确其委托流程和招标方式，相关服务费用可以暂定价的形式包含在全过程工程咨询的服务报价中。在确定转委托的咨询单位和相关咨询费用后，咨询单位应与全过程工程咨询单位签订转委托合同，明确相关权责义务和管理方式

续表

序号	阶段	转委托方式
2	合同签订阶段	经过合法的招标程序或相关洽谈协商后，可在全过程工程咨询服务合同签订阶段中，委托人与受托人明确转委托的范围和委托方式，并将相关条款签订在全过程工程咨询合同中，根据合同的约定进行转委托服务的遴选及合同签订工作
3	项目实施阶段	在项目实施阶段中，根据项目实际工作需求，委托人与受托人协商一致，可将部分咨询服务内容进行转委托，以便提升全过程工程咨询服务质量和管理效率。在确认相关转委托的咨询单位后，应签订全过程工程咨询补充协议和转委托合同

除法律明确禁止转委托的咨询业务，经委托人同意，受托人可以将相关咨询服务进行转委托，部分具体的咨询服务内容见表3-8。

可以转委托的部分咨询服务内容　　　　　　　　　　　　　表 3-8

序号	咨询服务	可以转委托的部分咨询服务内容
1	投资决策咨询	投资策划咨询、项目建议书、可行性研究、选址论证、环境影响评价、节能评估、防洪影响评价、水土保持方案、水资源论证、社会风险稳定性评估等
2	专业设计咨询	房屋建筑工程常规专业设计：幕墙、人防、标识、泛光照明、建筑智能化、电梯、道路、建筑节能环保、园林景观、室内设计等； 房屋建筑工程特殊专业设计：地基处理、基坑支护、边坡治理（含边坡绿化）、钢结构、预应力、装配式建筑、灯光、建筑声学、音响、管线迁改、水土保持、厨房、海绵城市、初步设计图纸测量、施工图图纸测量、建设用地范围外的管线接入、减隔振（震）、风洞、结构超限等
3	项目管理咨询	实施策划管理、前期报批报建管理、设计管理、招标采购管理、合同管理、质量管理、进度管理、投资管理、信息管理、验收管理等
4	工程专项咨询	造价咨询、招标采购咨询、项目融资咨询、信息技术咨询、风险管理咨询、项目后评价咨询、建筑节能与绿色建筑咨询等

30. 全过程工程咨询服务如何取费？不同取费方式的适用范围和优缺点都有哪些？

　　全过程工程咨询服务的费用支出是影响全过程工程咨询服务发展的重要因素，目前也是制约咨询企业大力投入发展全过程工程咨询业务的原因之一。全过程工程咨询服务对拟派人员的综合素质水平、企业协调管理效率、技术管理创新能力等都有着更高的要求，要想做好咨询服务，实现工程咨询业高质量发展的目标，需要咨询企业投入更多的资源，咨询服务成本相对会更高。

　　关于全过程工程咨询服务如何取费，515号文第五部分"优化全过程工程咨询服务市场环境"中的"完善全过程工程咨询服务酬金计取方式",指出全过程工程咨询服务酬金可在项目投资中列支,也可根据所包含的具体服务事项,通过项目投资中列支的投资咨询、招标代理、勘察、设计、监理、造价、项目管理等费用进行支付。全过程工程咨询服务酬金在项目投资中列支的,所对应的单项咨询服务费用不再列支。投资者或建设单位应当根据工程项目的规模和复杂程度,咨询服务的范围、内容和期限等与咨询单位确定服务酬金。全过程工程咨询服务酬金可按各专项服务酬金叠加后再增加相应统筹管理费用计取,也可按人工成本加酬金方式计取。全过程工程咨询单位应努力提升服务能力和水平,通过为所咨询的工程建设或运行增值来体现其自身市场价值,禁止恶意低价竞争行为。鼓励投资者或建设单位根据咨询服务节约的投资额对咨询单位予以奖励。

目前市场上还没有统一的全过程工程咨询收费标准,这主要是因为每个项目的全过程工程咨询服务范围、服务内容、服务需求、服务深度、咨询企业的综合实力、人员团队整体能力和成本投入等都不同,各地方的经济发展和工资水平也有所差距,因此,每个项目的全过程工程咨询服务取费所考虑的因素也不尽相同。

在实际执行过程中,全过程工程咨询的取费方式大体可分为费率法、折扣率法、人员综合单价法等,不同取费方式的具体操作方法如下(表3-9):

不同取费方式案例　　　　　　　　　　表3-9

序号	项目名称	取费方式	相关取费条款
1	乌梁素海流域山水林田湖草生态保护修复试点工程项目全过程工程咨询服务	费率法	总咨询服务费用不超过总投资(以项目审计结论为依据)的2%;其中,各单项服务最高投标限价如下: 1. 全过程工程咨询管理费用不超过总投资的1.2%; 2. 工程监理费用不超过总投资的0.8%; 3. 造价咨询费用不超过总投资的0.2%; 4. 招标代理费用不超过总投资的0.1%; 5. 前期决策咨询费用不超过总投资的0.2%
2	龙港市公共服务中心和政法服务中心全过程工程咨询服务	折扣率法	全过程工程咨询总报价为以下5项服务的总和: 1. 全过程项目管理:最高限价1000万元,报下浮率; 2. 工程监理:依据《国家发展改革委、建设部关于印发〈建设工程监理与相关服务收费管理规定〉的通知》(发改价格〔2007〕670号)报下浮率; 3. 造价咨询(预算编制、跟踪审计、结算审核):依据《浙江省建设工程造价咨询服务基准收费标准》(浙价服〔2009〕84号)报下浮率; 4. 设计服务:最高限价500万元,报下浮率; 5. BIM咨询数智化服务:最高限价28元/㎡,报下浮率

序号	项目名称	取费方式	相关取费条款
3	中国天津于家堡金融区一期工程建设工程总体项目管理服务	人员综合单价法	项目管理费用为以下各岗位人员综合单价合计： 1. 项目经理：人数 1 人，月单价 81105.15 元； 2. 项目副经理：人数 2 人，月单价 57968.4 元； 3. 部门经理：人数 5 人，月单价 43678.61 元； 4. 主办项目管理工程师：人数 18 人，月单价 34000.32 元； 5. 项目管理工程师：人数 5 人，月单价 22631.4 元； 6. 项目经理助理：人数 3 人，月单价 19935.21 元； 7. 每年现场办公费用：1029314.71 元； 8. 每年项目管理酬金合计：16556052.6 元
4	中山大学·深圳建设工程项目（一期）工程咨询服务	固定报价	项目投标报价采用固定报价 12500 万元（含不可竞价的生物安全实验室及动物实验中心工艺技术专项工程咨询费 1800 万元、奖金 200 万元）

1）费率法

费率法是以项目投资作为取费基数，按照市场上同类项目和服务的收费标准（费率），确定全过程工程咨询服务的最高预算或费用限价，若按照"1+X"（全过程项目管理＋单项或多项咨询）的模式，可以进一步细化全过程项目管理和各单项咨询的相关费率，来确定每项服务的具体费用金额，在实施过程中，根据服务的完成情况和合同支付条款，支付相应的咨询费用。以费率法作为全过程工程咨询服务的取费方式时，最终的费用金额应以项目竣工结算时的费用作为最后的取费基数，能根据项目的规模和投资调整情况，确定咨询服务的工作量和最终的服务费用，对于委托方和咨询方也较为科学合理。费率法因其科学性、合理性，广泛运用到政府投资类和社会投资类项目中。

费率法的不足之处在于，如果项目投资出现重大调整，固定费率法对于委托方和咨询方的风险较大。若项目投资大幅度减少，合理的费率要对应上调，这种情况对于咨询方不利；若项目投资增加过大，合理的费率要对应下调，对于委托方不利。因此，遇到项目投资出现重大调整的情况，委托方和咨询方应结合实际情况，合理确定新的咨询费率，并签订相关补充协议。

2）折扣率法

折扣率法是以各单项服务的收费标准作为依据，根据项目的投资确定一个标准收费，结合项目规模、服务内容、服务需求等因素，由咨询方确定在标准收费的基础上报折扣率。该方法与费率法较为相似，都是以项目的投资作为取费基数，计算出对应的取费标准，在此基础上确定最终费用。

政府投资类项目在编制费用预算时，一般都会参考国家和当地相关的收费标准，结合市场实际情况，确定各单项咨询服务的费用预算。在招标投标阶段，咨询方根据招标文件中报价的评分标准和企业的投标策略，确定最终的费用折扣率。因此，在政府投资类项目的咨询招标中，折扣率法运用的情况较多。

折扣率法的不足之处在于，部分咨询服务缺少相关行业收费标准，需要参考其他服务或其他省市的相关收费标准，也可以参考类似项目咨询服务的中标价格。

3）人员综合单价法

人员综合单价法是以咨询服务所需要投入的具体人员数量和人员要求作为报价基础，由咨询方综合考虑人员的人工工资、补贴、五险一金、福利费、交通费、通信费、办公费、住宿费，以及企业的管理费、利润、税金等因素，确定不同人员岗位的综合单价（可按照日、月、季度等人员单价考虑），再结合每个人员的服务时间，最终计算出全过程工程咨询服务费用。

人员综合单价法对于不同投资类型的项目都适用，社会投资类项目可直接根据所需人员数量、人员资格、服务时间，确定最终的服务取费；政府投资类项目可先用人员综合单价法对项目费用进行测算，再结合相关收费标准，确定对应的折扣率和最终的项目费用限价，咨询方在报价时可编制相应的拟派人员单价明细和费用总价，作为投标的重要组成部分。

由于咨询服务属于智力型服务，人员综合单价法相对较为合理，也是大多数委托方能够接受的报价方案。在项目实施过程中，委托方和咨询方也可以根据项目需求，对实际派驻的人员进行合理调整，对应的服务费用随人员的变化而调整。该类方法和国际上的部分咨询收费相类似，值得大力推广。

4）其他取费方法

关于全过程工程咨询的其他取费方法还包括工作量单价法（比如房屋建筑项目可按照每平方米单价法进行取费）、合理低价法等，部分地区（如深圳等地）也采用固定总价或服务报价不作为评分项等方法。不同的项目类型、规模，不同的服务需求，采用的取费方法可以灵活运用，参考不同的取费方法，最终确定合理的服务费用。

31. 目前主要是哪些企业在从事全过程工程咨询业务？不同类型的企业承接全过程工程咨询业务分别有哪些优势与短板？

自国务院 19 号文提出"培育全过程工程咨询"的概念，全国各地逐步开始探索全过程工程咨询服务，随着住房和城乡建设部发布《住房城乡建设部关于开展全过程工程咨询试点工作的通知》（建市〔2017〕101号），确定了试点省市范围和试点企业名单，试点企业包括了24家设计企业和16家监理企业，全过程工程咨询业务在全国陆续开展。在试点工作初期，全过程工程咨询业务实践重点在项目建设实施阶段，大型监理企业具备较强的实施管理能力，从事全过程工程咨询业务较多；随着试点工作的深入，尤其是对设计工作的重视程度逐步增加，部分大型设计企业也开始拓展全过程工程咨询业务；此外，部分地方省市也陆续确定了省市级的全过程工程咨询试点企业名单，其他专业类型企业（如前期咨询企业、造价企业、招标代理企业、项目管理企业等）也纷纷开始尝试承接全过程工程咨询业务，并进行企业的转型升级。

目前，由于服务需求的不同，从事全过程工程咨询业务的企业类型较多，根据企业的专业化程度可以分为前期咨询类企业、勘察设计类企业、招标造价类企业、项目管理类企业、工程监理类企业，不同类型的企业承接全过程工程咨询业务的 SWOT 分析如表 3-10 所示。

不同类型的企业承接全过程工程咨询业务的 SWOT 分析 表 3-10

前期咨询类企业承接全过程工程咨询业务 SWOT 分析	
S（Strengths）——优势 ➢ 投资决策综合性咨询能力强 ➢ 深入了解项目的前期定位和需求情况 ➢ 具备较强的专业技术人员 ➢ 熟悉项目的前期立项报批等手续	W（Weaknesses）——劣势 ➢ 缺少项目实施阶段的统筹管理能力 ➢ 一般不具备设计、监理等资质资格条件 ➢ 缺少设计阶段、施工阶段所需要的管理人员 ➢ 对施工过程中的技术问题缺乏解决经验
O（Opportunities）——机会 ➢ 投资决策综合性咨询对于促进投资决策科学化的重视程度 ➢ 深入了解项目需求对于项目顺利推进的重要性 ➢ 提前与建设单位建立沟通，得到委托方的高度信任	T（Threats）——威胁 ➢ 企业转型需补充资质资格、管理技术人员、实施阶段管理业绩的难度大，企业转型需投入巨大的财力支持，转型时间较长 ➢ 实施阶段的业务市场竞争激烈，相关服务费用较低 ➢ 缺少统筹管理能力，实施阶段的管理工作可能失控
勘察设计类企业承接全过程工程咨询业务 SWOT 分析	
S（Strengths）——优势 ➢ 拥有较多的勘察设计类技术人员，相关专业技术能力较强 ➢ 熟悉项目前期的技术要求、建设条件等情况，投资决策综合性咨询能力较强 ➢ 具备强大的设计管理能力，承接建筑师负责制的全过程工程咨询业务有较强的优势	W（Weaknesses）——劣势 ➢ 缺少项目实施阶段的现场管理能力，勘察设计类人员的现场管理能力较弱，对施工过程的工艺流程和技术不熟悉 ➢ 一般不具备监理等资质资格条件 ➢ 项目施工阶段的管理服务投入人员数量较多，相关的管理人员数量不足，核心建筑师难以长期驻场服务 ➢ 项目施工阶段的管理服务价格竞争激烈，勘察设计类企业缺乏承接动力

O（Opportunities）——机会	T（Threats）——威胁
➢ 设计咨询工作对全过程工程咨询服务的重要性越来越高 ➢ 建筑师负责制的持续推广 ➢ 国际先进管理模式对国内咨询行业发展的影响	➢ 勘察设计类企业承接项目实施阶段的管理服务积极性不高，竞争压力大 ➢ 专业技术人员转型综合型管理人才难度大，勘察设计类企业补充项目实施阶段的服务能力难度大 ➢ 项目施工现场的质量、安全管理风险较高，管理难度大，对于缺少管理经验的勘察设计类企业有较大的挑战 ➢ 勘察设计类业务竞争日益激烈，项目成本增加，服务费用降低

招标造价类企业承接全过程工程咨询业务 SWOT 分析

S（Strengths）——优势	W（Weaknesses）——劣势
➢ 熟悉全过程的项目招标流程、委托方的需求、各类工程建设审批手续 ➢ 拥有较强的全过程造价咨询团队实力，对于项目的投资控制能力突出 ➢ 深入了解招标投标相关法律法规、政策文件、材料品牌类型及价格等 ➢ 对不同类型的参建单位实力有一定的了解，可通过招标投标流程选择出实力强、服务优质、价格合理的各类供应商	➢ 在项目前期决策阶段，投资决策综合性咨询能力较弱，缺少前期咨询的团队力量 ➢ 在项目实施阶段，综合管理能力不足，对于项目的质量管理、进度管理、安全文明施工管理的能力相对较弱，缺少全过程技术咨询能力、施工现场的管理能力、综合能力较强的管理团队 ➢ 企业转型过程中，需投入的资源巨大，要补充大量的专业团队、相关资质资格、项目业绩经验等

O（Opportunities）——机会	T（Threats）——威胁
➢ 可结合全过程招标代理或全过程造价咨询的优势，与综合性咨询或项目实施管理能力较强的单位组成联合体，共同承接全过程工程咨询服务 ➢ 可承接以招标造价为主的全过程工程咨询服务，充分发挥招标代理和投资控制的重要作用，为委托方选择出合适的供应商企业，控制住项目投资 ➢ 熟悉委托方情况和项目需求，可根据项目实际情况策划合理的招标建设方案，并深入参与项目决策和实施	➢ 招标代理和造价咨询市场竞争激烈，同质化服务严重，类似的企业数量较多 ➢ 招标代理、造价咨询资质陆续取消，行业门槛被彻底打破，优秀团队和人员流失率增加 ➢ 招标代理及造价咨询费用不断降低，企业成本增加，运营难度大，转型较为困难 ➢ 招标造价类企业对于全过程工程咨询范围内的其他工作，能力相对较弱，短时期内难以补足相关短板

项目管理类企业承接全过程工程咨询业务 SWOT 分析

S（Strengths）——优势	W（Weaknesses）——劣势
➢ 熟悉项目全过程的建设流程、对项目全生命周期的建设把控能力较强 ➢ 能充分理解委托方的需求并采取各项措施落实到管理工作中，推进项目实施进度和管理效率 ➢ 对项目的进度管理、安全管理有丰富的经验，管理能力较强，拥有综合型管理人才	➢ 投资决策综合性咨询能力较弱，缺少前期咨询的团队人员和咨询能力 ➢ 缺少提供各单项咨询的集成化能力，需要依靠其他咨询企业的力量 ➢ 在管理过程中缺少必要的管理抓手，管理的效率需要得到委托方的充分授权 ➢ 一般会缺少各单项咨询所需的资质资格要求，各专业技术咨询的人才相对短缺

续表

O（Opportunities）——机会	T（Threats）——威胁
➤ 对项目的全流程熟悉，充分了解委托方的需求，能准确把控管理重点，全过程工程咨询业务的统筹管理优势巨大 ➤ 随着国家不断优化营商环境，减少对资质资格的限制，相关业务的行业壁垒被打破 ➤ 被服务过的委托方对项目管理企业信任度高，承接全过程工程咨询服务的机会大	➤ 由于缺少各单项服务的业绩和人员团队，很难承接服务范围较广的全过程工程咨询业务 ➤ 项目管理缺少收费标准，低价竞争情况较多，服务费用难以满足对服务质量的要求 ➤ 大量不同类型的企业开始拓展项目管理业务，行业竞争压力大，市场供过于求，企业发展和转型升级的困难较多
工程监理类企业承接全过程工程咨询业务 SWOT 分析	
S（Strengths）——优势	W（Weaknesses）——劣势
➤ 熟悉工程建设阶段的法律法规与技术标准 ➤ 对于质量控制和安全管理有着丰富的人力资源和管理经验 ➤ 熟悉施工全过程的流程和工艺技术 ➤ 全过程工程咨询如果包含工程监理业务，监理企业拥有法律赋予的相关签字权力，能有效地管理施工单位	➤ 监理服务内容相对明确，监理企业缺少对项目全过程管理的经验 ➤ 监理人员的技术能力相对单一，综合管理能力不足 ➤ 缺少投资决策综合性咨询能力，对项目的定位和需求缺乏深入了解 ➤ 同质化竞争激烈，监理企业一般缺少多元化服务能力，核心竞争力较弱
O（Opportunities）——机会	T（Threats）——威胁
➤ 大量工程建设阶段的全过程工程咨询服务都包含监理服务，监理企业具备相关资质、业绩、人员等条件 ➤ 部分监理企业规模较大，各专业技术人员较多，对于项目的实施阶段具备较强的管理能力 ➤ 监理企业转型做工程监理阶段的全过程咨询业务较为容易，所需要的各类资源相对较少	➤ 以单一监理业务为主的监理企业，缺少统筹管理能力，在市场竞争中优势不明显 ➤ 近年来，监理行业的发展水平相对不高，法律责任较大，监理费用不断降低，导致监理企业的运营发展较为困难，转型难度大 ➤ 监理企业的数量巨大，同质化竞争压力大，被兼并收购的情况很多

32. 全过程工程咨询服务招标中，如何设置资质资信、人员团队、业绩、获奖、技术方案等条款要求更有利于遴选出适合的服务企业？——

在全过程工程咨询服务招标中，合理合规设置招标条款对于遴选优秀的服务企业有着重要作用。首先，要根据项目的规模、招标范围设置对应的资格条件，来满足招标投标的基本要求；其次，要根据委托方的具体需求，对企业实力、人员团队构成、类似业绩等方面进行综合考虑，以及通过对技术方案的内容和分值权重设置，编制出符合委托方需求的评标办法及评标细则。

在设置资格条件方面，按照 515 号文的要求，投资决策综合性咨询应当充分发挥咨询工程师（投资）的作用，鼓励其作为综合性咨询项目负责人，提高统筹服务水平。工程建设全过程咨询单位提供勘察、设计、监理或造价咨询服务时，应当具有与工程规模及委托内容相适应的资质条件；项目负责人应当取得工程建设类注册执业资格且具有工程类、工程经济类高级职称，并具有类似工程经验。

对于工程建设全过程咨询服务中承担工程勘察、设计、监理或造价咨询业务的负责人，应具有法律法规规定的相应执业资格。全过程咨询服务单位应根据项目管理需要配备具有相应执业能力的专业技术人员和管理人员。

在设置评分细则方面，可根据具体的服务内容，设置对应的同类业绩数量、注册人员资格及数量、企业获奖和承接的项目获奖等级及数量等，来确保中标单位拥有基本的业务能力，但要结合招标项目的需求和规模，合理进行设置，避免在招标过程中出现投诉或争议。对于全过程工程咨询的技术方案，可从对项目是否能深入理解、内容是否全面、方案是否有针对性、服务保障是否有力、重难点分析及措施、合理化建议等方面进行分值设置，来充分考察投标单位对项目的理解和重视程度。

某公建项目全过程工程咨询服务招标案例

表3-11

项目概况	
工程概况	项目计划建设内容为：1. 总建筑面积为 7 万平方米的科研办公综合楼，总投资约50000 万元，其中建筑安装工程费 42500 万元；2. 总建筑面积为 18 万平方米的三甲医院，总投资约 210000 万元，其中建筑安装工程费 178500 万元
招标范围	一、项目管理：1. 项目计划统筹及总体管理；2. 项目策划管理；3. 设计管理；4. 工程勘察管理；5. 技术管理；6. 进度管理；7. 投资管理；8. 质量管理；9. 安全生产管理；10. 投资管理；11. 项目组织协调管理；12. 招标采购管理；13. 合同管理；14. 档案管理；15. 报批报建相关服务；16. 信息管理（含 BIM 咨询及信息化应用管理）；17. 竣工验收收尾及移交管理；18. 工程结算管理；19. 风险管理；20. 后评价工作及与项目建设管理相关的其他工作。 二、工程监理：施工准备阶段、施工阶段、保修监理、与工程监理相关的其他工作。 三、专业咨询及服务：组建两个项目的第三方专家咨询平台，组织项目全过程各重要节点的专家评审会，解决技术难题、提供专业优化意见及建议并支付相关费用
投标人资格要求	
企业资质要求	1. 投标人必须具备房屋建筑工程监理甲级资质或监理综合资质； 2. 项目接受联合体投标，若投标人为联合体，须明确牵头单位及联合体成员单位，且组成联合体的投标单位不得多于两家，联合体中任意一家满足房屋建筑工程监理甲级资质或监理综合资质即可，另外一家资质不限
负责人要求	1. 项目总负责人（应由联合体牵头单位提供）要求：工程建设类注册执业资格，有工程类或工程经济类高级职称； 2. 总监理工程师资格要求：国家注册监理工程师，高级工程师及以上职称，每个项目各配备一个总监理工程师
技术标评审	
企业情况	企业具备项目管理及工程监理的实力
组织架构及人员配备	项目管理架构设置合理，投入的人力具备项目管理及工程监理能力
项目管理总策划方案	方案合理，针对性强，策划思路清晰缜密（含项目不同阶段的重难点分析）

续表

设计控制方案	目标明确，措施得当
招标采购方案、进度控制方案	目标明确，措施得当
造价咨询管理方案、投资控制方案	目标明确，措施得当
工程监理服务方案	监理方案合理，关键技术的监理措施得当具体
合同、档案信息管理方案	管理手段合理、先进、有效、高效
重难点分析及针对措施	针对性强、操作性强
合理化建议	对项目提出具体可落实的合理化建议
资信标评审	
企业业绩	1. 企业近 10 年（以合同签订时间为准），承接过总投资超过 3 亿元或建筑面积超过 5 万平方米的公共建筑项目，提供合同，业绩不超过 3 项，超过只取前 3 项，若为联合体，则按牵头单位的业绩评分； 2. 企业近 10 年（以合同签订时间为准），承接过总投资超过 10 亿元或建筑面积超过 10 万平方米的医院类项目，提供合同，业绩不超过 3 项，超过只取前 3 项，若为联合体，则按牵头单位的业绩评分； 注：合同类型为全过程工程咨询、项目管理、工程监理，项目管理含监理、代建业绩
负责人业绩	1. 项目负责人近 10 年（以合同签订时间为准）作为项目经理或项目负责人，承接过总投资超过 10 亿或建筑面积超过 10 万平方米的医院类项目，提供合同，业绩不超过 1 项，超过只取前 1 项； 2. 总监理工程师（科研办公综合楼项目）近 10 年（以合同签订时间为准）作为项目总监，承接过总投资超过 3 亿或建筑面积超过 5 万平方米的公共建筑项目，提供合同，业绩不超过 1 项，超过只取前 1 项； 3. 总监理工程师（三甲医院项目）近 10 年（以合同签订时间为准）作为项目总监，承接过总投资超过 10 亿或建筑面积超过 10 万平方米的医院类项目，提供合同，业绩不超过 1 项，超过只取前 1 项； 注：合同类型为全过程工程咨询、项目管理、工程监理，项目管理含监理、代建业绩
企业获奖	企业近 5 年（以获奖时间为准）承接的项目，获得过国家级奖项的（鲁班奖、詹天佑奖、国家优质工程奖），最多提供 2 项，获得过省级奖项的，最多提供 4 项，若为联合体，则按牵头单位的业绩评分； 注：服务类型为全过程工程咨询、项目管理、工程监理，项目管理含监理、代建业绩
人员团队	满足基本配置要求，如不满足对应扣分
商务标评审	
各项目工程咨询费报价情况	1. 项目投标总价不超上限价； 2. 不可竞争费符合规定； 同时满足以上两项要求，即为合格

以上案例（表3-11），结合项目规模和招标范围，设置了对应的资格条件。在评标细则中，对技术方案提出了详细的编制内容和具体要求，对投标企业的类似业绩、负责人业绩、企业获奖等方面有具体的数量和规模要求，对投标企业的商务报价有明确的合格规定。

在招标过程中，委托方可结合需求情况合理设置各项招标条件和评审条款，也可以采用项目负责人或项目团队答辩的环节，根据答辩的情况对投标企业的负责人和团队实力、对项目的理解和实施策划进行评定。此外，在招标文件中要强调投标单位的履约能力，包括人员到位情况、各类业务服务周期、相关承诺的履行等，并在合同中明确相关的奖惩范围和具体要求，确保遴选出优质的咨询服务企业。

33. 全过程工程咨询服务宜在项目的什么阶段委托？

全过程工程咨询服务要根据项目的情况和委托人的具体需求，由委托人决定在什么阶段引入全过程工程咨询服务。如果项目还处在投资决策阶段，且委托人的投资决策综合性咨询能力相对不足，则可以在投资决策阶段就进行全过程工程咨询服务的委托；如果项目的投资决策工作已经完成，进入到项目实施阶段中，且委托人的工程建设全过程咨询管理能力有限，则可以在项目实施开始阶段进行委托。

从全过程工程咨询的内涵来说，有能力的全过程工程咨询单位越早介入，对项目的全生命周期建设越有利，能从项目最初的决策阶段，做好投资决策综合性咨询；进入工程建设阶段，具备设计管理等能力较强的全过程工程咨询单位越早介入，对于整体建设越有利。因此，可根据项目的投资主体类型和项目前期的谋划，尽可能早地委托全过程工程咨询服务，寻找到实力强、信誉好的咨询企业，全过程为项目的实施建设服务。

在目前市场上，多数全过程工程咨询服务还是以工程建设阶段为主，应在设计单位完成初步设计时，委托全过程工程咨询服务，协助业主进行项目的设计管理、报批报建管理、招标投标策划、招标阶段的造价咨询等工作，在项目开工前厘清管理思路，为项目的顺利建设打好基础。对于有投资决策综合性咨询需求的业主，可在项目谋划的阶段，选择综合实力较强的咨询企业，在决策阶段就介入咨询服务，随着项目的推进情况，全过程工程咨询服务同步开展（表3-12）。

不同阶段委托全过程工程咨询服务案例   表 3-12

委托阶段	项目名称	建设单位	委托服务内容
投资决策阶段委托全过程工程咨询服务	乌梁素海流域山水林田湖草生态保护修复试点工程项目全过程工程咨询	内蒙古乌梁素海流域投资建设有限公司	全过程项目管理、项目前期决策咨询（编制项目策划书、项目建议书、可行性研究报告、环境影响评价报告、节能评估报告、社会稳定风险评价报告）、造价咨询（包括投资控制、工程决算、审计移交）、招标代理、工程监理等服务
	西藏成都老干部休养基地项目全过程工程咨询	西藏自治区人民政府办公厅	1. 全过程工程项目管理：项目策划管理、项目报批报建、勘察管理、设计协调管理、投资管理、招标采购管理、合同管理、进度管理、组织协调管理、安全生产和绿色施工管理、数字化管理、风险管理、交（竣）工验收管理、项目后评价等管理； 2. 专业咨询：决策咨询、工程勘察、工程设计、工程监理、造价咨询、招标采购、BIM 数字化咨询和其他专业咨询等
项目实施阶段委托全过程咨询服务	南方科技大学医学院项目全过程工程咨询	深圳市建筑工务署工程管理中心	1. 项目管理：策划管理、设计管理、勘察管理、报批报建相关服务、合同管理、进度管理、投资管理、招标采购管理、项目组织协调管理、质量管理、安全生产管理、信息管理（含 BIM 咨询及信息化应用管理）、风险管理、竣工验收收尾及移交管理、后评价、运营维护管理； 2. 施工准备阶段监理、施工阶段监理、保修监理、与工程监理相关的其他工作； 3. 专项咨询服务：实验室工艺专项咨询，内容包括但不限于实验室平面布局、围护结构、通风空调系统、供水供气系统、污物处理及消毒灭菌系统、电力供应与照明系统、自控监视与报警系统、实验室通信系统、实验室设施设备等专项咨询，并衔接协调实验室工艺与建筑工程的相互关系
	杭州萧山国际机场三期项目新建航站楼及陆侧交通中心工程全过程工程咨询	杭州萧山国际机场有限公司	1. 全过程项目管理：主要包括项目计划统筹及总体管理、报批报建管理、工程技术管理、招标采购与合同管理、质量安全管理、进度管理、投资管理、档案与信息管理、竣工验收及移交管理、评优评奖及保修期咨询管理等； 2. 项目实施期间的 BIM 管理及咨询； 3. 监理：主要包括工程监理报告管理、施工准备阶段监理工作内容、施工过程中的质量、进度控制和安全生产监督管理、合同信息等方面的协调管理

34. 全过程工程咨询招标的依据是什么？必须招标的工程项目都有哪些？

　　全过程工程咨询服务的招标，以及全过程工程咨询服务中的招标代理工作，需要符合《中华人民共和国招标投标法》《中华人民共和国政府采购法》等法律法规的要求、相关部委和地方主管部门的政策规定、建设单位的招标投标流程等。委托人要根据项目的投资性质、项目规模、地方招标投标政策规定、本企业招标投标流程等，确定全过程工程咨询的相关依据和招标方式，依法合规进行招标。对于未达到必须招标的规模标准，由委托人依法自主选择采购方式，任何单位和个人不得违法干涉；其中，涉及政府采购的，按照政府采购法律法规规定执行。国有企业可以结合实际，建立健全规模标准以下工程建设项目采购制度，推进采购活动公开透明；民营企业可根据企业发展战略要求，自主建立企业的招标投标制度和流程。

2000 年，原国家发展计划委员会发布了《工程建设项目招标范围和规模标准规定》，工程领域的招标投标市场逐步规范和成熟。2018 年，国家发展改革委发布了《必须招标的工程项目规定》，进一步明确和完善了各项细节，对于规范招标投标活动、提高工作效率、降低企业成本、预防腐败有显著作用（表 3-13）。

必须招标的工程项目规定及相关解释

表 3-13

序号	资金性质	具体规定	相关解释
1	全部或者部分使用国有资金投资或者国家融资的项目	使用预算资金 200 万元人民币以上，并且该资金占投资额 10% 以上的项目	"预算资金"，是指《中华人民共和国预算法》规定的预算资金，包括一般公共预算资金、政府性基金预算资金、国有资本经营预算资金、社会保险基金预算资金
		使用国有企业事业单位资金，并且该资金占控股或者主导地位的项目	"占控股或者主导地位"，参照《中华人民共和国公司法》第二百一十六条关于控股股东和实际控制人的理解执行，即"其出资额占有限责任公司资本总额百分之五十以上或者其持有的股份占股份有限公司股本总额百分之五十以上的股东；出资额或者持有股份的比例虽然不足百分之五十，但依其出资额或者持有的股份所享有的表决权已足以对股东会、股东大会的决议产生重大影响的股东"；国有企业事业单位通过投资关系、协议或者其他安排，能够实际支配项目建设的，也属于占控股或者主导地位。项目中国有资金的比例，应当按照项目资金来源中所有国有资金之和计算
2	使用国际组织或者外国政府贷款、援助资金的项目	使用世界银行、亚洲开发银行等国际组织贷款、援助资金的项目	/
		使用外国政府及其机构贷款、援助资金的项目	/

序号	资金性质	具体规定	相关解释
3	不属于上述资金性质的项目	大型基础设施、公用事业等关系社会公共利益、公众安全的项目	大型基础设施、公用事业等关系社会公共利益、公众安全的项目，必须招标的具体范围： 1. 煤炭、石油、天然气、电力、新能源等能源基础设施项目； 2. 铁路、公路、管道、水运，以及公共航空和A1级通用机场等交通运输基础设施项目； 3. 电信枢纽、通信信息网络等通信基础设施项目； 4. 防洪、灌溉、排涝、引（供）水等水利基础设施项目； 5. 城市轨道交通等城建项目 （没有明确列举规定的项目，不得强制要求招标）

上述规定范围内的项目，其勘察、设计、施工、监理以及与工程建设有关的重要设备、材料等的采购达到下列标准之一的，必须招标

序号	服务类型	具体规定	相关解释
1	施工类	施工单项合同估算价在400万元人民币以上	1. 勘察、设计、施工、监理以及与工程建设有关的重要设备、材料等的单项采购分别达到相应单项合同价估算标准的，该单项采购必须招标； 2. 该项目中未达到前述相应标准的单项采购，不属于规定的必须招标范畴； 3. 没有明确列举规定的服务事项不得强制要求招标； 4. 合并招标规定的目的是防止发包方通过化整为零方式规避招标，其中"同一项目中可以合并进行"，是指根据项目实际，以及行业标准或行业惯例，符合科学性、经济性、可操作性要求，同一项目中适宜放在一起进行采购的同类采购项目； 5. 发包人依法对工程以及与工程建设有关的货物、服务全部或者部分实行总承包发包的，总承包中施工、货物、服务等各部分的估算价中，只要有一项达到规定相应标准，即施工部分估算价达到400万元以上，或者货物部分达到200万元以上，或者服务部分达到100万元以上，则整个总承包发包应当招标
2	货物类	重要设备、材料等货物的采购，单项合同估算价在200万元人民币以上	
3	服务类	勘察、设计、监理等服务的采购，单项合同估算价在100万元人民币以上	
4	综合类	同一项目中可以合并进行的勘察、设计、施工、监理以及与工程建设有关的重要设备、材料等的采购，合同估算价合计达到前款规定标准的，必须招标	

35. 全过程工程咨询是否可以按需求签订总、分合同（专业服务合同），如全过程工程咨询总协议或合同、工程监理合同、造价咨询合同、工程咨询合同等？

515号文第三部分"以全过程咨询推动完善工程建设组织模式"，提出要促进工程建设全过程咨询服务发展，具体内容为全过程咨询单位提供勘察、设计、监理或造价咨询服务时，应当具有与工程规模及委托内容相适应的资质条件。全过程咨询服务单位应当自行完成自有资质证书许可范围内的业务，在保证整个工程项目完整性的前提下，按照合同约定或经建设单位同意，可将自有资质证书许

可范围外的咨询业务依法依规择优委托给具有相应资质或能力的单位，全过程咨询服务单位应对被委托单位的委托业务负总责。建设单位选择具有相应工程勘察、设计、监理或造价咨询资质的单位开展全过程咨询服务的，除法律法规另有规定外，可不再另行委托勘察、设计、监理或造价咨询单位。

根据目前工程咨询市场上执行的情况，如果全过程工程咨询服务内容包含前期咨询、勘察设计、造价咨询、招标代理、工程监理等服务，一般不会按需求签订总、分合同（专业服务合同），全过程工程咨询合同中包含全部的服务内容，各专业服务按照全过程工程咨询合同中的服务范围和要求执行。

若遇到部分专业服务合同（如勘察、设计、监理等）需要用于相关政府主管部门的管理系统备案，可用全过程工程咨询合同办理相关的备案工作；如果需要提供国家示范文本的专业服务合同，可与委托人进行沟通确认，按照全过程工程咨询合同中的内容，另行签订各专业服务合同，用于办理相关政府主管部门的管理系统备案，但合同内容不能与全过程工程咨询合同中的内容和条款相冲突。

36. 全过程工程咨询合同是否有示范文本？是否必须按照示范文本签订？全过程工程咨询服务合同需重点约定哪些内容？————

515号文第五部分"优化全过程工程咨询服务市场环境"，提出要建立全过程工程咨询服务技术标准和合同体系，具体内容为研究建立投资决策综合性咨询和工程建设全过程咨询服务技术标准体系，促进全过程工程咨询服务科学化、标准化和规范化；以服务合同管理为重点，加快构建适合我国投资决策和工程建设咨询服务的招标文件及合同示范文本，科学制定合同条款，促进合同双方履约。全过程工程咨询单位要切实履行合同约定的各项义务、承担相应责任，并对咨询成果的真实性、有效性和科学性负责。

住房和城乡建设部、中国招标投标协会等近年来陆续发布过全过程工程咨询合同示范文本的征求意见稿，在招标投标和签订合同的阶段可以参考。但由于全过程工程咨询的服务范围太广，不同的委托人服务需求差异性太大，在目前的咨询行业市场中，大多数项目的全过程工程咨询合同还是根据项目的具体需求，参考当地或委托人常用的工程咨询或项目管理合同，遵循《中华人民共和国民法典》中合同部分的基本要求，根据业主的具体需求和合同洽谈的结果，重新编制和完善最终的合同内容，不必按照示范文本签订。

参考各类全过程工程咨询合同示范文本及各专业服务示范合同，委托人与咨询方在签订全过程工程咨询合同时，合同需要包含以下基本内容（表3-14）：

全过程工程咨询合同的组成部分及主要内容 表3-14

序号	合同组成部分	主要内容	需重点约定的内容
1	合同协议书	包括项目概况、服务范围、期限、费用等，集中约定了协议双方的基本权利义务	1. 服务范围及服务内容需明确； 2. 服务期限要约定好具体的日期或服务天（月）数，或重要的工程节点； 3. 服务费用大小写要对应，如包含多个单项费用，各单项的费用要列出； 4. 委托方与咨询方的基本信息、合同签订时间； 5. 根据项目情况，其他需重点约定的内容
2	通用合同条款	对咨询服务的实施及相关事项、双方的权利义务作出原则性约定，包括一般规定、委托人、咨询人、服务要求和成果、服务费用和支付、违约责任等	1. 相关定义和解释要对应合同内容，定义要准确，解释要明确； 2. 合同文件中，相关部分要有优先解释顺序； 3. 适用的法律法规、技术标准、保密原则、利益冲突处理方式等； 4. 委托方和咨询方的权利义务、主要人员； 5. 服务要求和服务成果；
3	专用合同条款	对相应通用条件中的原则性约定进行细化、完善、补充、修改或另行约定，包括服务范围、服务费用和支付、进度计划以及咨询人主要咨询人员等	6. 服务进度计划、延期、暂停等情况的约定； 7. 服务费用和支付方式，需注明具体的支付金额、支付期限、逾期处理方式等； 8. 服务内容的变更情况，对应的费用调整方式； 9. 委托方和咨询方相关工作的响应时间及相关规定； 10. 知识产权、保险、不可抗力、违约责任、合同解除、争议解决等内容； 11. 根据项目情况，其他需重点约定的内容
4	其他附件部分	中标通知书、投标函及相关承诺、履约担保、委托人要求、人员进场计划、主要人员信息、补充条款等	1. 中标通知书、投标文件中的重点内容（投标函、投标报价、拟派人员表、其他承诺等）可作为合同附件； 2. 履约担保的形式与格式等； 3. 服务人员的详细信息、进场计划、服务综合单价、人员变更的约定等； 4. 与服务质量、服务成果对应的奖励和惩罚措施； 5. 根据项目情况，其他需重点约定的内容

全过程工程咨询合同需要尽量详细地约定相关内容，将实施过程中可能遇到的问题都在合同中予以明确，委托方与咨询方要按照合同内容条款，遵守契约精神，相互信任，避免因合同内容不明确而产生争议，确保项目的顺利实施。

四、全过程工程咨询服务开展

37. 工程咨询企业面临怎样的发展形势？为什么要开展全过程工程咨询？

面对当前百年未有之大变局，工程咨询行业需更加深刻认识新发展阶段，完整、准确、全面贯彻新发展理念，融入和服务新发展格局，加快实现行业高质量发展，积极作为，充分发挥工程咨询对投资决策、规范实施和优化供给结构的关键作用，为国家建设和社会经济发展提供专业服务。在这一背景下，工程咨询企业需主要考虑政策导向变化、市场需求变化、市场竞争变化这三方面发展形势（图4-1）。

图4-1 工程咨询企业面临的发展形势

1）政策导向变化主要体现在以下六个方面

（1）行业高质量发展的要求。党的十九大以来，工程咨询行业持续服务国家重大战略决策、重大和基础性产业发展、重大工程建设，不断深化行业关键领域改革和创新。随着国家进入全面建设社会主义现代化国家的新发展阶段，工程咨询行业也需完整准确把握和贯彻新发展理念。近年来，工程咨询服务市场化快速发展，专业化的咨询服务业态形成，工程咨询服务专业化水平不断提升。为了化解发展中的诸多问题，在投资者对项目投资决策、工程建设和运营管理的综合性、跨阶段、一体化咨询日益增强的服务需求与现行制度造成的单项咨询服务供给模式之间的矛盾日益突出的当下，全过程工程咨询的意义和作用被相关文件进一步明确，有力地促进了工程咨询行业的转型升级和创新发展。

全过程工程咨询的推行和发展赋予了行业新的发展机遇和发展空间，工程咨询企业在追求自身高质量、专业化发展的同时，可以通过拓展、协同、兼并、重组等途径寻求多元化、集成化的发展，有机会在投资项目决策、实施、运营等各环节发挥系统性服务的价值，促进项目投资效益、工程建设质量和运营效率的整体提升，从而更好地赋能建筑业和工程咨询业的高质量发展。

（2）政府"放管服"的深化改革。随着"放管服"改革的持续深化，"证照分离"改革不断推进，工程咨询行业相关资格资质逐步取消。2017年9月，取消工程咨询单位资格认定；2017年12月，取消工程建设项目招标代理认定；2020年3月，取消工程造价咨询企业"双60"规定；2021年4月，国家发展改革委发布了《关于废止部分规章和行政规范性文件的决定》，彻底取消中央投资项目招标代理资格；2021年6月，取消工程造价资质审批，取消工程勘察企业丙级资质、工程设计企业丙丁级资质、工程监理企业丙级资质。

"放管服"改革推动了政府职能深刻转变，使市场在资源配置中更好地发挥作用。在新形势下，随着供给侧结构性改革的不断推进，工程咨询行业碎片化壁垒将逐步打破，行业和企业必将面临融合发展、创新发展的趋势。工程咨询行业作为建筑业准入制度改革的先行者自然有其压力，但也引导行业内部分企业通过自身的转型升级、创新发展，提升市场竞争力，做强做大。

（3）市场营商环境持续优化。随着近年来政府持续优化营商环境，我国的经济增长更加平稳有序，市场竞争更加自由公平，对外开放程度也发展到了新的水平。相关政策文件的陆续出台一定程度上为全过程工程咨询的推进破除了体制机制障碍，降低了行业的制度复杂性和准入门槛，使各类工程咨询企业获得整合产业链上服务的竞争机会，以开放、公平的市场竞争来提升资源配置，从而有利于深化投融资体制改革，提高资金使用效率，保障项目目标的实现。

（4）项目组织管理模式改革创新。改革开放以来，开放的市场化环境逐步形成，项目管理制度和模式在工程建设管理中得到广泛应用发展。随着近年来我国固定资产投资项目建设水平逐步提高，为更好地实现投资建设意图，投资者或建设单位在固定资产投资项目决策、工程建设、项目运营过程中，对综合性、跨阶段、一体化的咨询服务需求日益增强，项目组织管理模式从单一逐步向多样化模式转变，比如全过程工程咨询模式的推进为各类咨询服务企业提供了更大的发展空间。

（5）信息化和数智化发展。在当前的新发展格局下，工程咨询行业需将创新作为高质量发展的第一动力，坚持与时代同频共振，强化科技赋能、数据赋能、管理赋能。在行业全面深化咨询理论、方法与技术协同创新的背景下，企业需加快探索和运用 5G、人工智能、大数据、云计算、区块链等新信息化技术，同时主动融入数字化转型浪潮，深入推进"数字化 +"工程咨询，培育新产品、新业态、新模式。全过程工程咨询不仅是对投资项目前期咨询、项目管理、勘察设计、招标代理、工程监理、造价咨询等各个环节管理、技术、经济和法律的有机集成，也是对信息流的有机集成，由于集成的要素多、节点多，势必需要借助信息化工具辅助进行有序管理，从而提高管理效率。通过加强技术研发应用，完成工程建设项目全生命周期数据共享和信息化管理，实现"工作信息化、业务信息化、成果信息化"，并通过数字化途径实现数智化，为项目决策、实施和运营的科学性、系统性、专业性提供依据，促进建筑业整体的提质增效。

（6）工程技术和新理念发展。贯彻国家"十四五"经济社会发展目标和2035 年远景目标，积极落实"碳达峰、碳中和"目标任务。

2）市场需求变化主要体现在以下三个方面

（1）需求更加多样化。当前，工程咨询行业需遵循"市场化、专业化、品牌化、数字化、法治化、国际化"的总体要求，以高质量服务供给适应和满足国家和社会在新发展阶段的新特征、新需求。在全过程工程咨询模式实施下，服务模式组合不仅表现为招标范围和内容的多样化组合，还表现为跨阶段项目管理服务组合的多样化，更有投资咨询、招标代理、勘察、设计、监理、造价等单项服务组合的多样化；另外，项目的服务对象也呈现多样化的趋势，可以是投资者或建设单位、也可以是全过程工程咨询单位或其他需求单位。再者，因项目规模不同、投资性质不同、复杂程度不同、委托人要求不同，项目招标形式也呈现多样化的趋势。当然，全过程工程咨询模式和工程总承包模式的推行，促使很多以往独立招标的项目可能"打包"一次完成，降低了招标总数量。

（2）更高的专业化要求。全过程工程咨询模式环境对工程咨询单位的综合性能力和专业化水平要求更高，不仅需要熟悉整个项目管理体系和模式，制定全链条、全过程的招标策划、计划、方案、实施和评估等工作规划，明确和统筹它们之间跨阶段、综合性、一体化的关联性、时序性、界面性要求，也需要对项目管理工作的策划、计划、方案、实施、评估等工作开展全方位的统筹，制定相应的实施细则。

（3）合法合规性需求。在强调治理体系和治理能力现代化的当下，依法依规开展各项工作已成为全社会共识，对于全过程工程咨询服务项目招标投标来说应该是一个好消息，合法化、合规化的比选过程，通过"公开、公平、公正"的市场竞争机制，落实投资、勘察、设计、招标、造价、监理、施工、工程管理等各项行为的合法合规，为企业积累经验，在全过程工程咨询模式环境下的转型升级、创新发展奠定了良好的基础。

3）市场竞争变化主要体现在以下两个方面

（1）竞争者变化。面对工程咨询行业准入资质资格的逐步取消、行业壁垒逐步打破，准入门槛降低，工程咨询企业在开展传统业务或参与全过程工程咨询服务中，都将面临潜在竞争者增加的形势，其中既有"无级差"的既有同类企业，也有提供全过程工程咨询服务企业，还有正进行相关业务拓展的其他咨询服务企业，甚至更有行业新进入者等的参与，如何在激烈的市场竞争中生存和发展是工程咨询企业需要思考和探索的。

（2）服务价格变化。工程咨询的服务价格一直是"缠绕"我们的焦点问题。随着管理体制的改革、营商环境持续优化，咨询服务企业将由市场公平竞争择优选择，服务的价格也将更趋市场化，招标代理服务价格也同样遵循这一市场规则。传统工程咨询服务随着市场的发展，价格趋于平稳、利润趋于透明应该说是通常的规律。当然，服务价格可以通过行业自律、市场引导等措施得以适度地稳定，但更重要的是企业应通过转型升级和创新发展，寻求高品质、差异化的服务，比如通过单一产品的深化服务、服务产品的多元组合，增强自身服务的附加值，从而提升服务的价格和利润。

38. 目前各类工程咨询企业开展全过程工程咨询服务，需要具备哪些方面的能力？

从全过程工程咨询服务模式的性质、特点和难度来讲，开展全过程工程咨询服务的企业应综合具备决策策划、政策把握、进度管理、质量和安全管理、投资控制、合同管理、信息化管理、项目统筹协调管理、专业技术、资质与资信、人才队伍、风险应对水平等方面的能力。结合上述维度，根据不同类型工程咨询企业本身特征不同，其针对全过程工程咨询服务的能力拓展方向也不尽相同，如对于传统的前期咨询企业、招标代理企业、设计企业、造价企业、监理企业和项目管理企业来说，其各自开展全过程工程咨询具备的优势和需拓展的能力可如表4-1所示进行分析：

各类工程咨询企业开展全过程工程咨询的条件分析

表4-1

需具备的因素	前期咨询企业	招标代理企业	工程设计企业	造价咨询企业	工程监理企业及项目管理企业
决策与策划能力	√策划能力优势 √综合性决策能力	√具有早期介入优势 ×全过程决策策划能力调整	√具备先导优势	×综合性决策能力待提升	×综合性决策和策划能力提升，需进一步扩展全局性视野
政策熟悉与应用能力	√熟悉相关政策	√熟悉相关政策	×对相关政策的掌握和运用需进一步加强	×对相关政策的掌握和运用需进一步加强	×对相关政策的掌握和运用需进一步加强
进度管理能力	×缺乏项目实施阶段管理实践经验	×缺乏项目实施阶段进度管理实践经验	√设计进度控制经验丰富 ×现场进度管理能力待提升	×缺乏项目实施阶段进度管理实践经验	√丰富的进度控制实践经验
质量和安全管理能力	×缺乏质量和安全管理实践经验	×缺乏质量和安全管理实践经验	√有质量和安全管理意识 ×现场质量和安全管理能力待提升	×缺乏质量和安全管理实践经验	√丰富的质量和安全管理实践经验
投资控制能力	√资金协调优势	√从招标代理角度管理项目整体预算	×项目整体投资控制能力还需加强	√投资控制能力强	×实质性投资控制能力待加强
合同起草与管理能力	√具备合同界面搭建和合同起草能力 ×项目合同管理及相关文件管理水平待提升	√具备合同界面搭建和合同起草能力 ×项目合同管理水平待提升	×项目合同管理水平待提升	√具备较强合同管理能力	√具备较强合同管理与执行能力 ×合同起草能力待提升
信息化管理能力	×信息化管理实践水平有待提升	√信息归档管理能力强 √电子化招标投标促进信息化应用能力加强	√信息化应用能力较强	√信息化应用能力较强	√加强了信息化技术在管理中的应用

续表

需具备的因素	前期咨询企业	招标代理企业	工程设计企业	造价咨询企业	工程监理企业及项目管理企业
统筹管理和协调能力	×项目建设管理能力需提升	√协调能力较强 ×统筹管理能力待提升 ×项目管理能力待挑战	×综合管理能力待提升 ×需克服文化差异带来的沟通协调方面挑战	√全过程理念认同感较强 √与业主间信任优势	√管理理论方法基础扎实
专业技术与创意	×工程技术专业水平有待提升	×工程技术专业水平有待提升	√工程技术专业水平高 √设计创意优势	×工程技术应用水平挑战	×工程技术应用水平挑战
市场准入	×可能不具备相应资质	×可能不具备相应资质	√具备设计资质	×资质逐步取消带来的挑战	√具备监理资质
人才队伍水平	√具备决策性人才	×综合性管理人才挑战	√人才队伍素质较高	×综合性管理人才挑战	√具备管理人才 ×人才队伍整体素质有待提升
自身风险应对水平	×责任承担意识有待提升 ×工程相关责任承担应对能力待提升	×责任承担意识有待提升 ×工程相关责任承担应对能力待提升	×工程相关责任承担应对能力待提升	×工程相关责任承担应对能力待提升	√对责任担当认识到位 √对风险事件发生具备一定的处理经验
经济收益平衡	×需克服短期内经济收益影响的挑战 ×需就项目到款周期可能延长的情况作出协调	√整体收益提升 ×加强对付款方式可能变化的适应	×人均服务酬金下降挑战	√促进整体收益提升，转型意愿强烈	√促进整体收益提升，转型意愿强烈

各类工程咨询企业需在全面评估自身实力的基础上，审慎选择发展方式，明确发展定位，以最适宜自己的角色和方法参与到全过程工程咨询服务中。

39. 工程咨询企业的未来发展方向是怎样的？

当前形势下，虽然市场对综合性、跨阶段、一体化咨询服务的需求势不可挡，但并不是所有项目都适合开展全过程工程咨询，也不是所有咨询企业都需要或适合走综合性发展道路。工程咨询企业应根据自身状况找到适合自身发展的道路，在全过程工程咨询环境下重新进行思考和定位。归纳起来，发展道路大致有三个方向（图4-2）：

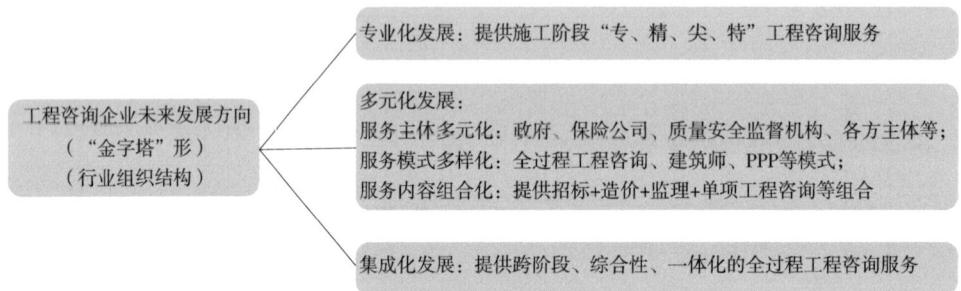

图4-2 工程咨询企业未来发展之路

一是专业化发展。可以继续"独立"开展原工程咨询服务，做专、做精、做尖、做特，在特定的行业、领域等形成专业服务特色，提升专业化的核心竞争力；也可以参与到全过程工程咨询服务中，以原专业服务提供者的角色服务项目决策、实施与运营的全过程，形成全过程专项咨询服务链，发挥全链条综合性咨询服务价值。

二是多元化发展。可以通过"原服务＋"的方式进行多元组合服务，形成多元组合服务特色和服务优势，如"招标代理＋造价咨询""项目管理＋前期咨询""原服务＋其他单项咨询服务（可以多个）"等多元组合服务，发挥多元化组合服务的价值，并形成本企业的创新业务点。

三是集成化发展。以工程咨询行业自身优势为基础，通过拓展、联合、兼并、重组等方式形成综合性、一体化服务能力，开展全过程工程咨询服务。

在新发展格局下，企业的创新发展、重新定位，一方面需与国家、行业发展紧密融合，另一方面更需要结合自身特点和优势进行业务拓展与服务提升，寻求适合自身发展之路。

40. 工程咨询企业在转型升级开展全过程工程咨询服务时，首先应该考虑什么？

从企业未来整体发展的角度来看，工程咨询企业在转型升级创新开展全过程工程咨询服务时，首先应该做好战略策划。战略策划是工程咨询企业在行业中的定位，是企业未来一段时间内生产经营的目标和方针，是整体提高企业活力和生命力的模式。

工程咨询企业的转型升级并不是对过往业务定位和发展方向的完全推翻，而是在全过程工程咨询模式的环境下，以做好、做精自身现有业务为基础，从企业愿景、战略定位、体系建立、产品构建、组织调整、队伍建设、技术能力、品牌推广、文化建设等角度出发，结合宏观形势和外部环境分析，通过战略分析、战略选择和战略实施的战略管理过程（图4-3），做出科学的决策，进行重新定位，最终找到适合企业情况的创新发展方向。

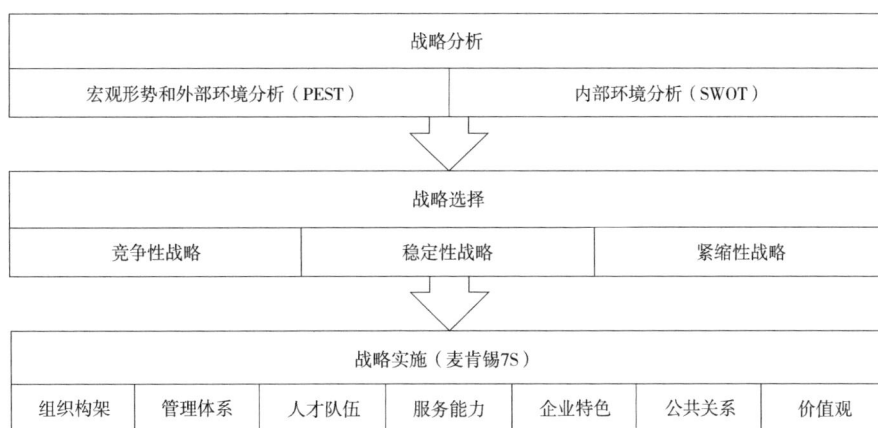

战略分析	
宏观形势和外部环境分析（PEST）	内部环境分析（SWOT）

战略选择		
竞争性战略	稳定性战略	紧缩性战略

战略实施（麦肯锡7S）						
组织构架	管理体系	人才队伍	服务能力	企业特色	公共关系	价值观

图4-3 工程咨询企业战略管理实施路径

41. 工程咨询企业在确定转型升级战略后，应如何创新产品、提升服务能力？

工程咨询企业在正确评估自身情况、做好转型升级创新发展战略策划后，可主要从产品设计和能力建设两个方面着手提升。

1）做好创新业务产品的设计

在全过程工程咨询环境下，工程咨询企业可以根据自身状况选择专业化、多元化和集成化三个方向的发展道路，既可以是单项、阶段性或全过程的专业化咨询服务；也可以在各个阶段开展"原咨询服务＋其他单项咨询服务"的多元化咨询服务，在一定程度上开展"跨界"融合；当然，少部分有条件的工程咨询企业可以开展跨阶段、跨咨询服务类型的集成化全过程工程咨询服务。结合自身的战略策划和定位，企业要充分设计创新业务的服务产品体系，积极集聚资源、拓展市场、培育人才及积累业绩等，不断提升核心竞争力和市场认可度。

2）做好创新业务的能力建设

基于创新业务的服务产品体系，工程咨询企业应做好相应的能力建设，深耕服务能力和质量提高，不断提升社会影响力。综合来讲，企业进行创新业务能力建设可以但不限于从以下几方面考虑：

（1）构建与创新业务发展战略相适应的组织构架；

（2）建立与创新业务相适应的管理体系、制度、服务标准等；

（3）培育与创新业务相匹配的专业人才队伍，尤其是项目经理和单项咨询业务骨干的培养，并加强管理、技术、经济和法律等相关知识的培训；

（4）加强创新业务的开发并提高其适用性，加强各业务板块的协同发展，增强综合性、一体化服务能力；

（5）充分开发和利用信息技术和信息资源，努力提高信息化管理水平，提升创新业务的支撑能力和服务价值；

（6）积极开拓新业务实践，积累经验和业绩，提升新业务服务能力和水平；

（7）加强创新业务的交流和合作，拓展视野和市场份额；

（8）加强创新业务的市场营销和品牌建设，提升社会影响力；

（9）培育对创新业务的文化认同感和价值感。

42. 从全过程工程咨询服务开展的角度看，一个卓越的项目负责人应该具备哪些能力？

作为全过程工程咨询服务项目负责人，需具备宏观和客观相结合的思维方式和视野，一个项目从开始到结束会出现各种各样的问题，如项目的确定、方案的选择等决策问题，要求项目负责人采取不同的决策方法有效解决，因此项目经理必须具有很强的决策和策划能力。在服务实施过程中，项目负责人要运用系统思维，实时考察项目动态和变化，既要注意整体中各部分的相互联系和相互制约关系，又要注意各要素间的协调配合，以保证科学地分析和解决问题。

全过程工程咨询作为工程咨询集成，是跨阶段集成化项目管理与专业化单项工程咨询统筹结合，是综合性、一体化咨询服务，因此对于项目负责人的综合能力提出了较高的要求。结合全过程工程咨询服务开展来看，卓越的项目负责人还应该具备但不限于决策策划能力、规划能力、领导能力、组织能力、指挥能力、控制能力、协调能力、创新能力、专业能力、激励能力等方面的能力。

43. 怎样确定全过程工程咨询服务的项目负责人？ ——————

作为在实施全过程工程咨询服务中统筹主持各项工作的角色，全过程工程咨询服务项目负责人的综合能力和素质对服务实施效果具有重要影响。全过程工程咨询服务单位在参与项目投标时，已在投标文件中对相关项目的项目负责人进行列明，该部分内容对项目招标投标最终结果具有一定作用。另外，在咨询单位和建设单位签订的全过程工程咨询服务合同中，项目负责人也是其中的重要一项，属于合同实质性内容。

因此，为向建设单位证明其派出人员与投标文件及项目服务合同相符合，全过程工程咨询服务单位应就项目负责人向建设单位出具正式任命书。需注意的是，相关文件也可能作为人员实际未到岗时，建设单位要求全过程工程咨询单位承担违约责任的依据，因此，在投标时，全过程工程咨询服务单位应提前做好相关人员派遣规划。

44. 全过程工程咨询服务项目负责人与总监理工程师、建筑师的区别？ –

项目负责人与总监理工程师、建筑师的区别主要体现在几个方面：

（1）三者的工作职责不同。项目负责人是项目全过程工程咨询服务团队的总负责人，负责综合性统筹、管理和协调各项工作；总监理工程师是由工程监理单位法定代表人书面任命，负责履行建设工程监理合同、主持项目监理机构工作的注册监理工程师；而建筑师则主要开展工程设计服务，在建筑师负责制下可以提供参与规划、提出策划、完成设计、监督施工、指导运维、更新改造、辅助拆除等工作。

（2）三者的工作阶段范围不同。总监理工程师的工作阶段主要是在项目施工阶段，而项目负责人和建筑师的工作阶段可根据项目服务内容，延伸至项目决策、实施、运营全过程。

（3）三者的执业资格要求不同。在全过程工程咨询服务仅涉及投资决策综合性咨询服务阶段时，对于项目负责人没有强制性执业资格要求；而总监理工程师和建筑师则需取得相关执业资格证书。

（4）三者的工作地点不同。在项目服务实施期间，项目负责人和总监理工程师需要派驻项目现场，而建筑师则可在合同没有明确约定驻场的情况下，根据服务内容和项目进展情况较为灵活安排办公地点。

45. 采用全过程工程咨询模式后，建设单位还可以如何优化管理团队或人员？

建设方组织管理模式的选择是项目决策管理阶段重要的工作之一，它明确了全过程工程咨询服务实施的总体框架、运作方式、组织间的交叉模式及各方职责等，模式选择的不同对后期的实施管理、运营管理阶段的管理难易程度以及建设进度、质量、成本管理等都将产生完全不同的影响。因此，应结合项目特点、建设单位自身组织架构以及管理侧重点（质量、成本、进度等），选择正确的管理模式，从而决定在有全过程工程咨询情况下，建设单位现场是否还需要配备管理人员或组织。

业主作为工程项目的总策划者，在工程项目管理的组织模式选择上基本起到了决定性作用。根据业主方项目管理的能力水平、业主方现有的组织架构及工程项目的复杂程度，可形成以下几种业主方项目管理组织模式：

（1）业主自行管理 + 专业工程咨询服务。业主自行管理即业主方依靠自身力量进行管理，自行完成主要工作，同时可聘用全过程工程咨询服务单位来对业主自身专业能力弱、资源配备不足的部分进行协助管理。自行管理方式可以充分保证业主方的决策权、控制权，可随时采取必要措施来保障自身利益及管理侧重点。其一方面可维持原组织架构不变，在业主方原有组织机构不能大幅调整的情况下，业主通过新组建的指挥部与原职能型的组织形成了矩阵型的组织，充分使用原组织的人力资源，也有利于集中各部门的技术、管理优势，并保证与原组织的政策一致性。另一方面，该模式在原建设指挥部的基础上，通过临时从专业的工程咨询公司中补充专业人员，以提高自身的管理能力。

（2）业主自行管理＋项目管理咨询服务（顾问型）。该模式在业主自行管理的基础上，由全过程工程咨询公司提供项目管理咨询服务，对项目建设起到统筹协调作用。与"业主自行管理＋专业工程咨询服务"的模式相比，该模式更强调全过程工程咨询服务单位的决策参考（图4-4）。

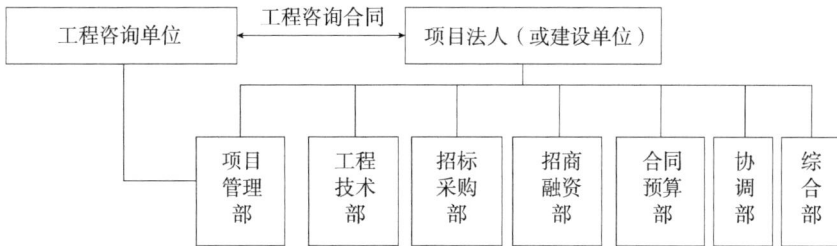

图4-4　业主自行管理＋项目管理咨询服务（顾问型）

（3）业主＋全过程工程咨询单位共同组建管理团队（一体化协同型）。该模式通过业主管理团队与全过程工程咨询服务单位形成协同管理团队，强调一体化管理。建设单位与全过程工程咨询单位签订工程咨询合同后，由咨询单位派出人力资源加入建设单位各个部门，形成合作型的职能部门，对工程项目进行统筹管理。这种模式下，应注意双方管理的"权、责、利"，以保证工作的顺利开展（图4-5）。

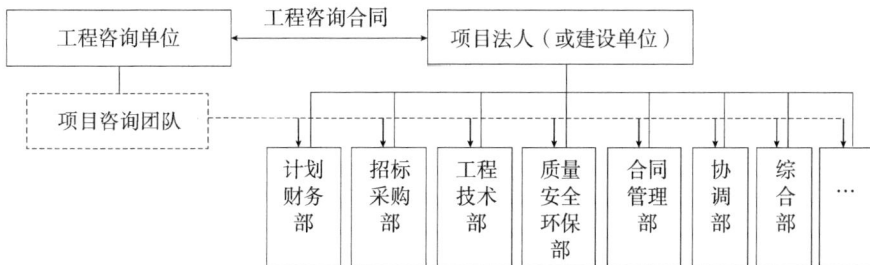

图4-5　业主＋全过程工程咨询单位共同组建管理团队（一体化协同型）

（4）业主完全委托全过程工程咨询服务单位（独立管理型）。在这一管理模式下，业主通过合同约定，将工程项目管理完全委托至全过程工程咨询服务单位，由其组建团队负责对工程项目质量、成本、进度等进行管控（图4-6）。

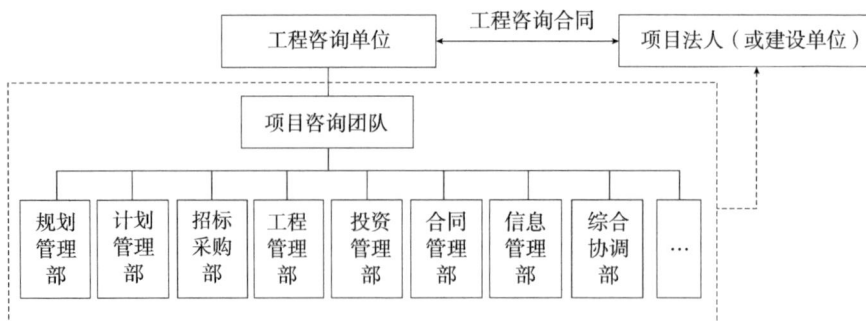

图 4-6　业主完全委托全过程工程咨询服务单位（独立管理型）

46. 全过程工程咨询现场机构人员变更时，需要建设单位同意吗？人员更换是否有条件？

全过程工程咨询服务单位在参与项目投标时，已在投标文件中对项目咨询服务团队主要人员情况进行列明，该部分内容对项目招标投标最终结果具有一定作用。另外，在咨询单位和建设单位签订的全过程工程咨询服务合同中，该部分内容与项目负责人一样，也是合同专用合同条件中重要一项，属于合同实质性内容。

参考《全过程工咨询服务合同示范文本（征求意见稿）》通用合同条件第3.3.2 条："合同履行过程中，咨询人委派的咨询人员应相对稳定，以保证咨询工作的顺利进行。咨询人更换单项咨询负责人、有执业资格要求的主要咨询人员时，应提前 7 天书面通知委托人，除主要咨询人员客观上无法正常履职情形外，还应征得委托人书面同意，由咨询人负责安排具有同等资格和能力的人员代替，同时承担更换费用。委托人对咨询人的主要咨询人员资格或能力有异议而提出更换的，应提出书面要求并须阐述更换理由，咨询人无正当理由拒绝撤换的，应按照专用合同条件的约定承担违约责任。"

因此，除主要咨询人员客观上无法正常履职情形或项目服务合同专用合同条件另有约定外，全过程工程咨询现场机构人员变更时，应提前 7 天书面通知建设单位并征得其书面同意。

47. 全过程工程咨询项目总负责人是否可以由设计总负责人担任？

《国务院办公厅关于促进建筑业持续健康发展的意见》（国办发〔2017〕19 号）

明确提出"在民用建筑项目中，发挥建筑师的主导作用"。越来越多的政策及相关研究鼓励引导勘察设计咨询企业发挥技术优势，对工程项目的建设起先导作用，实现项目全生命周期的增值。

全过程工程咨询项目总负责人和设计总负责人的任职要求及工作职责不尽相同。当全过程工程咨询服务包含设计服务时，满足全过程工程咨询项目总负责人任职要求的设计总负责人，可以担任全过程工程咨询项目总负责人。

全过程工程咨询项目总负责人应根据招标采购合约文件要求由全过程工程咨询单位授权委派，全面负责并主持全过程工程咨询工作。依据咨询服务范围、内容等要求，对项目进度、投资、质量、安全和环境等进行全过程管理，实现项目建设目标。

全过程工程咨询项目总负责人应符合以下任职要求：具有建设工程类项目管理知识体系；具备良好的策划、组织、沟通、协调、领导能力和相关的技术、管理、经济、法律法规、标准化知识以及潜在的学习能力；具有类似项目经验；具有良好的职业操守和个人信誉（图4-7）。

全过程工程咨询项目总负责人应符合以下任职要求：

- 具有建设工程类项目管理知识体系

- 具有良好的策划、组织、沟通、协调、领导能力和相关的技术、管理、经济、法律法规、标准化知识以及潜在的学习能力

- 具有类似项目经验

- 具有良好的职业操守和个人信誉

图4-7　全过程工程咨询项目总负责人的任职要求

全过程工程咨询项目总负责人应履行以下职责：

（1）组建项目全过程工程咨询管理团队。确定条线和岗位设置，明确条线和岗位职责，管理岗位人员。

（2）主持制定全过程工程咨询管理体系。包括管理制度、沟通与决策机制、工作流程以及相关工作表格和成果文件、模板等，并组织实施。

（3）主持制定全过程工程咨询管理工作条例，并检查和监督其执行情况。

（4）审批专项咨询管理实施细则。

（5）负责履行合同中约定且在授权范围内容的所有职责和义务。

（6）负责与业主单位之间的沟通与协调。

（7）全面负责项目的投资、质量、进度、安全等总体目标。

（8）审核各专项咨询成果，并对其成果质量承担连带责任。

（9）主持召开项目调度会、例会及其他相关会议。

（10）在授权范围内决定任务分解、利益分配和资源使用。

（11）主持或参与质量事故、安全事故等各类事故的调查和处理。

（12）负责组织项目整体竣工验收，协助业主单位接受审计，处理项目合同履约后的善后工作。

（13）业主或全过程工程咨询单位授予的其他权责。

项目设计工作总负责人对项目设计质量负责。职责主要包括：贯彻执行工程设计政策、法规、标准、公司管理体系文件；代表公司参与项目洽谈、评审、沟通、工程竣工验收；负责协调各专业间的技术配合；根据合同约定，组织人员提供产品选型、设备加工订货、建筑材料选择以及分包商考察等技术咨询工作；根据合同约定，组织人员协助审核各分包商的设计文件是否满足接口条件并签署意见，以保证其与总体设计协调一致，并满足工程要求；按照国家的有关规定承担相应的职责。设计是工程建设的灵魂，起着先导作用，它引导其他工程咨询业务的进行，对于充分发挥投资效益、实现项目全生命周期的增值起着关键作用。设计是保证工程建设质量的核心，设计与施工的密切配合有利于实现工程建设目标、实现高质量发展。因此，要充分重视设计在全生命周期工程顾问服务中的核心地位，充分发挥设计的引领作用。随着全过程工程咨询模式在工程咨询企业中的试行，勘察设计咨询企业在为全过程工程咨询项目提供一体化设计咨询服务方面体现出了技术优势。

全过程工程咨询项目总负责人由设计总负责人担任有助于改变管理内容交叉重复化的现状，有助于全过程工程咨询作用的发挥以及项目的高品质落地。目前我国内地建筑教育中设计与建造、监理专业相对独立，对基本建设全过程的引导不足，造成我国内地的建筑工程高等教育对于建筑师（各专业设计师）的培养方向偏单一，学生期间普遍对项目监理和工程管理方面的技术知识掌握非常有限。设计总负责人需转换思维，从交付理念扩展到交付全过程服务，努力成为"懂设计、懂材料、懂造价、懂管理、懂施工"的复合型专业人才，这是设计总负责人能否转型成为全过程工程咨询项目总负责人的关键。

48. 全过程工程咨询人员的职业道德如何规范？————

目前，国家、行业尚未发布全过程工程咨询从业人员的职业道德规范，但是可以借鉴和参考国际咨询工程师联合会 FIDIC、英国皇家特许测量师学会 RICS、英国皇家特许建造学会 CIOB、美国项目管理学会 PMI 等发布的职业道德准则和行为规范。

1）FIDIC 职业道德准则

FIDIC 所编制的道德准则要求咨询工程师具有正直、公平、诚信、服务等的工作态度和敬业精神，充分体现了 FIDIC 对咨询工程师要求的精髓，主要内容如下：

（1）对社会和咨询业的责任

①承担咨询业对社会所负有的责任；

②寻求符合可持续发展原则的解决方案；

③在任何情况下，始终维护咨询业的尊严、地位和荣誉。

（2）能力

①保持其知识和技能水平与技术、法律和管理的发展相一致，在为建设单位提供服务时应采用相应的技能，并尽心尽力；

②只承担能够胜任的任务。

（3）廉洁和正直性

在任何时候均为建设单位的合法权益行使其职责，始终维护建设单位的合法利益，并廉洁、正直和忠诚地进行职业服务。

（4）公正性

①在提供职业咨询、评审或决策时不偏不倚，公正地提供专业建议、判断或决定；

②通知建设单位在行使其委托权时可能引起的任何潜在的利益冲突；

③不接受任何可能影响其独立判断的报酬。

（5）对他人公正

①推动"基于能力选择咨询服务"的理念；

②不得故意或无意地做出损害他人名誉或事务的事情；

③不得直接或间接取代某一特定工作中已经任命的其他咨询工程师的位置；

④在通知该咨询工程师之前，并在未接到建设单位终止其工作的书面指令之

前，不得接管该咨询工程师的工作；

⑤如被邀请评审其他咨询工程师的工作，应以恰当的行为和善意的态度进行。

（6）反腐败

①既不提供也不收受任何形式的酬劳，这种酬劳意在试图或实际：设法影响对咨询工程师选聘过程或对其的补偿，和（或）影响其建设单位；设法影响咨询工程师的公正判断。

②当任何合法组成的机构对服务或建设工程合同管理进行调查时，咨询工程师应充分予以合作。

2）RICS职业道德信念和行为规范

RICS职业道德信念包括9个核心原则，具体内容如下：

（1）正直不阿

永远不要将自身利益置于建设单位利益之上，或者高于其履行职业职责的对象的利益之上；恪守建设单位的秘密；考虑公众和社会更广泛的利益，为建设单位和社会创造价值。

（2）诚恳可靠

做任何事情都应让人信任，始终诚实；要比建设单位掌握更全面和准确的信息，不要误导建设单位，不要歪曲事实。

（3）透明公开

行为坦率、透明；与建设单位分享全部完整、充分、准确、及时以及可理解的信息和事实。

（4）承担责任

对自己的全部行为负责任；永远不要承诺超出自己所能给予的；如事情没有做好，不要归咎客观，勇于承担错误和责任，不要歪曲事实证明自己的结论。

（5）贵乎自知

知道自己专业能力的限度，不要企图超越这个能力限度行事，不要试图从事超出自身能力范围的工作。

（6）客观持平

始终保持客观性，向建设单位提出客观、公正、中性的建议，不要让自己的感觉、兴趣和偏好左右自己的判断、影响建设单位的决策。

（7）尊重他人

决不对他人有偏见和歧视；无论建设单位大小、项目优劣，应该以相同的执业标准和规范来履行自己的职责、权利和义务。在执业过程中，不可持有政治、宗教、国籍、种族、性别、年龄、肤色、残疾、婚姻、经验状况、信仰偏见；公平对待项目团队成员、同行和同事。

（8）树立榜样

树立好的榜样，充分考虑到自己的公众和私人行为都可能直接或间接影响到自己、学会和其他会员的信誉；在私生活中应持有高的道德标准。

（9）敢言道正

有勇气坚持自己的立场，只与那些遵守职业道德的人合作；如果怀疑其他会员有玩忽职守、假公济私等任何危害他人的不法行为，敢于采取应有的行动。

这些核心原则要求会员必须以一种道德的、负责任的方式执业。RICS 对执业过程中可能遇到的情况制订了相应的行为规范，包括正确地处理好礼品／款待（贿赂／诱惑）；健康和安全；平等机会，歧视，骚扰；利益冲突；非法或不当行为；内线交易和洗钱；保密义务；反不正当竞争；酗酒和滥用毒品；劝戒与激发；版权和所有权；广告标准；环境保护；地方社会关系；政治和社会行为等方面的问题，告诉会员哪些是禁止行为，哪些是必须行为以及如何做等问题。行为规范提供了一个会员与其建设单位关系的行为准则，也包括了旨在维护公众利益的职业自身的社会义务。

3）CIOB 职业道德标准

CIOB 制定了《会员专业能力与行为的准则和规范》，该文件由准则和规范两部分组成，准则部分界定了建造师的一般行为标准及职业和道德追求，规范部分则对英文头衔缩写以及会员级别描述的使用、徽标、咨询服务、广告四方面内容进行了详细界定。准则部分共包括 16 条，主要内容如下：

（1）会员应该在履行其承诺的职责和义务的同时，尊重公众利益；

（2）会员应该证明自身的能力水平与其会员级别保持一致；

（3）会员应该时刻保证其行为的诚实，以此来维护和提升学会的威望、地位和声誉；

（4）在国外工作的会员，也应该遵守本准则和规范以及其他适用的准则和规范；

（5）会员应该完全忠诚和正直地履行义务，特别是在保密、不损害雇主利益、公平、公正、守法、拒绝贿赂等方面；

（6）如果会员知道自身缺乏足够的专业或技术能力，或者缺乏足够的资源来完成某项工作，那么会员不得承担；

（7）如果会员没有能力承担某项咨询服务的全部或者部分，应该拒绝提供建议，或者获取适当的符合要求的协助；

（8）英文头衔缩写及其适当的描述应符合《皇家特许令和附则》的规定；

（9）只有资深会员和正式会员才被允许在提供咨询等相关服务时，使用理事会批准的徽标；

（10）提供咨询服务的会员应该获取专业的补偿保险，负担支付提供咨询服务时所要求承担的全责；

（11）从事其他建筑相关业务的会员应该购买适当的保险，并以此保证业主能够抵御由于工作所引起的关于工人、第三方及邻近物业的风险；

（12）会员不能蓄意或者由于粗心（无论是直接还是间接）而损害或者试图损害他人的专业名誉、前途或者业务；

（13）会员应该不断补充与自己的职责类型和级别相符的最新思想和发展信息；

（14）会员应该严格按照《专业行为规范》的规定对提供的服务登广告；

（15）会员应该随时全面了解并遵守国家关于健康、安全以及福利方面的法律法规，因为这将影响建设过程中从设计、施工、维护到拆除的每一个环节。会员也有责任确保同事以及建设过程的其他参与人员知道并理解这些法律法规所规定的各自的职责；

（16）会员不应该有性别、种族、性取向、婚姻状况、宗教、国籍、残疾以及年龄方面的歧视，并且应努力消除他人的上述歧视，以促成平等。

CIOB 将职业道德标准列入会员的知识体系，并在会员面试过程中进行考察。

4）PMI 项目管理专业人士行为守则

PMI 制定了《项目管理专业人员行为守则》，内容包括两大部分，即对职业的责任和对客户和公众的责任。

（1）对职业的责任

①遵守所有组织规则和政策。如提供准确和真实陈述的责任、与 PMI 合作处理违反职业道德和收集有关信息的责任等；

②候选人／证书持有人的职业惯例。如提供有关服务资格、经验和表现的准确和真实通知及陈述的责任等；

③职业的提高。如承认和尊重别人获得或拥有的知识产权，或者准确、诚实

和全面地办事的责任等。

（2）对客户和公众的责任

①专业服务的资格、经验和表现。如向公众提供准确和真实陈述的责任等；

②利益冲突情况和其他被禁止的职业行为。如确保利益冲突不损害顾客或客户合法利益或影响／妨碍职业判断的责任等。

49. 全过程工程咨询单位需要责任保险吗？

国家层面对全过程工程咨询单位购买质量、安全等责任保险没有强制性规定，到目前为止，国内保险市场也没有针对全过程工程咨询单位或者从业人员的专门险种。

全过程工程咨询服务具有内容范围广、服务时间跨度长、管理工程投资金额大等特点，由于咨询单位或咨询工程师的失误、疏忽而造成经济损失的可能性较大和损失体量也较大，然而咨询企业和咨询工程师的赔付能力有限，无法承担体量较大的工程损失。咨询从业人员应该呼吁国家、行业建立全过程工程咨询行业的保险体系，这一点可以参考工程设计责任保险的发展和建立过程。1999年，国内部分地区开始试点建设工程设计责任保险制度，经过五年左右的试行和探索，建设工程设计责任保险制度逐步在全国范围内建立起来，建设工程设计责任保险是指以建设工程设计人因设计上的疏忽或过失而引发工程质量事故造成损失或费用应承担的经济赔偿责任为保险标的的职业责任保险，是我国开展最早的职业保险险种之一。

推行全过程工程咨询责任保险有利于以最小的成本获得最大的保障，增强全过程工程咨询单位的抗风险能力；有利于保护投资者和第三者的财产和人身安全，完善我国工程风险管理制度；有利于提高咨询服务质量；有利于进行服务创新和技术创新，提高咨询服务水平；有利于公正、客观地处理工程质量、安全事故，保护全过程工程咨询单位的合法权益。

50. 投资决策综合性咨询在全过程工程咨询中的作用？

515号文指出，全过程工程咨询服务包括投资决策综合性咨询和工程建设全过程咨询，分别对应项目决策和建设实施两个阶段。强调重点培育发展上述两类咨询，并"以投资决策综合性咨询促进投资决策科学化"。在这个阶段，投资咨询从最初的单一环节提升至全过程工程咨询的核心模块，与工程建设全过程达到同一维度，并且加上"决策"与"综合性"，进一步丰富了投资咨询的前瞻性、领导性、多元性内涵，这意味着从核心概念、阶段定位、技术标准、管理体系等方面产生迭变。由此可以得出，投资决策综合性咨询在全过程工程咨询中有着重要作用，可从国家、行业、项目等多层面进行分析。

1）从国家层面看

（1）投资决策综合性咨询为国家战略需求与决策提供服务

党的十八大以来，习近平总书记反复强调新发展理念，把握新发展阶段，贯彻新发展理念，构建新发展格局。党的十九届六中全会正式宣布全面建成小康社会，踏上向第二个百年奋斗目标进军的新征程。因此，为实现新的宏伟目标，实现高质量发展，我国工程咨询业应积极贯彻落实新发展理念，进一步提升工程咨询服务的战略性、前瞻性和综合性，在新的历史时期发挥更大作用，做出更大贡献。正是在此背景下，中国工程咨询协会制定了《关于加快推进工程咨询业高质量发展的指导意见》。

工程咨询业作为服务国民经济和社会发展的先导产业，要在准确认识新发展阶段特点的过程中把握行业的历史方位，在全面贯彻新发展理念中找准行业的发展方向，在服务构建新发展格局中明晰行业高质量发展的路径选择。工程咨询业一直是服务党政决策、服务供给侧结构性改革的重要支撑力量。投资决策综合性咨询更是加快推进高质量发展，服务国家战略需求与决策、服务重大项目建设，为各级政府部门和投资者提供了大量有价值的咨询服务。

（2）投资决策综合性咨询能够增强政府投资决策科学性

资源配置和经济发展方式的转变促使投资咨询的重要性不断提高，投资决策综合性咨询的内容得到进一步扩展，涵盖的要素更加宽广，现阶段对项目建设的论证更加严谨与客观。接下来的投资特别是政府投资领域，对于投资决策效率和科学层面的关注都提到了更加显著的地位。投资决策综合性咨询统筹考虑影响项目可行性的各种因素，就投资项目的市场、技术、经济、生态环境、能源、资源、安全等影响可行性的要素，结合国家、地区、行业发展规划及相关重大专项建设规划、产业政策、技术标准及相关审批要求进行分析研究和论证，为投资者提供决策依据和建议，将各专项评价评估（如社会稳定性评估、节能评估、环境影响评价、水土保持方案等）一并纳入可行性研究统筹论证，提高决策科学化水平。

（3）投资决策综合性咨询能够促进投资审批制度改革

515 号文指出，落实项目单位投资决策自主权和主体责任，国家鼓励项目单位加强可行性研究，对国家法律法规和产业政策、行政审批中要求的专项评价评估等一并纳入可行性研究统筹论证，提高决策科学化，促进投资高质量发展。单独开展的各专项评价评估结论应当与可行性研究报告相关内容保持一致，各审批部门应当加强审查要求和标准的协调，避免对相同事项的管理要求相冲突。鼓励项目单位采用投资决策综合性咨询，减少分散专项评价评估，避免可行性研究论证碎片化。各地要建立并联审批、联合审批机制，提高审批效率，并通过运用综合性咨询成果、审查一套综合性申报材料，提高并联审批、联合审批的操作性。投资决策综合性咨询起到了促进投资高质量发展和投资审批制度改革的支撑作用。

2）从行业层面看

（1）投资决策综合性咨询能够促进行业规模化发展

党的十九大报告指出，中国特色社会主义进入新时代，我国社会的主要矛盾已经转化为人民日益增长的美好生活需要和不平衡不充分的发展之间的矛盾，反映了我国社会发展的客观实际，指明了解决当代中国发展主要问题的根本着力点。对于工程咨询业而言，制约行业高质量发展的主要因素也包括发展的不平衡不充分，主要表现为竞争还不够充分、行业发展格局尚未形成健康的橄榄型形态等问题。

《关于加快推进工程咨询业高质量发展的指导意见》明确提出"实现各类工程咨询单位协调平衡发展"，通过各种措施"保障不同所有制与法人类型、不同规模、不同区域的工程咨询单位平等参与竞争""鼓励采用战略联盟、合资合作、并购重组等形式，推动行业实现规模化、集约化和专业化发展"。因此，投资决策综合性咨询作为核心模块，着眼长远建立协调机制，有助于实现平衡发展，有针对性地解决当前发展中不平衡的突出问题，在此基础上，有助于行业达成规模化、集约化和专业化发展。

（2）投资决策综合性咨询能够规范咨询行业服务方式

投资决策综合性咨询服务可由工程咨询单位采取市场合作、委托专业服务等方式牵头提供，或由其会同具备相应资格的服务机构联合提供。牵头提供投资决策综合性咨询服务的机构，根据与委托方合同约定对服务成果承担总体责任；联合提供投资决策综合性咨询服务的，各合作方承担相应责任。

（3）投资决策综合性咨询能够促进行业综合咨询水平的提升

2021 年 9 月，中央人才工作会议在北京召开，习近平总书记出席会议并发表重要讲话，提出要大力培养使用战略科学家，有意识地发现和培养更多具有战略科学家潜质的高层次复合型人才，形成战略科学家成长梯队。515 号文贯彻落实习近平总书记关于人才工作重要讲话精神，提出投资决策综合性咨询应当充分发挥咨询工程师（投资）的作用，鼓励其作为综合性咨询项目负责人，提高统筹服务水平。投资决策综合性咨询参与的机构大多成立时间较短、体量偏小，市场整体的专业度不高。因此，投资决策综合性咨询必然成为我国工程咨询行业的重要发展方向。咨询工程师在投资决策环节提供综合性咨询服务，统筹考虑影响项目可行性的各种因素，增强决策论证的协调性。充分论证建设内容、建设规模，并按照相关法律法规、技术标准要求，深入分析影响投资决策的各项因素，将其影响分析形成专门篇章纳入可行性研究报告。投资决策综合性咨询能够提高咨询工程师在各方面的水平和能力，完善咨询内容，更加省时省力地完成项目预审、预算定价和项目规划以及材料审核，进一步提升全过程咨询服务质量，提高咨询行业综合性水平，以高素质人才队伍推动行业高质量发展事业再上新台阶。

3）从项目层面看

（1）投资决策综合性咨询有助于强化投资决策的统领作用

515 号文提出投资决策环节在项目建设程序中具有统领作用，对项目顺利实施、有效控制和高效利用投资至关重要。针对项目决策和建设实施两个阶段，重点培育发展投资决策综合性咨询和工程建设全过程咨询，为推进全过程工程咨询指明了发展方向和实施路径。其中，投资决策综合性咨询是非常重要的一步，通过综合咨询，为科学决策提供更加全面的支撑，从而强化了投资决策在整个项目实施过程中的统领作用。

（2）投资决策综合性咨询有助于降低项目风险

在投资项目全生命周期的风险管控中，项目前期阶段对于规避项目投资风险极为重要。为实现负责任的投资，投资决策综合性咨询在项目前期为投资方提供综合性、一体化、便利化的咨询服务，包括投资策划咨询、可行性研究、建设条件单项咨询等活动，根据项目投资的战略规划背景和工程目标定位，明确项目产出要求，识别并评价项目实施可能面临的各种风险，研究制定规避项目风险的应对措施方案，为项目投资科学决策提供专业依据，为项目投资风险管控提供依据。

51. 投资决策环节采用投资决策综合性咨询具有哪些优势？ ————

投资决策环节采用投资决策综合性咨询，进一步丰富了投资咨询的前瞻性、领导性、多元性内涵，符合国家推进全过程工程咨询服务的行业趋势。与以往委托多家单位开展各项咨询服务模式相比，投资决策综合性咨询将项目策划咨询、可行性研究咨询、建设条件咨询进行统筹，委托一家单位或联合体单位，共同开展投资决策综合咨询服务。此模式具有以下优势：

1）简化招标投标和投资审批程序，缩短项目前期咨询和落地时间

招标投标阶段若采用传统咨询模式，需进行多个咨询类型的招标，各个咨询类型需分别完成从招标备案到确定中标人的流程。若采用投资决策综合性咨询模式，只需一次招标确定综合性咨询服务单位，改变了此前分段式、碎片化的招标模式，有利于缩短招标时间，大大降低了工作复杂程度，加速了项目落地。

传统咨询模式下，项目各专业咨询服务模块、专项评估等环节往往呈现碎片化，各个模块之间不能进行有效关联，极易导致咨询服务工作的重复。而在投资决策综合性咨询模式下，各专业技术咨询服务模块之间紧密关联、统筹安排，一家综合性咨询服务机构以项目为单位集成管理，有利于减少管理界面、提高管理效率、缩短实施周期。

随着"放管服"改革力度持续加大，政府积极简政放权，放宽市场准入条件，提高服务效能。《国务院办公厅关于进一步优化营商环境更好服务市场主体的实施意见》（国办发〔2020〕24 号，以下简称"24 号文"）提出，优化再造投资项目前期审批流程，从办成项目前期"一件事"出发，加强项目立项与用地、规划等建设条件衔接。目前投资决策综合性咨询在国内已经越来越成熟，对于很多企业来说，更加省时省力地完成项目规划、项目立项以及材料审核是当前工程项目咨询的一大趋势。鼓励项目单位采用投资决策综合性咨询，减少分散专项评价评估，避免可行性研究论证碎片化。建立并联审批、联合审批机制，提高审批效率，并通过运用综合性咨询成果、审查一套综合性申报材料，提高并联审批、联合审批的操作性。从国家相继发布的文件政策来看，简化审批程序、减少前置条件、减少项目落地时间是趋势，投资决策综合性咨询的实施必然成为我国工程咨询行业的重要发展方向。

2）发展综合性咨询模式，能够节省项目咨询服务的采购和管理成本

对于建设单位：若采用投资决策综合性咨询模式，只需一次招标确定综合

性咨询服务单位，改变了此前分段式、碎片化的招标模式，大大降低工作复杂程度，减少招标管理成本。同时，能够发挥集中采购的优势，由于综合性咨询单位管理成本的降低，项目的综合性咨询服务采购费用一般要低于分项采购总成本，因此综合性咨询模式能够节省建设单位的采购和管理成本。

对于综合性咨询单位：传统咨询模式下，项目各专业咨询服务模块、专项评估等环节往往呈现碎片化，各个模块之间不能进行有效关联，极易导致咨询服务工作的重复而增加成本、加大管理难度。而在投资决策综合性咨询模式下，一家综合性咨询服务机构以项目为单位集成管理，有利于构建合理的、满足项目需求的管理体系，有利于减少管理界面、提高管理效率、降低管理成本。

3）增强投资决策成果的专业协调性，提高投资决策的质量和效益

一方面，随着各类咨询行业准入资质的不断取消，必然形成需要由一家咨询机构提供综合决策服务的方式，发展改革部门的项目建议书、可行性研究、节能审查等，环保部门的地质灾害危险评估、项目用地压覆矿产资源评估、环境影响评价等可以压缩至一家咨询机构总包，改变以往单一咨询论证、碎片化服务方式。例如，可行性研究报告中的节水评估和环境影响评价可以由给水排水专业人员和环境专业人员同时介入提出要求，能够增强投资决策咨询过程中各专业的协调作用，提高投资决策成果的质量水平。因此，采用投资决策综合性咨询服务有助于项目的落地进程，强化论证各评估环节的逻辑关系，提升投资决策科学水平，推进全过程工程咨询服务，发挥投资决策环节在项目建设程序中的统领作用。

另一方面，现有经济社会发展的影响要素愈加复杂，决策部门已经很难仅凭传统的可行性研究报告做出客观决策，投资决策综合性咨询的内容得到进一步扩展。尤其是以生态环保、高效用地、政府财政能力、投融资路径、补助资金申请、政企合作模式等为代表的一系列决策难点不断在项目中涌现，兼之合法合规、跨部门融合等问题，在实际操作中产生了大量的咨询需求。除上述提到的需经主管部门审批的事项外，政策研究、市场机会调查、区域的财政能力评估、投资模式的研究与选择、区域产业导入与项目匹配策划、科技情报整体咨询等也出现在各类型项目的前期论证中，涵盖的要素更加宽广。并且这类问题环环相扣，领域跨度极大，所涉及的专业包括城市规划、建筑、市政交通、工程经济、社会学、投融资、金融学、心理学等一系列学科，不断推高综合咨询的难度。因此创新工程咨询组织模式，推动投资决策综合性咨询平台型机构建设，提高工程咨询

服务集成度和"一站式"服务能力，成为工程咨询行业新的增长点。组建投资决策综合性咨询平台型机构的目的，在于更好实现投资建设意图。采用投资决策综合性咨询，强化咨询服务，有助于降低管理成本，最大限度整合专业化、精准化优质资源，快速应对外部环境，全面提高投资效益。

4）科学规范开展综合性咨询各项工作，有利于风险分担和风险转移

鉴于投资决策综合性咨询服务实际上涵盖了技术、经济、管理以及法律等多方面内容，对综合性咨询单位的服务水平提出了相当高的要求。投资决策阶段涉及法律法规、政策规定等内容，体量较大、项目类别较繁杂、专业性要求较高。综合性咨询单位应切实履行委托合同约定的各项义务，并对咨询质量负总责任，其中主持该咨询业务的人员对咨询成果文件质量负主要直接责任，参与人员对其编写的篇章内容负责，工程咨询实行咨询成果质量终身负责制。

一方面，投资决策阶段采用综合性咨询模式，由综合性咨询单位对服务成果承担总体责任，各市场合作机构和专业服务机构能够转移部分风险，降低合规性风险；另一方面，综合性咨询团队专业人员齐全，能够发挥专业协调性，保证可行性研究成果的真实性、有效性和科学性，降低综合性咨询工作的民事和行政法律风险。尤其是团队中的建设工程领域专业法律服务人员介入，能够全程协助咨询单位在合法、合规的框架下科学、规范地开展投资决策阶段的各项工作，有利于建设项目的成功开发实施。

案例：某国际教育创新试验区实施"五位一体"项目建设新模式

某国际教育创新试验区项目建设实行一体化国际招标，招标内容包括试验区城市设计方案（整体概念规划与城市设计、近期重要建筑概念方案），城市设计方案深化（控制性详细规划、城市设计、重要建筑构思），修建性详细规划（按开发分期计划编制），政府投资项目的工程可行性研究报告编制、工程勘察、工程设计（方案设计、初步设计及概算、施工图设计）等。因此，项目只需一次招标确定一家综合性咨询服务单位或者联合体，有利于对项目各子项工程和各阶段咨询统筹把握，大大降低了工作复杂程度，节省项目成本，加速项目落地，为后续开工建设及运营争取宝贵时间。

一般来说，需要5年时间才能完成试验区项目一期的建设，但为了加快项目建设速度，园区采取超常规举措，创新实施规划、课题、勘察、咨询、设计"五位一体"的项目建设工作新模式。

因园区单体项目投资较大，所以都需要通过公开招标方式确定服务单位。传

统模式下，每个服务采购经历领导决策、制定标书、发布公告、评标定标、签订合同等过程，一般要耗时两个月以上。如果每个环节都进行一次招标投标，整个一期项目单是前期工作就得花费一年半到两年时间。于是，试验区把规划、课题、勘察、咨询、设计的服务采购集中起来，一次性通过公开招标确定具有相应资质的联合体作为服务机构，节约了大量时间和资金。

此外，"五位一体"工作模式将规划编制、可行性研究、设计咨询等各项前期工作由串联开展转变为并联开展。这也改变了传统上位成果指挥下位成果的单向工作方式，实现了宏观和微观、上位和下位、规划和实施、整体和个体之间相互指导、相互补充及紧密衔接。在"五位一体"工作模式下，中标联合体中的不同团队始终保持互动探讨和密切配合，联合体各团队之间、职能部门与联合体之间、职能部门与职能部门之间同步并联开展工作，多向互动，及时对工作成果进行补充、协调、沟通、完善，提高了工作的准确性，也降低项目实施过程中的风险。

52. 为什么可行性研究是投资决策综合性咨询的核心？ ——————

可行性研究是通过对项目的建设内容和开展条件（如市场需求、资源供应、建设规模、工艺路线、设备选型、环境影响、资金筹措、盈利能力等），从技术、经济、工程等方面进行调查研究和分析比较，并对项目建成以后可能取得的财务、经济效益及社会环境影响进行预测，最终综合评估项目投资价值的一种系统的分析方法；为投资决策提供科学依据，从而保证所投资项目在技术上先进可靠，经济上合理有利，操作上合法可行。

1）可行性研究在投资决策综合性咨询过程中处于重要位置

改革开放后，国务院和国家有关部委先后发布一系列法规，确立了可行性研究工作在我国投资领域的地位和作用，把可行性研究作为投资前期工作中的重要一环。李开孟曾提出"负责任大国需要负责任的投资，'负责任的投资'需要高质量的可行性研究"。如果投资项目可行性研究的质量不高，前期工作不扎实，必然导致各项后续工作缺乏专业依据，后续行动计划缺乏基本遵循，必将出现不负责任的项目投资，并对项目全生命周期各环节的运作活动产生持续性的负面影响。实现负责任投资，关键必须从高质量的工程技术经济可行性研究进行切入。时代的发展和大国的担当需要我们将可行性研究放在投资决策综合性咨询的核心位置，为项目投资科学决策提供专业依据，为项目投资风险管控提供依据，为实现"负责任的投资"提供基本遵循和行动指南。

可行性研究在立项审批、融资决策等方面，是政府投资项目的法定程序，发挥着重要作用。按照《国务院关于投资体制改革的决定》精神，凡是政府投资项目和使用国债资金项目，必须严格按照项目建议书、项目可行性研究报告、初步设计、招标投标方案及竣工验收等环节，认真履行各项报批手续。并且进一步明确了可行性研究在政府投资项目实行审批制中的把关作用，强调可行性研究的深度必须满足要求。

可行性研究的成果是可行性研究报告，它是投资决策综合性咨询的重要依据性文件，是确定建设项目、编制设计文件的重要依据。所有基本建设项目都要在可行性研究通过的基础上，选择经济效益最好的方案编制可行性研究报告。综上，可行性研究的作用主要体现在以下几个方面：是投资决策的依据；是筹措资金和申请贷款的依据；是编制初步设计文件的依据；有优化建设方案的作用；有落实建设条件的作用；项目决策过程中，伴随着一些专项审批项，如能源技术评价、社会稳定风险分析等，这些专项审批需要以可行性研究报告作为基础资料和提供数据来源。

2）可行性研究涵盖的内容范围广泛

投资项目的可行性研究工作，在需求调查和专业预测的基础上，根据项目投资的战略规划背景和工程目标定位，明确项目产出要求，进行工程技术、投资融资、建设实施、运营管理等方案策划研究，开展工程技术经济可行性研究，识别并评价项目实施可能面临的各种风险，研究制定规避项目风险的应对措施方案，得出项目是否可行的研究结论，为项目投资科学决策提供专业依据，为项目投资风险管控提供依据，为实现"负责任的投资"提供基本遵循和行动指南。

按照需求可靠性、工程可行性、运营有效性、财务合理性、影响持续性和风险可控性六大维度的目标要求，对各个维度需要进行研究的内容梳理出结构化模块要求，通过各模块研究内容及深度的界定，尽可能穷尽各维度的研究内容：

需求方案的研究模块，主要包括：战略规划需求研究；区域发展需求研究；行业发展需求研究；企业战略需求研究；项目市场需求研究；项目社会需求研究；项目产出方案界定。

建设方案的研究模块，主要包括：项目选址方案研究；土地利用方案研究；征地安置方案研究；项目技术方案研究；项目设备方案研究；项目工程方案研究；资源开发方案研究；实施进度方案研究；项目招标方案研究；施工组织方案研究；竣工验收方案研究。

运营方案的研究模块，主要包括：运营机构方案研究；商业模式方案研究；生产保障方案研究；运营服务方案研究；安全保障方案研究；人力资源配置方案研究；工程移交及退役方案研究；运营绩效管理方案研究。

财务方案的研究模块，主要包括：投资需求方案研究；项目融资方案研究；资金平衡方案研究；收入和成本方案研究；财务盈利能力研究；债务清偿能力研究；财务持续能力研究；物有所值评价研究；财政承受能力研究。

影响效果评价的研究模块，主要包括：资源节约及综合利用评价；项目节能效果评价；环境及生态影响评价；碳排放影响评价；经济费用效益评价；经济费用效果评价；区域经济和产业经济影响评价；宏观经济影响评价；社会影响评价；项目责任投资（ESG）效果评价。

风险及管控方案的研究模块，主要包括：项目需求风险及管控方案；项目建设风险及管控方案；项目运营风险及管控方案；项目财务风险及管控方案；项目经济风险及管控方案；项目生态环境风险及管控方案；资源开发利用风险及管控方案；项目社会影响风险及管控方案；重大项目社会稳定风险及管控方案；项目重大风险管控及应急预案。

3）可行性研究对项目全生命周期具有持续性的影响

可行性研究不仅应对历史、现状资料进行研究和分析，更重要的是应对未来的市场需求、投资效益或效果进行预测和估算，使其在符合相关法律法规和政策的基础上，重视生态文明、环境保护和安全生产，使项目具有可持续性发展的生命力。

可行性研究内容和深度必须满足投资方"定方案""定项目"的要求决定了可行性研究在投资决策综合性咨询的核心地位。它是在调查的基础上，通过市场分析、技术分析、财务分析和国民经济分析，对各种投资项目的技术可行性与经济合理性进行的综合评价。通过分析论述影响项目落地、实施、运营的各项因素的活动，来支撑投资方内部决策。它更加注重提升咨询服务价值，更加强调研究的客观性、科学性、严肃性，在既定的范围内进行方案论证的选择，以便最合理地利用资源，达到预定的社会效益和经济效益。

515号文重点强调了"以投资决策综合性咨询促进投资决策科学化"。而可行性研究是投资决策综合性咨询的核心和关键，是投资前期工作的重要内容，可行性研究论证的充分性和综合性直接决定了该建设项目的落地性。发挥可行性研究促进科学决策和项目周期全过程资源优化配置的专业工具作用，从而提升可行性研究的价值增值作用。

同时，项目可行性研究报告也是项目立项阶段最重要的核心文件，可行性研究报告具有相当大的信息量和工作量，是项目决策的主要依据。它既是项目工作的起点，也是以后项目全生命周期一系列工作的基础，在各级发展改革部门和其他经济管理部门审批和报批项目的过程中，可行性研究报告是最重要的一个环节，也是项目成败的关键，是保证拟建项目用最小的投资换取最佳经济效果的科学方法。

53. 投资决策综合性咨询的服务方式？

515号文指出，要规范投资决策综合性咨询服务方式。投资决策综合性咨询服务可由工程咨询单位采取市场合作、委托专业服务等方式牵头提供，或由其会同具备相应资格的服务机构联合提供。牵头提供投资决策综合性咨询服务的机构，根据与委托方合同约定对服务成果承担总体责任；联合提供投资决策综合性咨询服务的，各合作方承担相应责任。鼓励纳入有关行业自律管理体系的工程咨询单位发挥投资机会研究、项目可行性研究等特长，开展综合性咨询服务。投资决策综合性咨询应当充分发挥咨询工程师（投资）的作用，鼓励其作为综合性咨询项目负责人，提高统筹服务水平（图4-8）。

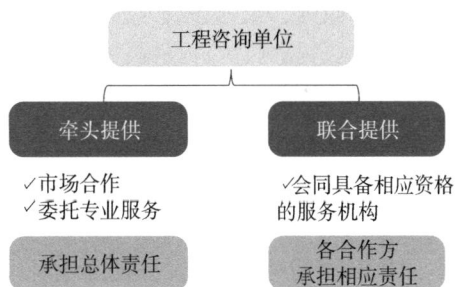

图4-8 投资决策综合性咨询的服务方式

案例1：牵头提供服务模式

某公路项目，甲方委托某工程咨询单位提供综合性咨询服务，工作内容包括编制可行性研究报告、投资平衡专题报告及其他专项咨询。该工程咨询单位进行可行性研究报告的编制，并将选址论证、环境影响评价、节能评估、水土保持方案、社会风险评估等专项咨询内容形成专门篇章纳入可行性研究报告。此外，委托投融资专业人员编制投资平衡专题报告，为甲方提供项目投融资模式分析和投资平衡分析的相关服务，该工程咨询单位对服务成果承担总体责任。

案例2：联合提供服务模式

某教育园区项目，采用一体化模式征集招标，综合性咨询工作内容包括园区内建筑、市政、景观等各类项目的可行性研究报告编制、园区整体交通和环境承载力评估等，要求申请人联合体具备工程咨询单位甲级资信证书（建筑、市政公用工程、生态建设和环境工程）及以上。联合体的各成员应当共同推举一个联合体牵头人，由联合体各成员单位共同签署一份授权书，授权其代表联合体的所有成员承担应征项目的责任和接受指令。

54. 哪些项目适合采用投资决策综合性咨询？

1）政府投资项目——优先开展投资决策综合性咨询

515号文中提到"政府投资项目要优先采取综合性咨询服务方式""要充分发挥政府投资项目和国有企业投资项目的示范引领作用，引导一批有影响力、有示范作用的政府投资项目和国有企业投资项目带头推行工程建设全过程咨询。鼓励民间投资项目的建设单位根据项目规模和特点，本着信誉可靠、综合能力和效率优先的原则，依法选择优秀团队实施工程建设全过程咨询"。由此可见，从国家层面看，要求政府投资项目带头推行全过程工程咨询服务，鼓励非政府投资工程、房屋建筑、市政基础设施等工程建设项目采用。推动投资决策综合性咨询的目的是促进投资决策科学化，统筹考虑影响项目可行性的各种因素，减少分散专项评价评估，避免可行性研究论证碎片化，增强决策论证的协调性。特别要增强政府投资项目决策科学性，提高政府投资效益。

因此，政府投资项目要优先开展综合性咨询。目前政府投资领域，特点是投资规模大、体量大、技术复杂、审查机构多、建设周期长、社会环境影响大等，前期决策涵盖的要素较为宽广，但现阶段我国政府前期投资决策理论体系不够完善、实践性不足，并且存在"先决策、后咨询"等现象，前期决策重视性不足可能导致重复投资或者效益低下。2019年7月，我国政策投资领域开始实行的首部行政法规《政府投资条例》（国务院令第712号），对政府投资项目前期工作进一步进行了规范与约束，让政府投资行为更深入迈进法治轨道，对于投资决策效率和科学层面的关注都提到了更加显著的地位。随着国家不断加大简政放权力度，大量审批环节将被合并或删减，项目管理流程得到优化。政府投资项目牵头，民间投资项目紧跟步伐，将充分发挥投资决策综合性咨询在促进投资高质量发展和投资审批制度改革中的支撑作用。

2）复杂程度高的项目——需要采用投资决策综合性咨询

从项目管理的角度来讲，时间紧、任务重、投资大、综合复杂程度高的项目均适合采用投资决策综合性咨询，如国有投资项目、PPP项目、片区开发项目等类型的项目（图4-9）。通过推行投资决策综合性咨询，就市场、技术、经济、生态环境、能源、资源、安全等影响可行性的要素，结合国家、地区、行业发展规划及相关重大专项建设规划、产业政策、技术标准及相关审批要求进行分析研究和论证，交由一家具有综合能力的单位考虑和完成，解决专业相互独立、分司各职、碎片化明显的问题，不再从专业角度保证项目，而是用全局视角服务项目，以一个有机整体统一服务于工程建设项目，以便能够对项目进行整体统筹，提高建设效率，节约建设资金。决策阶段咨询服务将以解决实际为导向，提供多样化的打包咨询服务，除上述需经审批的事项外，政策研究、市场机会调查、投资控制、财务分析等内容也出现在各类型项目的前期论证中，能够保证项目需求完整性地实现，最终目的是减少项目落地时间。

图4-9　投资决策综合性咨询使用的项目类型

案例： 某轨道交通线地铁站三线换乘通道工程，拟建设三条地铁线地下换乘通道，涉及三个地铁车站连接处的改造工程。项目位于繁华的城市中心区，周边居民和商户聚集，人流量非常大。项目工期紧、任务重、工程难度系数很高，每一步都需要进行细致的组织和安排。

为推进工程的高效开展，建设单位决定对该项目采用投资决策综合性咨询，委托同一家单位对项目各工程统筹把握，开展环境影响评价、社会稳定风险评价、节能评价、地震安全性评价、防汛论证、交通客流预测、可行性研究等一体化专业咨询服务，大大降低了工程的复杂化程度，为投资方科学决策提供依据，有效推进项目落地实施。

3）决策困难的项目——建议采用投资决策综合性咨询

从项目投资决策难易程度的角度来讲，建议决策困难的项目采用投资决策综合性咨询。部分专业能力欠缺的投资主体，信息获取弱势、与第三方协调沟通不完全、分析研究能力没有专业团队强。有时股东、管理层和使用者追求的目标不一致，导致各方侧重点的不同，造成对项目判断不足、决策困难，这时候需要第三方机构，站在专业、客观的立场上为企业的战略决策提供指导作用。投资决策综合性咨询，可为此类决策困难的投资项目提供全面系统、实操性强的一站式统筹打包综合性服务，包括可行性综合咨询、审批流程的打包综合咨询、非标准类综合咨询等，能够进一步增加项目建设前期论证的严谨性与客观性，对投资主体所制定的目标和计划提出科学合理的意见和建议，帮助其尽早纠正偏差，最大化提升项目决策的可行性和有效性。

55. 投资决策综合性咨询对审批制度改革的促进作用？

515号文发布以后，投资项目决策环节被重点突出，其优势的发挥，是建立在科学合理的工程建设项目审批制度之上的。推进全过程工程咨询业务深入开展，需要创新投资审批流程。

1）建立并联审批、联合审批机制

515号文中指出"各审批部门应当加强审查要求和标准的协调，避免对相同事项的管理要求相冲突。……各地要建立并联审批、联合审批机制，提高审批效率，并通过运用综合性咨询成果、审查一套综合性申报材料，提高并联审批、联合审批的操作性"。以上规定主要是针对目前审批烦琐、流程环节多、审查流于形式、审查时间进度长的现状提出的，从国家相继发布的文件政策来看，简化审批程序、减少前置条件、减少项目落地时间是趋势。

投资决策综合性咨询的优势主要体现在咨询服务的协调性、集约性，这就要求审批流程的高度集中和统一，对投资项目审批流程进行优化创新，减少大量内容大同小异的重复审批，精简审批事项和条件，取消不合法、不合理、不必要的审批事项，减少保留事项的前置条件。尤其建议建立"一审一批复"制度综合报告一次审批，对国家法律法规和产业政策、行政审批中要求的专项评价评估，可一并纳入可行性研究统筹论证，整合可行性研究各专题审批部门形成联审组，对可行性研究综合报告进行"一次审批"，并联合出具"一份批复"，实现"一本报告，并联审批"的操作性。各审批部门应当加强审查要求和标准的协调，避免对相同事项的管理要求相冲突。对于核准及备案类项目，建议精简投资项目准入阶段的服务事项，将项目核准纳入招引、建设、监管等全过程串联式闭环管理。项目落地周期将大幅度缩短，全面提升区域内经济发展的综合效率。

2）打造项目审批平台，实现多网合一、统一管理

另外，根据"一次性报批"的目标，建议同时布局和健全项目信息管理机制，打造"互联网＋政务"信息平台，整合横、纵向审批管理业务模块，消除部门间审批信息孤岛，实现多网合一、统一管理。基于公共数据平台，构建投资项目数据库，整合、共享项目前期各类数据。各协同部门通过"一网通"数据接口获取相关数据，建立协同各部门的政府投资项目监管平台，在此基础上，完善在线管理机制，实现部门、项目、机构等方面的协同管理。依托业务协同平台，优化建设项目的前期生成流程及后续审批流程，进一步清理审批项目、简化审批环节、压缩审批时限、优化审批流程、规范审批行为，推进审批体制改革和机制创新。

以上投资审批流程的创新，契合国家审批制度改革和投融资体制改革创新导向，可推动全过程咨询服务科学发展。

案例：海南实行重点项目并联审批，加快项目审批速度，加快项目落地。《海南省人民政府办公厅关于印发海南省重点项目并联审批实施方案的通知》（琼府办〔2012〕162号）提出简化审批程序，列入省重点建设或者预备重点的政府投资项目，可依据省发展改革委印发的省重点项目规划或者投资计划文件办理规划选址、用地预审、环境影响评价、节能审查等相关手续，直接审批可行性研究报告，不再审批项目建议书；实行并联审批，项目业主分阶段同步开展前期工

作，一次性申报各审批事项，各审批部门分阶段同步完成审批事项，形成业主前期工作并联、部门间审批事项并联、审批事项与前期工作并联的"三并联"审批机制。

56. 投资决策综合性咨询需要配备哪些专业人员？是否必须驻场？——

投资决策综合性咨询统筹考虑包括规划、市场、技术、经济、生态环境、能源、资源、安全等在内的影响项目可行性的各种因素，并包含环境影响评价、社会稳定风险评估、节能评估、水土保持咨询、防洪评价、交通影响评价、安全评价等各项专项评价评估内容。因此，投资决策综合性咨询涉及面广，应组建跨（多）专业的团队，由具有丰富项目经验的管理、技术、经济、法律方面相关专业人员组成，具体包括土地管理、工程管理、产业策划、城市规划、交通工程、建筑工程、土木工程、市政工程、景观工程、水利工程、环境工程、机电工程、造价工程、金融专业、财务/会计、律师、法务等专业人员，如图4-10所示。

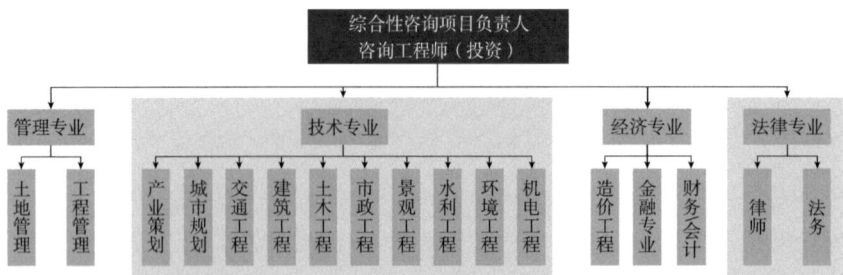

图4-10　投资决策综合性咨询项目组织结构示意图

具体项目团队应根据项目类型、项目规模、服务内容来选择相关专业人员进行组建。例如，投资策划咨询业务的团队应包括产业策划、城市规划、交通工程、造价、财务等专业人员；PPP咨询业务的团队应包括工程管理、造价、财务、律师等专业人员。各专业负责人应具有本专业执业资格，具备同类项目经验，为项目提供专业技术支撑，保证项目团队的全专业协同能力和一体化咨询服务能力。

关于专业团队的驻场问题，由于投资决策综合性咨询主要涉及的内容处于项目较前期发展阶段，主要目的是进行初步调查研究和分析预测，同时协助投资方按规定完成投资决策阶段各项审批、核准或备案事项，因此，投资决策咨询人员并不一定必须要全程驻场，可以根据项目各阶段的工作需要采取不同的服务组合模式。例如，前期调研、方案沟通、审批汇报等主要环节需要进行实地考察和现场服务，其他环节服务可鼓励多种方式的线上沟通、远程沟通，从而最大程度优化工作效率、保证服务质量。

57. 投资决策综合性咨询的项目负责人需满足什么要求？

515 号文对工程建设全过程咨询项目负责人的资格提出较高要求：投资决策综合性咨询应当充分发挥咨询工程师（投资）的作用，鼓励其作为综合性咨询项目负责人，提高统筹服务水平。

中国工程咨询协会在制定《关于加快推进咨询业高质量发展的指导意见》时，贯彻落实习近平总书记关于人才工作重要讲话精神，明确提出"工程咨询单位应树立'人才强咨'观念，重视人才发展规划，营造识才、爱才、敬才、用才的环境，持续深化人才发展体制机制，加快培养一批综合型、高水平、国际化的战略型咨询人才，全方位培育、引进和用好各类专业人才"。

投资决策综合性咨询的项目负责人是业务团队的中坚核心力量，需要具备三大能力：一是建立在扎实业务基础上的跨领域专业能力。未来综合咨询将不断延展，所涉及的专业、维度不断丰富，对于负责人来说，快速吸纳以及融会贯通是必备条件。二是良好的沟通协调能力。采用综合咨询的项目多数是大投资、大体量项目，组内成员人数较多、专业丰富，负责人还需负责咨询成果间的协调与权衡，与各个板块形成紧密互动，甚至延伸至后端的建设实施阶段。三是综合型、高水平、国际化的战略型咨询能力。随着工程建设国际化的发展，对于负责人来说，需适应国际环境，不断提升自己的分析能力、管理能力、组织能力、领导能力，培养成为在多语言环境下工作的国际化战略型人才。

1）建立在扎实的业务基础上的跨领域专业能力

对于项目负责人来说，掌握专业知识是提升专业化服务能力的基础和保障，应取得投资决策、工程建设类注册执业资格且具有工程类或工程经济类高级职称，并具有类似工程经验。一方面，项目负责人需要有扎实的专业理论知识基础，认真专注地学习和更新专业知识，学深学透各自工作领域所需的业务知识，打牢专业知识的基础，弥补知识空白和经验盲区。另一方面，专业知识体系又是动态发展的，需要不断进行更新，需要项目负责人有开放的心态，主动接受新事物、乐于学习新事物、善于探索新事物。不断地更新自己的思维体系，不断提高自己的专业素养。

同时，还需具有向相关领域迁移的能力，专业能力不等同于"专一能力"，而是"通才＋专才"的有机结合。未来综合咨询将不断延展，所涉及的专业、维度不断丰富，投资决策综合性咨询的项目负责人需要有更广阔的视野，能够快速吸纳新鲜事物，提高自身的思维逻辑，将其与现有逻辑体系融会贯通。

另外，项目负责人本身是经验丰富的，而思考如何将做过的项目转化为未来项目的经验，更有利于我们能力的提升。在我们工作的过程中，不能一直忙着响应各种需求，要时刻注意对所做过的项目进行总结。总结项目实施过程中遇到的各种问题、解决方案、优化策略等，以此来不断地提升规划能力，优化需求实施方案以及增加对各种意外情况的应对策略。

2）具备良好的沟通协调能力

项目负责人是综合咨询项目各种需求的集中交汇点，采用综合咨询的项目多数是投资大、规模大、技术复杂的项目，组内成员人数较多、专业丰富，这就要求项目负责人具备优秀的沟通、协调和谈判能力，统筹协调、指导项目团队中各专业技术管理人员工作，对外协调与项目有关单位；负责建设单位委托的投资决策综合性咨询或工程建设全过程咨询项目策划，结合项目需求提出解决方案，并制定任务目标、计划、流程，同时对项目的进度、投资、质量进行控制。项目负责人需要能够调动起团队的集体智慧，在不同的阶段，协调不同的人、不同的资源投入到项目中，发挥他们各自的长处，并且推动整个计划顺利进行。

在投资决策综合性咨询过程中，各单位有不同的任务、目标和利益，他们都企图指导、干预项目实施过程。项目中组织利益的冲突相对更为激烈和不可调和，而项目负责人必须使各方协调一致、齐心协力地工作，积极引导各方发挥作用，同时注重全局和方案实施的可行性。负责人需要引导建立完善、实用的项目管理系统；需要引导各方明确各自的工作职责，明确规定项目中正式沟通方式、渠道和时间，使大家按程序、按规则办事，从而与各个板块形成紧密互动。

3）培养综合型、高水平、国际化的战略型咨询能力

现阶段，我国工程建设取得了显著成就，国家建设项目施工水平在世界范围内处于前列位置。由于"一带一路"工作的逐步开展，我国经济日益融入全球资本市场。随着国家政策的陆续出台，投资决策综合性咨询的发展路径将更加清晰，政府方应积极营造吸引、培养、留住人才的良好氛围。一方面应加强全过程

工程咨询专业人才队伍建设。全过程工程咨询单位要高度重视投资决策综合性咨询的项目负责人及相关专业人才的培养，加强技术、经济、管理、法律及信息化等方面的理论知识培训，培养一批符合服务需求且具有项目前期投资咨询、工程勘察设计、工程建设、工程管理能力的综合型人才，为开展全过程工程咨询业务提供人才支撑。另一方面应鼓励全过程工程咨询单位与国内外著名的工程顾问公司开展多种形式的合作，提升咨询单位的国际竞争力。有关行业社团组织应当积极开展全过程工程咨询业务培训，大力培养投资决策综合性咨询的项目负责人及专业人才，提升单位和从业人员业务水平。另外，培养适应国际环境，并拥有一定的分析能力、管理能力、组织能力、领导能力和在多语言环境下工作能力的国际化综合型人才，是未来对综合型的战略型咨询人才的选择趋势。

工程公司是咨询服务业和建筑业的跨界结合的业态，优质的人力资源是国际市场开发的关键要素。人才培养是中国达成推进国际化战略的第一要务，将"国际化人才优先发展"作为公司发展的一项重要战略来抓。项目实施全过程工程咨询后，会吸引更多的国际著名的顾问公司或者咨询公司进入到国内的咨询市场，这无疑对投资决策综合性咨询的项目负责人提出了更高的要求。投资决策综合性咨询的项目负责人也需要在今后的职业生涯中不断地提升自己的专业能力，努力获取具有国际认可的相应执业资格来承担相应的咨询业务，例如英国土木工程师、皇家建造师、IPMP-A级项目经理等，从而增加行业人员准入宽度。

58. 承担项目的投资决策综合性咨询的企业，能否继续参与工程建设全过程咨询服务？

承担项目的投资决策综合性咨询的企业，可以继续参与工程建设全过程咨询服务。投资决策综合性咨询和工程建设全过程咨询为项目投资全过程中两个阶段的咨询内容，分别处于项目决策和建设实施阶段。投资决策综合性咨询主要针对投资决策环节的投资策划咨询、可行性研究咨询、建设条件咨询等内容；工程建设全过程咨询则针对工程建设环节中涵盖招标代理、勘察、设计、监理、造价、项目管理等在内的全过程咨询服务（图4-11）。

在住房和城乡建设部发布的《房屋建筑和市政基础设施建设项目全过程工程咨询服务技术标准（征求意见稿）》中鼓励工程咨询单位从投资决策综合性咨询向工程建设全过程咨询发展，并鼓励建设实施阶段的全过程工程咨询方在投资决

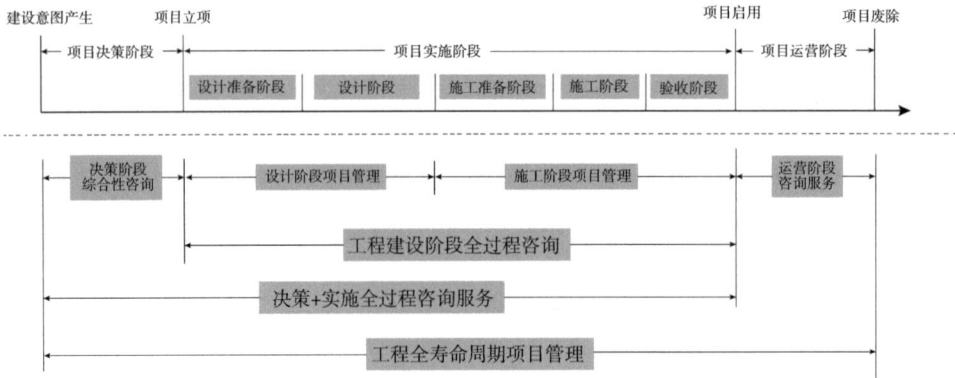

图 4-11 工程全寿命周期项目管理阶段图

策阶段提前介入，提出："投资咨询单位不仅可提供投资决策综合性咨询，如果具有与工程建设全过程咨询相适应的资质和能力，也可提供工程建设全过程咨询。类似地，对于提供工程建设全过程咨询的单位，如果符合有关行业自律管理体系要求，也可开展投资决策综合性咨询服务。"因此，承担项目的投资决策综合性咨询的企业，可以继续参与工程建设全过程咨询服务。

59. 承担项目投资决策综合性咨询企业参与工程建设全过程有哪些限制？

随着市场经济的深入发展，投资项目的决策机制逐步完善，投资决策环节在项目建设程序中具有统领作用，对项目顺利实施、有效控制和高效利用投资至关重要。为项目提供投资决策综合性咨询的企业，可更早介入项目谋划，统筹考虑项目的可行性及必要性、投资规模、建设模式、投资建设风险、最终效益等内容，对项目的理解比其他未参与项目决策咨询的企业更为深入，如果具备工程建设阶段的统筹管理能力，将能进一步满足建设单位的一体化服务需求，减少管理过程中的沟通协调环节，增强工程建设过程的协同性，提高建设效率。

在目前咨询行业市场中，由于长期的体制机制要求，同时具备投资决策综合性咨询能力和工程建设全过程咨询能力的企业较少。从事投资决策综合性咨询的企业很多是各地发展改革部门下属的咨询企业（或前身是体制内的企业）、专业从事前期咨询的企业、部分设计企业等，这类企业长期专业从事决策阶段的咨询业务，但在工程建设阶段对项目的管理能力有所差异。对于建设单位，可根据以下不同情况选择合适的咨询企业（表 4-2）。

不同委托模式选择工程建设全过程咨询企业的方法　　　　表 4-2

序号	承接投资决策综合性咨询的咨询企业能力	可选择的委托模式	委托方法
1	具有工程建设阶段中所需的全部资质资格、专业技术管理人员、丰富的类似业绩经验、全过程统筹管理能力	由一家企业同时承接投资决策综合性咨询和工程建设全过程咨询，负责全部咨询服务	可采用全过程工程咨询模式招标，服务内容可包含投资决策综合性咨询（项目策划规划咨询、项目建议书、可行性研究、各类评估咨询等）、工程建设全过程咨询（勘察、设计、全过程项目管理、造价咨询、招标代理、工程监理、其他专项咨询等）；也可以先进行投资决策综合性咨询招标，再进行工程建设全过程咨询招标，承接投资决策综合性咨询的企业可参与后续的竞标工作
2	具有工程建设阶段中所需的部分资质资格和专业技术管理人员及业绩，但不能完全覆盖服务范围和需求，拥有较强的全过程统筹管理能力	（1）由承接投资决策综合性咨询的企业牵头，联合一家或多家专业化咨询企业组成联合体参与竞标洽谈； （2）由承接投资决策综合性咨询的企业通过竞标洽谈，负责工程建设全过程咨询的总体统筹管理，在实施过程中将部分专业化咨询工作转委托给其他咨询企业	在工程建设全过程咨询服务的招标阶段，根据项目的咨询服务内容和要求，采用可允许联合体方式投标，或说明可分包的咨询服务，并在合同中明确相关的职责义务、违约责任等条款，在前期相关资料成果公开的前提下，允许承接投资决策综合性咨询的企业和其他咨询企业一同竞标
3	不具备工程建设阶段中所需的资质资格、专业技术管理人员、类似业绩经验，缺少全过程统筹管理能力	选择合适的工程建设全过程咨询服务企业	针对工程建设全过程咨询的服务内容和要求，制定招标文件，规定所需资质资格条件、拟派人员数量和要求、企业业绩和获奖情况、服务方案的内容和要求等，选择合适的工程建设全过程咨询服务企业

60. 如何保障投资决策综合性咨询成果在工程建设全过程咨询服务中的延续性和稳定性？

为保障投资决策咨询服务的延续性和稳定性，应遵循项目周期规律和建设程序的客观要求，在项目决策和建设实施两个阶段，着力破除制度性障碍，为固定资产投资及工程建设活动提供高质量智力技术服务，全面提升投资效益、工程建设质量和运营效率，推动高质量发展。

（1）围绕项目全生命周期开展投资决策综合咨询

鉴于投资决策环节在项目建设程序中具有统领作用，在投资决策综合咨询阶段，就要有全局思维及全生命周期项目管理思维。《国家发展改革委 住房城乡建设部关于推进全过程工程咨询服务发展的指导意见》中要求："鼓励投资者在投资决策环节委托工程咨询单位提供综合性咨询服务，统筹考虑影响项目可行性的各种因素。"投资决策综合性咨询应从全局视角来服务项目，消除各专业的割据化和碎片化，以一个有机整体统一服务于工程建设项目，实现搭建过程效能最大化。对建设项目全生命周期提供组织、管理、经济和技术等各有关方面的综合咨询服务，充分考虑下一阶段可能碰到的各种问题，提前谋划，避免后续过程中的产生颠覆性影响。

（2）做好投资决策综合性咨询对工程建设全过程咨询团队的技术交底

投资决策综合咨询成果对项目顺利实施、有效控制和高效利用投资至关重要，因此，投资决策综合性咨询团队需要做好对工程建设全过程咨询团队的技术交底工作，向后续团队明确投资决策综合性咨询阶段的重点、难点，提出后续实施过程中可能遇到的问题、注意事项与解决办法等，便于工程建设全过程咨询团队充分消化和理解项目和业主需求，助推后续全过程工程咨询相关业务的顺利开展。

（3）鼓励建设实施阶段的持续目标论证和及时纠偏

在项目建设实施阶段，应建立项目持续目标论证制度，综合性咨询团队与项目投资决策部门共同在项目启动时、项目过程每个阶段、项目竣工时，持续进行项目目标论证，对项目投资决策综合性咨询的特性和时效性进行进一步论证，定期核查市场、政策、技术、指标等环境条件变化，对影响项目建设目标的因素，进行及时纠偏、优化完善。

案例： 某歌剧院项目，咨询团队前期做了大量的调研工作，实地考察了国内外的著名歌剧院，形成了一系列咨询成果，并全过程进行跟踪控制，提供实时的风险预警和行为纠正，对后续项目实施阶段中决策意图的贯彻起到了重要指导性作用，"长期跟踪、持续咨询"体现了咨询服务的连贯性。

（4）鼓励项目建成后开展系统的后评价

项目建成并投入使用后，通过项目后评价制度，对项目投资决策的实施过程、结果及其影响进行调查研究和全面系统回顾，并与项目决策时确定的收益目标以及技术、经济、环境、社会等效益指标进行对比，进行项目全过程总结与评价、项目效果和效益评价、项目目标评价和可持续性分析，从而改善投资决策，达到提高投资效益的目的。

61. 工程建设全过程咨询单位是否应编制咨询规划？

目前，国家、地方层面均没有相关规定强制要求全过程工程咨询单位提交咨询规划。但从项目实施的角度，咨询规划可以有效指导全过程工程咨询服务，全过程工程咨询单位应编制一份内容全面、有针对性的咨询规划。

咨询规划应由项目负责人组织专业咨询人员编制，经本单位技术负责人审批后及时报送建设单位。全过程工程咨询单位编制咨询规划，要经过认真细致的调研，咨询规划的内容要符合合同规定、项目实际情况和建设单位的要求。在咨询活动实施过程中，实际情况或条件发生变化而需要调整咨询规划时，应由项目负责人组织专业咨询人员修改或调整，并按原审批程序报审。

案例：某银行总部办公大楼项目，总投资15亿元，总建筑面积12万平方米，包含总部办公、银行营业和配套服务等功能，服务阶段从编制可行性研究报告开始，直至竣工验收结束并交付为止。

某公司作为项目的全过程工程咨询单位，服务内容包含项目管理和造价咨询，为了有效指导全过程工程咨询工作，项目负责人组织编制了一份咨询规划并上报至建设单位，内容如下：

（1）工程概况；

（2）服务范围和内容；

（3）服务依据；

（4）服务目标；

（5）工作思路；

（6）重难点及措施；

（7）组织机构及人员安排；

（8）工作任务分工及职能分工；

（9）管理方案（报批报建管理、勘察设计管理、招标采购管理、质量管理、进度管理、投资管理、安全文明管理、合同管理、沟通管理、协调管理、文档管理等）；

（10）造价咨询专项方案；

（11）管理流程；

（12）方法和措施；

（13）合理化建议；

（14）其他。

咨询规划的编制深度要满足工作要求，章节内容可进行增减或组合。

62. 工程建设全过程咨询单位作为工程建设的重要参建方，角色定位是什么？

2019 年 3 月，国家发展和改革委员会、住房和城乡建设部联合印发《国家发展改革委 住房城乡建设部关于推进全过程工程咨询服务发展的指导意见》，指出："全过程咨询服务单位应当具有综合能力，建设单位根据项目规模和特点，本着信誉可靠、综合能力和效率优先的原则，依法选择优秀团队实施工程建设全过程咨询服务。全过程咨询单位提供勘察、设计、监理或造价咨询服务时，应当具有与工程规模及委托内容相适应的资质条件，全过程工程咨询单位应当在技术、经济、管理、法律等方面具有丰富经验，具有与全过程工程咨询业务相适应的服务能力，同时具有良好的信誉。"

全过程工程咨询单位受雇于建设单位，提供"1+X"的咨询服务，定位为"在咨询合同范围内的专业咨询服务"，建议社会放低对全过程工程咨询的期望值，全过程工程咨询不是无所不能的"高手"，也非"保姆"和"第二监理"。

全过程工程咨询服务中的"1"（项目管理），根据参与深度不同，分为顾问式、独立式和一体化协同式服务类型（图 4-12）。

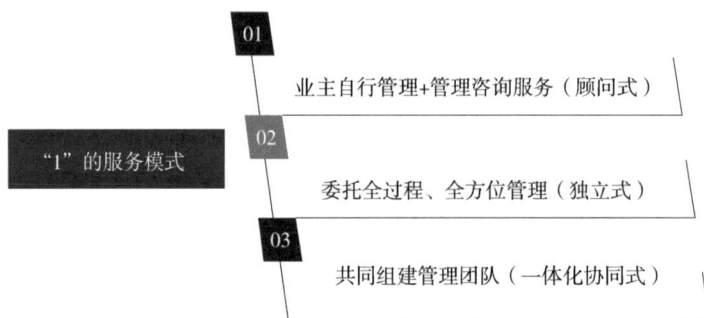

图 4-12　工程建设全过程咨询"1"的服务模式

顾问式全过程工程咨询服务中，建设单位自行管理，聘请全过程工程咨询单位作为专项咨询顾问，仅提供决策支持用的建议或者意见，不参与日常管理工作。这里，全过程工程咨询单位的角色定位为"顾问"。

独立式全过程工程咨询服务中，建设单位授权全过程工程咨询单位代表其进行决策和管理，全过程工程咨询单位在授权范围内进行决策和管理。这里，全过程工程咨询单位的角色定位为"管家"。

一体化协同式全过程工程咨询服务中，建设单位与全过程工程咨询单位共同组建管理团队，发挥各自的人才、管理和经验优势。这里，全过程工程咨询单位的角色定位为"工作伙伴"。

63. 工程建设全过程咨询的从业人员应具有哪些能力？

工程建设全过程咨询从业人员是提供全过程工程咨询服务的个体单元，为了确保提供有价值的工程咨询服务，实现工程项目的价值增值，从业人员应该具有策划、规划、控制、协调等多方面的能力。通过对建设单位、设计院、造价咨询单位、招标代理单位、工程监理单位等的访谈，以及查阅大量全过程工程咨询相关文献，总结全过程工程咨询项目招标文件及案例，对全过程工程咨询从业人员能力进行了划分、归类，建议尤其关注以下能力（图4-13）：

① 较高的理论知识水平	⑤ 吃苦耐劳的工作作风	
② 丰富的项目实践经验	⑥ 咨询智库的专业能力	
③ 驾驭全局的统筹能力	⑦ 能受委屈的较高情商	
④ 良好的沟通协调能力	⑧ 原则性和灵活性的把握	

图4-13　工程建设全过程咨询从业人员重点关注的能力

64. 成功的工程建设全过程咨询具备哪些特点？

一个成功的工程建设全过程咨询项目要紧紧围绕建设单位在投资、进度、质量等多方面的目标，采取针对性的措施，设置合理的组织架构，配备专业性强的咨询服务团队，统筹、调度、组织、安排好工程推进。同济咨询构建了"六维评价模型"，来综合评价一个工程建设全过程咨询服务是否成功。

（1）项目目标的达成度。建设单位委托咨询的主要目的是协助其达成最终的投资、进度、质量等目标，工程建设全过程咨询单位一定要紧紧围绕这些目标开展工作，项目目标的达成度越高，说明咨询单位的咨询服务越有成效。

（2）咨询服务的主动性。工程建设全过程咨询区别于传统监理的一个主要特点就是主动地开展工作，将"别人家"的工程当成"自己家"的工程。一个好的单位、一个好的团队、一个好的咨询工程师要能够"想在建设单位前面，行动在建设单位前面"。

（3）咨询服务的前瞻性。工程建设全过程咨询单位结合自身的项目经验，通过项目策划，前瞻性地回答了各阶段有哪些工作以及如何开展这些工作，提前对整个工程建设进行推演，采取措施和预案。这个过程越是能前瞻性地预判，越是少出现突发情况，越是说明咨询服务的成功。

（4）咨询服务的专业性。一个好的咨询单位应能够专业性地解决问题，遇到问题能够提出专业性的解决方案或者能够协调到专业的人提供专业咨询服务。

（5）咨询团队的责任感。咨询团队应树立"今日事、今日毕""绝不推脱、绝不懈怠"的理念，有责任感、有使命感地开展工程咨询服务工作，有这样的团队才有可能产生成功的咨询服务和成功的项目。

（6）咨询服务的创新性。建筑行业发展迅速，在提供全过程工程咨询服务过程中，需要不断创新，优化管理手段，完善管理工具，加强大数据、BIM 等应用，以提升管理效率与精细化程度为目标，不断突破革新。

65. 工程建设全过程咨询人员的职责是什么？

工程咨询方应委派一名专业人员担任全过程工程咨询项目负责人，并在与建设单位签订的全过程工程咨询合同中予以明确。全过程工程咨询业务涉及勘察、设计、监理、造价咨询业务的，工程咨询方应分别委派具有相应执业资格和业务能力的专业人员担任勘察负责人、设计负责人、总监理工程师、造价咨询项目负责人。工程咨询机构可根据建设实施不同阶段咨询内容或专项咨询内容设立不同的咨询工作部门，委派咨询工作部门负责人。咨询工作部门的咨询业务涉及勘察、设计、监理、造价咨询的，相应咨询工作部门负责人应为勘察项目负责人、设计项目负责人、总监理工程师、造价咨询项目负责人。工程咨询机构应配备数量适宜、专业配套的专业咨询人员和其他辅助人员，其能力和资格应满足工程咨询服务工作需要。

《房屋建筑和市政基础设施建设项目全过程工程咨询服务技术标准》（征求意见稿）中对全过程工程咨询相关人员的职责进行了描述，如下：

（1）全过程工程咨询项目负责人应履行下列职责：牵头组建工程咨询机构，明确咨询岗位职责及人员分工，并报送工程咨询单位或联合体批准；组织制定咨询工作大纲及咨询工作制度，明确咨询工作流程和咨询成果文件模板；组织审核咨询工作计划；根据咨询工作需要及时调配专业咨询人员；代表工程咨询方协调咨询项目内外部相关方关系，调解相关争议，解决项目实施中出现的问题；监督检查咨询工作进展情况，组织评价咨询工作绩效；参与工程咨询单位或联合体重大决策，在授权范围内决定咨询任务分解、利益分配和资源使用；审核确认工程咨询成果文件，并在其确认的相关咨询成果文件上签章；参与或配合工程咨询服务质量事故的调查和处理；定期向建设单位报告项目进展计划完成情况及所有与其利益密切相关的重要信息。

（2）勘察项目负责人、设计项目负责人、总监理工程师、造价咨询项目负责人应根据工程勘察、设计、监理、造价咨询相关标准规定，分别履行其相应职责。

（3）咨询工作部门负责人应履行下列职责：参与编制咨询工作大纲，组织编制本部门咨询工作计划；根据咨询工作大纲、咨询工作计划、相关标准及咨询任务分配，组织实施咨询服务工作；组织编制工程咨询成果文件，需要咨询项目负责人审核签章的，报送咨询项目负责人审核签章。

（4）工程咨询机构其他专业咨询人员根据咨询岗位职责分工，履行相应咨询职责。

66. 工程建设全过程咨询如何进行人员配置？

全过程工程咨询单位提供"1+X"的咨询服务，可根据项目规模、复杂程度、服务内容、合同要求、工程分布、工程类别、专业特点等，结合建设单位的要求，配置专业齐全、技术能力强、有管理协调能力的团队，团队人员要满足人员资质、职称和经验等方面的有关要求，团队分为现场驻场团队和公司支撑团队，团队人员根据项目进展情况进行合理调配，但人员调配需经建设单位同意。

工程咨询方现场团队可建立项目负责人、部门负责人和专业咨询工程师在内的三级管控团队，如项目团队规模较小，可将部门负责人和专业咨询工程师合并为一级。项目负责人应取得投资决策、工程建设类注册执业资格且具有工程类或工程经济类高级职称，并具有类似工程经验。部门负责人和专业咨询工程师应取得相应注册执业资格或具备相应能力，其中，部门负责人应取得工程类或工程经济类中级及以上职称，并具有类似工程经验。

案例：某项目坐落于西部某城市，位于东西向的城市生长轴和南北向的绿色发展轴之上，项目的建成将为城市新区带来新的活力。工程占地面积120余亩，建筑安装工程投资约20亿元，建筑面积约15万平方米，主体结构为钢结构，地下2层、地上4层，主要建设内容为图书馆、美术馆、餐饮及配套设施。

某公司作为项目的全过程工程咨询单位，服务内容为项目管理，从设计准备阶段开始，到项目竣工验收并移交完毕为止，具体内容包括：报批报建管理。组织用地、规划、施工许可及相关配套手续的办理；设计管理。设计阶段的质量控制、进度控制、投资控制、合同管理、协调及信息管理，组织设计成果的评审与审核；施工前准备管理。发包与采购管理、施工前各项计划管理、建设配套管理、政府建设手续办理、开工条件审查；施工过程管理。施工过程的质量控制、进度控制、投资控制、招标采购管理、合同管理、设计与技术管理、安全文明管理、组织与协调管理、信息与文档管理；竣工验收及移交管理。项目联合调试、项目竣工验收管理、项目移交管理、组织决算与审计。

该项目根据合同要求、服务内容、建设单位要求等，建立了前端驻场项目管理团队和后端支持团队。其中：前端驻场团队划分为报批报建部、设计管理部、投资采购及合同管理部、现场管理部、信息管理部五个部门，各部门根据工作内容下设专业咨询工程师，项目的组织架构图如图4-14所示。

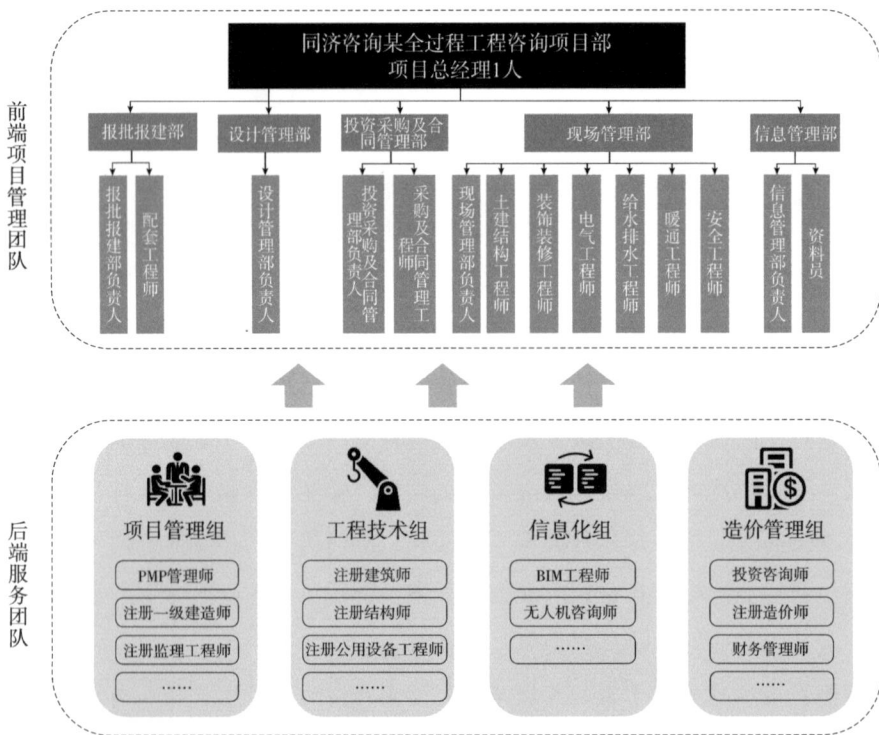

图4-14　组织架构图

67. 工程建设全过程咨询单位与工程监理的组合模式有哪些？各自权责如何划分，如何开展工作？————————

建设单位可委托一家工程建设全过程咨询单位提供工程监理与项目管理一体化服务，避免职责不清或交叉重叠，也可以将两项服务分别委托给不同的咨询单位。分别委托管理，会有项目管理和工程监理两个团队，这两个团队分属于不同的单位。一体化管理也需要建立项目管理和工程监理两个团队，因为这两个团队的职责不同，工作方式不同，对人员的要求也不同。

项目管理偏向于宏观层面的、全局性的管控，工程监理偏向于微观层面的局部管控，更加关注工程的具体实施控制。项目管理的职责是通过环境调查等方式，编制针对性的项目策划、项目管理制度，选择合适的管理方法和措施，并做好交底和宣贯工作，代表建设单位全过程、全方位、全局性地考虑投资、进度、质量等目标，加强技术指导和监督考核，并协调工程监理工作范围以外的工作，重在管理和监督。工程监理则是这些项目策划、管理制度和工作要求在施工现场的具体执行者和落实者。

以施工过程的质量控制为例。项目管理要做好质量管理的策划和监督，进行宏观层面的控制；编制质量管理规划，并在质量管理规划中明确质量管理的依据、要求、标准、制度、流程和用表。工程监理是通过编制《监理规划》《监理细则》落实项目管理在质量管理规划中对质量管理的要求，运用旁站、巡视、见证取样、平行检验等方式把控隐蔽工程、检验批、分项工程、分部工程等的质量。

68. 工程建设全过程咨询单位承担设计管理工作是否需要特定的资质条件？————————

515号文指出：

（1）工程建设全过程咨询服务应当由一家具有综合能力的咨询单位实施，也可由多家具有招标代理、勘察、设计、监理、造价、项目管理等不同能力的咨询单位联合实施。由多家咨询单位联合实施的，应当明确牵头单位及各单位的权利、义务和责任。全过程咨询单位提供勘察、设计、监理或造价咨询服务时，应当具有与工程规模及委托内容相适应的资质条件。全过程咨询服务单位应当自行完成自有资质证书许可范围内的业务，在保证整个工程项目完整性的前提下，按照合同约定或经建设单位同意，可将自有资质证书许可范围外的咨询业务依法依规择优委托给具有相应资质或能力的单位，全过程咨询服务单位应对被委托单位的委托业务负总责。

（2）全过程工程咨询单位应当在技术、经济、管理、法律等方面具有丰富经验，具有与全过程工程咨询业务相适应的服务能力，同时具有良好的信誉。

除了资质以外，这里强调了经验、能力和信誉。体现形式可以有多种，比如企业资产规模、业绩情况、人员配置、内部架构、服务流程、用户评价、信用情况等多个维度。

（3）建设单位根据项目规模和特点，本着信誉可靠、综合能力和效率优先的原则，依法选择优秀团队实施工程建设全过程咨询服务（图4-15）。

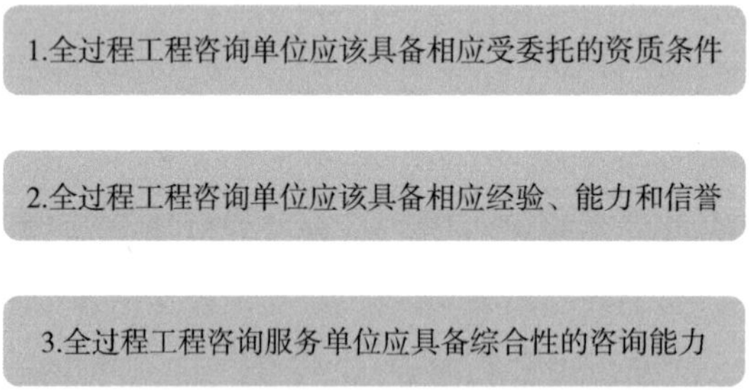

1.全过程工程咨询单位应该具备相应受委托的资质条件

2.全过程工程咨询单位应该具备相应经验、能力和信誉

3.全过程工程咨询服务单位应具备综合性的咨询能力

图4-15 全过程工程咨询服务单位应具备条件

2020年4月，国家发展和改革委员会、住房和城乡建设部发布《关于征求〈房屋建筑和市政基础设施建设项目全过程工程咨询服务技术标准（征求意见稿）〉意见的函》也表明："全过程工程咨询业务应由具有相应能力和业绩的工程咨询方承担，其中涉及工程勘察、设计、监理、造价等咨询业务的，应由具有相应资质的工程咨询类单位承担。"

因此，参与全过程工程咨询的单位，首先应该具备自身所承担的服务对应的资质要求。在实际项目中，很多企业资质业务范围有限，与全过程咨询需要的综合资质及全面服务能力之间尚有差距。对于委托子项较少的，可能由一家单位实施，委托内容较多的，往往由联合体来实施。对设计管理单位的资质要求尚没有明确统一的要求，当前的市场行为中，一般是根据项目的规模特点对勘察、设计、监理这几大服务提出资质要求，而设计管理作为全过程工程项目管理的子项内容，需配备具有设计管理服务能力的团队人员参与其中。

相比于对资质的要求，设计管理更多的是要求一种服务能力，即在设计管理领域具备丰富的经验，同时有相应的咨询服务能力。建设单位可以根据项目规模和特点，从企业业绩、人员配置、内部架构、信誉评价等方面进行筛选，选出优秀团队提供设计管理服务。

69. 工程建设全过程咨询设计管理负责人应满足什么要求？————

515号文明确了对工程建设全过程咨询服务人员的要求。工程建设全过程咨询项目负责人应当取得工程建设类注册执业资格且具有工程类、工程经济类高级职称，并具有类似工程经验。对于工程建设全过程咨询服务中承担工程勘察、设计、监理或造价咨询业务的负责人，应具有法律法规规定的相应执业资格。全过程咨询服务单位应根据项目管理需要配备具有相应执业能力的专业技术人员和管理人员。设计单位在民用建筑中实施全过程咨询的，要充分发挥建筑师的主导作用。

设计管理负责人应是具备技术统筹能力和项目管理能力的复合型人才，目前在行业规范层面，尚没有对设计管理负责人执业资格的规定，但其执业资格、专业水平、管理能力和项目经验应满足业主需求与招标采购合约要求。特别是对于一些体量大、标准高、技术复杂的项目，对设计管理负责人的要求可进行适当提高，如具有工程建设类注册执业资格，具有工程类高级职称，并具有类似工程经验。

70. 工程建设全过程咨询设计管理涵盖哪些阶段？————————

设计管理是全过程工程咨询的重要工作，也是决定项目质量、投资、进度是否满足要求的关键因素。设计管理工作通常是在充分沟通确认项目及业主需求的基础上，通过制定并执行完整的设计管理流程，进行标准化和过程化管理；并通过对各参与方的多方协调管理，来完成项目设计的推进和质量控制。设计管理涵盖项目决策阶段、勘察设计阶段、招标采购阶段、工程施工阶段、竣工验收阶段、项目运营阶段，其中勘察设计阶段是设计管理工作的重中之重（表4-3）。

全过程咨询服务中设计管理的工作任务　　　　　　　　　表 4-3

阶段	主办	协办	配合
项目决策阶段		△	
勘察设计阶段	☆		
招标采购阶段		△	
工程施工阶段		△	
竣工验收阶段			○
项目运营阶段			○

1）项目决策阶段

此阶段设计管理团队的工作主要是协助业主和前期团队开展各项工作：参与项目的选址、建设规模和标准等的论证工作；协助业主编制设计任务书；检查项目外部条件的落实情况，如给水、排污、供电、通信、供热、供气、用地现状等。协助编写项目建议书和可行性研究报告，提供必要的图纸、数据等。在进入勘察设计阶段前，协助招标团队完成工程设计招标工作。

2）勘察设计阶段

勘察设计阶段是需要设计管理牵头的重要阶段，该阶段还可细分为方案设计阶段、扩初设计阶段、施工图设计阶段。

在方案设计阶段，设计管理团队的重点工作为：协助业主协调与方案设计单位（特别是国外设计单位）完成方案设计，贯彻落实国家以及地方设计规范，协调解决国内外设计差异，协助业主完成政府部门的方案审批并获得方案批复，协助召开并参与各项会议。

在扩初设计阶段，设计管理团队的重点工作为协助业主协调与扩初设计单位（通常为国内本地设计院）完成扩初设计，观察落实方案批复的意见和要求，组织规范及项目要求的专家评审，协助业主完成政府部门的扩初设计审批并获得扩初设计的政府批文，协助召开并参与各项会议。

在施工图设计阶段，设计管理团队的重要工作是协助业主完成施工图审批，贯彻落实扩初设计阶段批复的意见和要求，协助业主和设计单位完成施工图的设计和审图并获得审图合格证，并协助完成规划许可证和施工许可证的申报。

在上述三个阶段中，设计管理团队还需同步做好投资管控、进度管控、质量管控、合同管控、信息管理和设计文件管理。

3）招标采购阶段

此阶段设计管理的任务主要是与招标投资控制团队的协调工作，组织招标图纸交底，协助审核招标投标文件，协助施工图设计单位根据业主、招标及投资控制团队的意见完善施工图纸。

4）工程施工阶段

在设计单位提交施工图设计成果后，组织设计单位与（意向）施工单位的设计交底，协助业主向各政府主管部门办理各项审批事项。在施工过程中，整理来自业主和施工单位的设计变更需求，协助业主草拟、传递设计变更指令，做好工程设计变更管理。协助业主处理因设计变更导致的索赔和反索赔事宜。

5）竣工验收阶段

协助并参与工程验收，督促设计单位和施工单位落实设计变更、竣工图等设计资料归档工作。

6）项目运营阶段

配合完成项目后评价，协助业主和设计单位完成设计回访。

71. 工程建设全过程咨询设计管理是否包含设计阶段的投资控制？——

设计是决定工程项目投资价值和使用价值的主要因素，设计阶段的投资控制是工程项目投资控制的关键环节。

在工程建设的设计阶段，摸清工程使用方需求能够明确设计方案，此外，让设计方案落地的投资限额必不可少，在项目初期，总投资额越来越受出资方的重视。

项目全生命周期管理方法中包括事前控制、事中控制、事后控制。设计阶段的投资控制属于项目投资控制的事前控制，对于项目全寿命周期内的投资控制起到至关重要的作用。

设计阶段投资控制作为事前控制的优点是在工程施工前便设立投资标准，实时反馈偏差预警，在问题发生以前，即启动控制程序，以防患未来可能发生的困难为导向。设计阶段的投资控制应用灵活，机会成本相对较低，通过各分项各系统各设备材料选型的比选，匹配对应投资估算，建立价值工程模型，将投资额与方案设计紧密结合，以方案分析为核心，力求用最适合的全寿命周期成本实现项目的必备功能，从而提高项目价值。

从价值工程的角度分析，设计阶段的投资控制是典型的"花小钱省大钱"的科学管理方法，为工程后期的顺利开展提供充分必要条件，减少施工过程中的变更签证，保障工期进度，切实保障设计方案达到预期成果。设计阶段投资控制作为事前控制，要求技术经济人员具备较高的综合水平，需要借助科学的管控手段以及分析方法，并依托大量准确可靠的数据，对设计阶段投资控制的企业选择门槛较高。因此，设计阶段投资控制原则上由专业的造价咨询团队负责，设计管理团队虽不具备投资控制的义务，但可在过程中扮演投资管理角色，推动设计阶段投资控制目标的实现。如设计管理单位具备相应资质和能力，也可根据业主需求与合约架构，承担设计阶段投资控制任务。

72. 工程建设全过程咨询单位是否可以同时承担设计和投资控制服务？

工程建设全过程咨询单位可以同时承担设计和投资控制服务。

515号文提出，工程建设全过程咨询服务应当由一家具有综合能力的咨询单位实施，也可由多家具有招标代理、勘察、设计、监理、造价、项目管理等不同能力的咨询单位联合实施。

《国务院办公厅关于促进建筑业持续健康发展的意见》（国办发〔2017〕19号）明确提出"在民用建筑项目中，发挥建筑师的主导作用"。上海浦东、福建厦门、广西、雄安、深圳等地已陆续试点"建筑师负责制"。

全过程投资控制管理的重点阶段为：

（1）项目的概算编制与审查；

（2）设计阶段的目标分解、施工图预算编制及进行限额设计；

（3）招标阶段的标段划分、招标文件编制、合同编制及清单开项；

（4）施工过程中的合同管理与动态控制的措施；

（5）结算的审核与总结。

投资决策环节在项目建设程序中具有统领作用，对项目顺利实施、有效控制和高效利用投资至关重要。鼓励投资者在投资决策环节委托工程咨询单位提供综合性咨询服务，统筹考虑影响项目可行性的各种因素，增强决策论证的协调性。

传统模式下设计单位与投资控制单位独立招标，且设计单位先于投资控制单位参与项目，较多项目的建设方所重视和强调的都是施工图设计以后的投资与造价控制，同时，采用加强工程竣工决算，加强工程变更管理、竣工审计等多种手段控制工程的造价和预算，对设计阶段的投资控制没有足够重视。然而，工程设计及投资控制本应该共同贯穿项目全寿命周期，相辅相成，紧密结合。项目建设过程包括项目决策、项目设计和项目实施三大阶段，其中项目决策和项目设计是投资控制的关键阶段，当项目投资决策确定后，项目设计则至关重要。

设计不仅影响项目建设的一次性投资，而且还影响使用阶段的运营费用，通过设计优化可将两者达到最佳结合，统筹兼顾，综合考虑项目全寿命周期内的成本。不能单纯为了节约成本而降低投资，从而导致项目运行维护费用过高，甚至发生生产安全事故，要全面考虑建设成本和使用成本，设计方案力求在项目发挥效益的周期内总费用最低。

在积极推行建设项目全过程咨询的趋势下，全过程咨询单位同时承担设计及投资控制角色时，将设计部门和投资部门联动，避免传统模式下两者沟通不畅甚至割裂的情况，各专业在保证方案功能及技术指标的前提下，合理分解和使用投资限额，融设计和投资为一体，利用设计人员与技术经济人员长期合作的技术水平匹配度，可有效降低相互之间的沟通成本，避免设计方案与投资估算由于信息不对称而产生偏差，并运用价值工程体系将技术和经济有机结合，避免只顾画图或者只顾算账，同时利用类似工程的技术指标进行科学的分析设计（图4-16）。

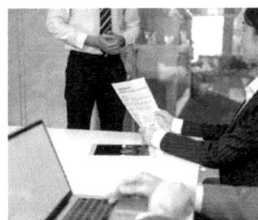

Q 对业主方的意图和工程功能要求更加清楚，技术咨询能力较强，可以充分发挥技术对工程质量、工程安全等方面的把控

全过程咨询单位的业务涉及工程建设的前期、施工、验收等各个环节

见证和参与了工程项目实施的全过程，对工程有更加全面的了解，更加容易发展设计服务工作

图4-16 全过程工程咨询单位承担设计服务的益处

案例：某生物试剂研发产业基地项目

项目委托人为某生物科技企业，该企业营销模式、产品质量、人才团队、信息化管理水平位居国内行业前列。项目拟打造以分子酶、磁珠、抗原蛋白、抗体等研发、生产与检测为主，符合国际标准的生物试剂与原料产业化高地。

全过程工程咨询单位主要开展如下工作：

全过程项目管理：项目报批（备案）管理、勘察与设计管理、进度管理、质量管理、安全文明施工管理、信息档案管理、参建方管理等。专项咨询：交通影响评价、节能评估。工程设计：完成项目招标图设计（初步设计深度）、施工图设计，施工图满足主管部门要求以及施工图强制审查要求。工程造价咨询：完成目标成本及合约规划编制，负责招标合理价编制或审核，提供施工阶段全过程投资控制等相关造价咨询服务。

在项目设计阶段，咨询单位设计团队与投资控制团队进行紧密协同配合，完成了结构形式比选、立面方案比选、墙体材料对比等分析工作，有效控制项目投资。

设计与投资控制并非互斥角色，设计阶段的投资控制涉及面广、难度大，无论在设计阶段还是施工阶段，全过程咨询单位同时承接设计与投资控制服务，对于委托方来说，两者互相合作的同时互相制约，离开投资限额只谈设计方案可谓纸上谈兵，离开设计效果只谈投资限额是闭门造车。同时，作为全过程咨询单位，把握住设计方案和投资控制，再协同监理单位、施工单位统一思想，加强管理，才能取得很好的成效。另外，全过程咨询单位所配备的设计部门与投资控制部门的综合素质门槛相对较高，只有两者为项目共同目标达成最佳匹配，才能使工程高效推进。

综上，工程建设全过程咨询单位若同时承担设计和投资控制服务，对项目全寿命周期中最关键的前期提供了可靠的保障、良好的开端、成功的一半。

73. 工程建设全过程咨询单位是否可以同时承担设计和设计管理服务？ —

工程建设中的设计工作，应当由具有与工程规模及委托内容相适应的资质条件的设计单位完成。设计贯穿于工程建设的全过程，规划设计方案是初步设计、施工图设计的基础和核心依据；施工图纸是发包阶段编制工程量清单和招标控制价的编制依据，也是施工单位照图施工的依据；竣工图纸是项目后期运营维护的依据。设计工作的重要性显而易见，充分发挥设计单位的主导作用是提升全过程工程咨询服务效果的重要途径之一。

将全过程工程咨询服务和工程总承包统筹考虑，充分利用好设计单位在全过程工程咨询服务和工程总承包中不可替代的重要地位，发挥设计单位在全过程工程咨询服务和工程总承包统筹结合模式中的纽带作用，推进项目有序高效建设。

设计管理是管理单位运用自身的知识、技能和专业技术以满足项目的需求和期望，通过在工期、投资和质量之间寻求最佳平衡点，以使建设单位获得最大效益，从而实现对工程项目投资、进度和质量的控制。

设计管理的职责范围根据各单位的性质和分工的差异有所不同。一般来说，设计管理的职责范围包括：

（1）组织编制设计任务书，协助建设单位进行设计或咨询单位的选择与确定；

（2）组织编制设计进度计划，并监督实施与动态控制；

（3）协助建设单位进行设计方案的确定；

（4）协助建设单位组织专家论证及设计方案的评审；

（5）对设计成果的经济性、安全性和规范性进行审核；

（6）组织管理设计成果的审批及报批；

（7）设计文件档案管理；

（8）协助建设单位对设计变更进行管理及控制；

（9）设计过程协调；

（10）组织设计交底和图纸会审；

（11）施工过程设计协调。

为了规范项目整个过程中的设计管理流程，明晰设计管理中各参与方的职责及工作界面，制定合理且与项目匹配的技术管理规定，设计管理是项目管理的关键，是全过程咨询服务的重点内容。通过对整个设计过程有效管理，充分发挥设计管理在建设工程咨询服务中的作用，确保工程项目设计质量、控制设计进度，满足工程的经济合理性要求。

案例：某市第一中学新建高中部

该项目总建筑面积约 10 万平方米，拟建 60 班普通高中，每班 50 人，共计在校生 3000 人。全过程工程咨询单位从前期咨询服务介入，为委托方提供包括可行性研究、工程勘察、工程设计、项目管理（含设计管理）、招标代理在内的专业化服务。项目咨询单位同时承担工程设计和设计管理工作，设计管理作为项目管理的子服务模块，开展业主需求调研、前期驻场沟通、政府审批对接、重点会议组织、设计进度的制定与协调、设计成果管理、施工现场巡视等管理协调工作。设计管理团队均由具有设计经验的专业人士组成，并与工程设计团队通过内部良好的沟通机制形成一体化服务模式，极大提高了项目前期阶段与设计阶段的工作效率，有利于确保业主需求以及设计意图的实现。

综上所述，设计与设计管理在工程项目建设中均起到关键作用，并且设计与设计管理的工作目标基本一致，即确保项目设计质量、保证设计进度、满足工程的经济合理性要求。结合515号文中"以工程建设环节为重点推进全过程咨询。在房屋建筑、市政基础设施等工程建设中，鼓励建设单位委托咨询单位提供招标代理、勘察、设计、监理、造价、项目管理等全过程咨询服务，满足建设单位一体化服务需求，增强工程建设过程的协同性。全过程咨询单位应当以工程质量和安全为前提，帮助建设单位提高建设效率、节约建设资金"的要求，可明确工程建设全过程咨询单位可以同时承担设计和设计管理服务，帮助建设单位实现工程项目质量、进度和投资的控制需求。

74. 工程建设全过程咨询中设计管理是否包含设计优化？

依据515号文中的要求"全过程咨询单位应当以工程质量和安全为前提，帮助建设单位提高建设效率、节约建设资金"，工程质量控制在工程项目建设中占有重要位置，是基本建设投资效益实现的主要保证。其中设计文件的质量、深度是否达到国家标准，功能布局是否满足使用要求等，都将决定工程项目建成后的使用价值和工程实体的质量。

设计阶段是建设项目由计划变为现实的具有决定意义的工作阶段。设计管理的职责范围根据各单位的性质和分工的差异而有所不同。设计优化是保证设计质量和投资控制的有效途径。

一方面，设计方案的合理性和先进性是项目设计质量的基础。设计方案的优化，有利于提高设计质量和投资效益。全过程咨询单位作为建设单位的顾问，对各参建的设计单位工作进行全过程监督，对设计成果进行审查优化，通过组织相关专家评审会议或委托相关第三方专业机构，对方案的品质、结构和材料的选用、工艺技术、设计参数、设计标准、功能和使用价值分析等方面进行评估和优化。在合理利用土地资源、追求经济效益的商业驱动下，满足使用舒适要求，并且保证设计质量。

初步设计阶段是重中之重，工程建设的内在质量，包括使用功能、投资效益均在该阶段确定。在初步设计阶段，全过程咨询单位的质量管理控制重点在方案的选择、确定和深化方面，以保证设计的合理性。并根据建设单位、专家等的正确意见督促设计单位进行设计优化。

另一方面，随着我国建筑行业的发展，投资管理已经得到广泛运用。建设项目投资控制是投资方所关心的重要内容之一。工程项目投资控制涉及项目决策到项目运营的各个阶段，设计是影响工程项目投资的关键环节，因此，通过合理设计优化节约投资，有助于有效控制工程项目投资，实现项目交付价值。

案例：某企业生产指挥调度中心项目

为了落实项目技术、质量、安全、进度、成本五大重要环节管控，有效提升自身的管理能力，该项目建设单位（委托方）尝试引用外部咨询模式助力项目顺利推进，经过充分调研、梳理、评估，最终决定采用全过程工程咨询模式，委托专业咨询单位承担全过程项目管理、设计管理、投资控制、创新课题研究等一体化整体服务。

该项目咨询单位在进行设计进度、质量、信息档案、组织协调管理的同时，借助其公司总部丰富的设计经验与专家资源优势，对设计阶段重点环节进行设计优化，取得显著效果，主要优化成果包括：

（1）通过结构优化设计，借助相关案例支撑，将项目抗浮设计中原有铁屑混凝土代替为预应力锚杆桩的方案。

（2）通过地下室结构形式优化，在满足装配率要求的前提下，将原地下钢结构调整设计为钢筋混凝土结构，提高了项目安全性和合理性。

（3）通过重新复核计算，在满足项目抗震安全的技术要求下，优化项目上部钢结构设计，合理确定钢结构主次梁的选用和尺寸，在钢材紧张的大环境下减少其用量。

通过以上设计优化，为委托方节约投资近1500万元。该项目中设计优化成为设计质量管理的重要抓手，同时因设计优化带来的工期节约，为项目进度控制起到了良好的保障作用。

综上所述，具备实施条件的项目应在保证工程项目质量的前提下进行设计优化，并且设计优化成果应获得原设计单位的认可。设计管理针对设计过程和成果进行控制和管理，不仅可以提高设计质量，减少设计错误，杜绝工程造价的浪费，同时使建设项目的经济效益更高，所以全过程咨询中设计管理应包含设计优化工作。

75. 工程建设全过程咨询设计管理与审查机构施工图审查的关系？——

全过程工程咨询服务的设计管理工作模式要求咨询单位具有设计和项目管理的双重能力，强调技术与管理的相互支撑和双向融合。全过程工程咨询单位在工程设计管理过程中，发挥多样化的全过程咨询作用并提供实施勘察设计管理。

根据《房屋建筑和市政基础设施工程施工图设计文件审查管理办法》，国家实施施工图设计文件（含勘察文件，以下简称"施工图"）审查制度。以上海市施工图审查机制为例，采取"多评合一、多图联审"模式，涉及申请、受理、审批三个阶段，详见下图（图4-17）。

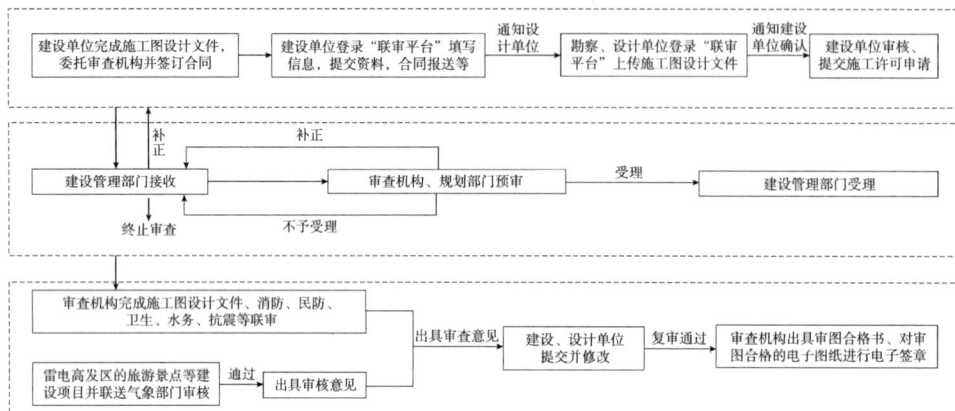

图4-17　上海施工图联审流程

注：以上流程适用于新建、改建、扩建建设工程项目，但关系国家安全的涉密项目，交通、水利、能源等领域重大工程项目除外；实行建筑师负责制的项目，先行核发建设工程规划许可证和施工许可证，施工图审查可后置。

施工图审查是管控设计质量、落实设计单位责任的重要机制，包括对施工图、深化设计进行审查，主要审查内容为设计是否满足国家相关规范及行业标准的要求，是否符合工程建设强制性标准，是否达到施工图的设计深度，是否满足建设单位的需求，勘察设计企业和注册执业人员以及相关人员是否按规定在施工图上加盖相应的图章和签字。全过程工程咨询单位应监督设计单位对施工图设计、深化设计文件进行修改。

全过程工程咨询设计管理对设计质量、进度、输入条件、工作界面、输出成果、设计变更、资料文档等进行综合管控协调，具备相应能力的全过程工程咨询单位通过采用"管理+顾问"的模式充分发挥顾问支撑作用，除对施工图进行基础审核工作外，还可提供"菜单式"咨询服务，在施工图管控环节发挥对设计质量管控、品质提升、投资优化等综合作用。

全过程咨询设计管理与审查机构的施工图审查互不冲突，侧重点各有不同。

两者是项目设计质量的有力保证，也是实现项目可持续价值的基础。

76. 工程建设全过程咨询单位的报批报建工作一般如何开展？———

报批报建工作是否包含在全过程工程咨询单位的服务范围内，关键要看招标文件、合同文件和建设单位的要求。常规来说，报批报建工作往往是由全过程工程咨询单位来负责组织与办理的。

这种情况下，建设单位负责报批报建的整体管理工作，全过程工程咨询单位负责报批报建的具体执行工作，包括但不限于政策了解、资料准备、窗口对接、流程梳理、进度计划编制与管理、日常对接、事项办理等。

案例：某项目坐落于西部某城市，是当地的中医医院，总建筑面积为100000平方米，其中地上建筑面积80000平方米、地下建筑面积20000平方米，共设病床900张。该工程概算总投资为60000万元。

同济咨询作为该项目的全过程工程咨询单位，服务内容为项目管理和工程监理，从设计准备阶段开始，到项目竣工验收并移交完毕为止。

1）报批报建管理的工作内容。按照咨询合同要求，由咨询单位负责报批报建管理，建设单位负责报批报建的总体统筹和协调。与主管部门初步沟通后，咨询团队将报批报建工作内容和环节梳理如下：

（1）工程项目立项；

（2）项目建议书审查；

（3）一般建设工程抗震设防要求备案；

（4）建设项目选址意见书审查；

（5）建设项目用地预审；

（6）绿化用地和节能评估报告审查；

（7）可行性研究报告审批；

（8）建设项目核准备案和规划条件核实确认；

（9）建设项目初步设计审查；

（10）项目配套建设手续审查，包括交通和防洪影响评价报告、人防、超限抗震设防、水土保持方案、取水许可、用电许可、用气许可等手续审查；

（11）获取建设用地规划许可证；

（12）建设工程设计方案审查；

（13）获取建设工程规划许可证；

（14）环境影响评价报告书（表）审查；

（15）建设工程质量安全监督手续办理；

（16）建设用地批准手续办理；

（17）获取建设工程施工许可证；

（18）组织建筑工程竣工联合验收和办理竣工验收备案；

（19）其他环节和内容。

2）团队负责人组织专业咨询工程师编制了报批报建的总体流程图，并定时追踪，如图4-18所示。

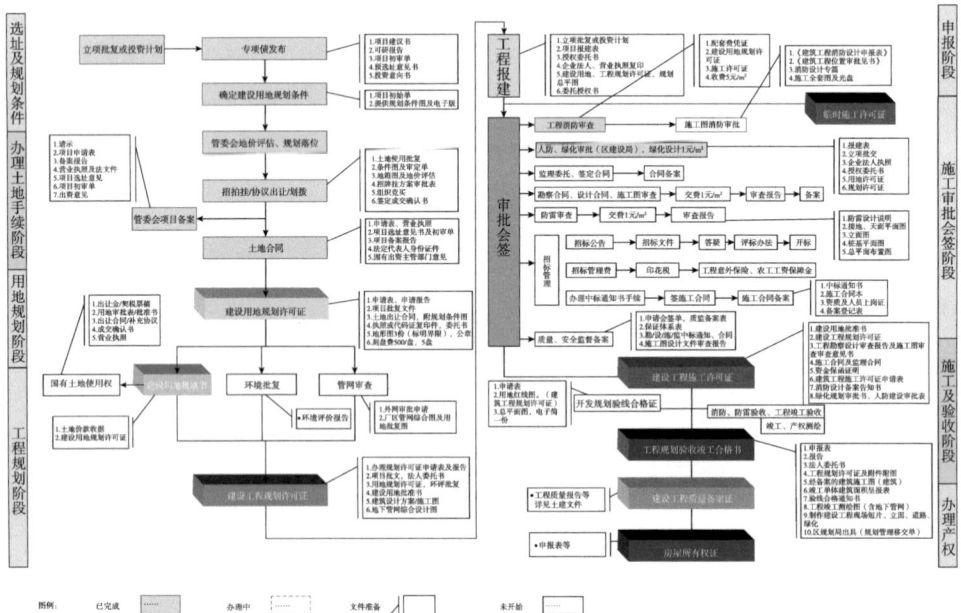

图4-18 报批报建工作进展状态追踪图

77. 工程建设全过程咨询单位在招标中的职责是什么？与招标代理单位的关系？

全过程工程咨询单位提供"1+X"服务，若"X"服务中不包含招标代理专项服务，那么全过程工程咨询单位主要是协助建设单位进行招标策划，负责与建设单位、招标代理单位的对接和沟通，组织与管理好招标代理单位，工作内容包括但不限于审核招标公告、招标文件、合同文件，参与评标、定标，审核评标报告，检查资料归档。全过程工程咨询单位在招标中承担招标管理的职责，负责组织和协调招标代理单位；招标代理单位是在全过程工程咨询单位的统筹管理之下，负责招标工作的策划和实施，某大型项目示例如表4-4所示。

某大项目招标工作管理职能分工表 表4-4

工作阶段	建设单位	工程建设全过程咨询单位	招标代理单位
招标策划	PDC	I	
招标备案	DC	PC	I
招标询价	DC	PC	I
招标文件编制	DC	PC	I
招标公告发布	DC	PC	I
踏勘现场及答疑	DC	PC	I
组织开标	DC	PC	I
评标	DC	PC	I
合同签署及备案	DC	PC	I
资料归档	DC	PC	I

注：P-计划职能，D-决策职能，I-执行职能，C-检查职能。

若"X"服务中包含了招标代理专项服务，那么全过程工程咨询单位既要负责招标策划与招标管理工作，也要负责具体的招标实施，某小型项目示例如表4-5所示。

某小型项目招标工作管理职能分工表 表4-5

工作阶段	建设单位	工程建设全过程咨询单位
招标策划	PDC	I
招标备案	DC	PI
招标询价	DC	PI
招标文件编制	DC	PI
招标公告发布	DC	PI
踏勘现场及答疑	DC	PI
组织开标	DC	PI
评标	DC	PI
合同签署及备案	DC	PI
资料归档	DC	PI

注：P-计划职能，D-决策职能，I-执行职能，C-检查职能。

招标策划是全过程工程咨询单位需要重点关注的环节，它可以有效地指导整个招标工作。全过程工程咨询单位应依据有关法律法规、项目可行性研究报告、全过程工程咨询合同及有关文件等组织招标策划，招标策划应包括下列内容：招标采购模式及合同模式的选择，标段划分，总承包与专业分包之间、各专业分包之间、各标段之间的界面划分，拟采用的合同范本等。下面是招标策划组织过程中要注意的几个关键点：

（1）招标策划应考虑项目的类型、规模及复杂程度、进度要求、建设单位的参与程度、市场竞争状况、相关风险等因素。

（2）招标策划应在项目招标采购阶段开始之前完成。对于投资规模大、建设期长、对社会经济影响深远的项目，宜从项目决策阶段开始。

（3）招标策划应遵循有利于充分竞争、控制造价、满足项目建设进度要求以及招标投标工作顺利有序的原则进行。

78. 工程建设全过程咨询单位在造价中的职责是什么？与造价咨询单位的关系？

全过程工程咨询单位提供"1+X"服务，若"X"服务中不包含造价咨询专项服务，那么全过程工程咨询单位承担的是造价管理的工作，组织与管理好造价咨询单位，协助建设单位审核可行性研究估算、设计概算、施工图预算、工程量清单和标底；编制或审核项目资金使用计划，并根据项目标段的变化、施工组织设计的调整、建设单位要求等适时进行调整；根据工程施工或采购合同中有关工程计量周期及合同价款支付时点的约定，审核工程计量报告与合同价款支付申请，向建设单位提交合同价款支付审核意见；处理工程变更、签证等事宜；收到工程索赔费用申请报告后，应在合同约定的时间内予以审核，并出具工程索赔费用审核报告或要求申请人进一步补充索赔理由和依据；应与项目各参与方保持联系与沟通，动态掌握影响项目工程造价变化的信息情况；对可能发生的重大工程变更应及时做出对工程造价影响的预测，并应将可能导致工程造价发生重大变化的情况及时告知建设单位，某大型项目示例如表4-6所示。

若"X"服务中包含造价咨询专项服务，那么全过程工程咨询单位既要负责以上的造价管理工作，也要负责具体的造价咨询工作，某小型项目示例如表4-7所示。

某大项目造价工作管理职能分工表　　　表 4-6

工作阶段	建设单位	工程建设全过程咨询单位	造价咨询单位
造价工作方案或策划编制	PDC	I	
投资估算编制	DC	PC	I
设计概算编制	DC	PC	I
工程量清单编制	DC	PC	I
招标控制价编制	DC	PC	I
工程进度款支付	DC	PC	I
竣工结算	DC	PC	I
资料归档	DC	PC	I

注：P-计划职能，D-决策职能，I-执行职能，C-检查职能。

某小项目造价工作管理职能分工表　　　表 4-7

工作阶段	建设单位	工程建设全过程咨询单位
造价工作方案或策划编制	PDC	I
投资估算编制	DC	PI
设计概算编制	DC	PI
工程量清单编制	DC	PI
招标控制价编制	DC	PI
工程进度款支付	DC	PI
竣工结算	DC	PI
资料归档	DC	PI

注：P-计划职能，D-决策职能，I-执行职能，C-检查职能。

79. 在工程建设阶段，全过程工程咨询单位和建设单位的进度控制职责划分？

在工程建设阶段，建设单位是项目进度计划的决策者，承担进度控制的首要责任，全过程工程咨询单位负责建立进度控制体系，确定进度控制目标，督促相关单位编制进度计划，对进度计划进行审核，监督进度计划的执行，如进度计划有偏差，采取措施进行纠偏（表 4-8）。

某大项目进度控制职责划分表　　　　　　　　　表 4-8

序号	工作内容	建设单位	全过程咨询单位
1	完善或建立进度控制体系，明确进度编制标准和要求	决策检查	执行
2	完善、细化、调整项目总控进度计划，明确各级控制节点，严格实施	决策检查	执行
3	根据项目总体进度控制目标制定设计进度分解控制目标	决策检查	执行
4	审核设计方的详细出图计划，并进行设计进度过程控制	决策检查	执行
5	组织设计进度协调会	参与	执行
6	编制设计各阶段进度控制报表和进度控制分析报告	决策检查	执行
7	审核施工总进度计划及各专项计划，并跟踪、督促其执行	决策检查	执行
8	编制、调整建设单位的专项控制计划，审核各专项实施计划，督促各单位实施	决策检查	执行
9	审核监理单位、总承包单位编制的进度控制方案并跟踪其执行	决策检查	执行
10	督促监理、承包单位定期比较施工进度计划执行情况并根据需要采取措施	决策检查	执行
11	编制进度分析报告，专项评估分析对项目进度可能产生重大影响的事宜	检查	执行
12	协调各单位的进度矛盾	决策	执行
13	审批、处理工程停工、复工及工期变更事宜	决策	执行
14	和进度控制有关的其他工作	决策检查	执行

80. 工程项目利益相关方的特征及工程建设全过程咨询单位对工程项目利益相关方的协调原则？

工程项目利益相关方是指影响项目目标的实现，或受到项目实施过程影响的所有个体、群体和组织。工程项目利益相关方管理是一个系统工程，要运用系统科学的理论和方法，在项目实施过程中厘清各种关系和诉求，积极主动做好各种项目协调管理工作，有效加强项目管理，保证工程项目获得成功。

1）范围广。项目参与组织众多，系统复杂，其利益相关方分布范围广。工程项目利益相关方组织协调主要为外部关系协调，外部关系协调又分为近外层关系协调和远外层关系协调。其中，近外层关系是指与项目部有直接和间接合同的关系，为直接利益方，包括建设单位、监理单位、勘察单位、设计单位、物资供应单位、各分包单位等；远外层关系是指与项目部虽无直接和间接合同关系，但却有着法律法规和社会公德等约束的关系，即与规划、城建、市政、交通、环保、卫生、绿化以及银行、保险公司等部门的关系。通常情况下，近外层关系的协调是工程项目利益相关方协调管理的重点。

2）要素多。可以分为4类：一是人际关系协调，包括项目部内部人员与相关单位的人际关系协调，主要是工作过程中人与人之间在管理工作中存在的联系和矛盾；二是组织关系协调，包括项目部与所属企业管理层以及与分包单位、劳务作业层之间的关系；三是供求关系协调，主要是各生产要素供需单位之间的协调；四是工作内容协调，包括合同、技术、质量、安全、材料、工期等方面。

3）阶段性强。工程项目具有很强的阶段性，建设项目通常可分为决策、设计准备、设计、施工准备、施工、竣工验收及运营等不同阶段。在各个不同的阶段，项目协调工作的内容是不一样的，协调管理的重点也是不同的。

4）离散度高。工程项目组织系统是一个开放的组织系统，组织利益冲突激烈，组织系统的离散度高；项目利益相关者数目众多，他们在项目中的行为目标是在合同条件下实现自己的利益最大化，极易形成相互克制、彼此对立的局面；复杂、不确定和变化快是现在工程项目的基本特点，在工程项目协调管理方式中，项目管理者需要大量的实时信息和反馈来进行科学、系统的动态决策。

5）难度大。项目管理是一个系统工程，由于项目协调的性质多种多样，所涉及的关系千头万绪，有项目与目标因素之间的协调；项目各子系统内部、子系统之间、子系统与环境之间的协调；各专业技术方面的协调；各种管理方法、管理过程的协调；项目实施过程的协调；各种管理职能方面的协调。

工程建设全过程咨询单位对项目的利益相关方协调管理是有原则可循的，管理过程中应考虑如下原则，以便确定利益相关方的管理策略和管理方法。

（1）尊重和积极了解各利益相关方对项目的关注点，并在决策及推进过程中适当考虑其利益。

（2）多听取利益相关方的想法，了解他们的贡献，与他们进行坦诚的沟通。

（3）采用的程序和行为方式应基于对每一利益相关方及其支持者的关注和能力的深刻理解。

（4）认可利益相关方可自主地开展其活动并获得相应的报酬；在他们在项目活动中所担负的责任及利益的分配上，应该努力做到公平；并重视它们各自可能碰到的风险以及可能遭受的损害。

（5）与利益相关方个人或群体协同共事，采取得力措施使得所开展的项目活动给他们造成的风险和损害最小化，但当不可避免时，就应该给予适当的补偿。

（6）应该与利益相关方一起避免介入或开展可能出现的风险显然不为其他利益相关方所接受的活动。

（7）在产生冲突时，通过开诚沟通、及时通报、激励措施以及必要时第三方介入解决的方法，处理所发生的冲突。

81. 工程建设全过程咨询单位对工程款支付、工程变更是否具有决定权？

全过程工程咨询单位在施工阶段对工程款支付、工程变更是否有决定权，关键要看合同约定以及建设单位的授权范围。全过程工程咨询单位进场后，要积极与建设单位沟通，确定工程款支付、工程变更授权的范围和额度，并制定相关流程和用表。

一般情况下，全过程工程咨询在工程款支付上具有审核权和签字权，建设单位有决策权。为提高工程决策的效率，在工程变更方面，建设单位一般会在一定的范围和额度内授权全过程工程咨询单位决策，超过这个范围和额度，由全过程工程咨询单位上报建设单位，由建设单位决策。

82. 当全过程工程咨询采用工程投资的比例收费时，若工程投资发生变化，如何调整酬金？

根据《国家发展改革委 住房城乡建设部关于推进全过程工程咨询服务发展的指导意见》以及住房和城乡建设部建筑市场监管司组织起草的《全过程工程咨询服务合同示范文本（征求意见稿）》的内容可知，咨询单位通过提供咨询服务应获取的服务费用主要包括服务酬金、服务开支和奖励金额，具体的收费方式和收费标准由双方在合同中协商确定，通常双方还应将投资、服务内容等发生变化导致酬金如何进行调整予以明确。

如果双方原始合同中没有约定，根据《全过程工程咨询服务合同示范文本（征求意见稿）》在第二部分通用合同条件第 7 条中的规定，非因咨询人的原因导致的投资额变化，虽然一般不会改变合同性质，但双方仍应该对此服务变更引起的价格调整和计算方式，以及对其他部分服务的影响、对服务进度计划和服务完成日期的影响以及对增加工作量的影响达成一致。如果投资额变更对合同造成实质性变更，双方更应按照变更后的情况达成新的收费标准。具体调整标准，应考虑投资额调整的原因并对不同阶段的服务内容、咨询单位的角色及工作权重、服务范围和期限等的影响进行综合分析判断。可先参考具体项目收费标准是否有国家层面的法律法规，如项目管理费可参考《财政部关于印发〈基本建设项目建设成本管理规定〉的通知》（财建〔2016〕504号）中的项目建设管理费计取；不同阶段的咨询服务费用可参考地方收费标准，如项目决策阶段收费标准可参考《上海市发展和改革委员会关于印发委托投资咨询评估管理办法的通知》（沪发改规范〔2019〕13号）（表4-9、表4-10）。

按建设项目投资额分档取费标准　　　　　　　　　　表4-9

单位：万元

投资额　　　咨询评估项目	1亿元以下	1亿～5亿元	5亿～10亿元	10亿～50亿元	50亿元以上
一、评估项目建议书（含调整）	8	8~12	12~15	15~17	17~20
二、评估可行性研究报告、初步设计和概算、项目申请报告、资金申请报告（含调整）	10	10~15	15~20	20~25	25~35
三、评估可行性研究报告（初步设计深度）（含调整）	20	20~30	30~40	40~50	50~70

注：1. 投资额为上报申请报告的投资额。
　　2. 建设项目的具体取费标准，根据估算投资额在相对应的区间内用插入法计算。
　　3. 根据行业特点和各行业内部不同类别工程的复杂程度，计算咨询费用时可分别乘以行业调整系数和工程复杂程度调整系数（表4-10）。

按建设项目投资额分档取费的调整系数　　　　　　　表4-10

行业	调整系数（以表4-9所列取费标准为1）
一、行业调整系数	
1. 石化、化工、钢铁	1.3
2. 石油、天然气、水利、水电、交通（水运）、化纤	1.2
3. 有色、黄金、纺织、轻工、邮电、广播电视、医药、煤炭、火电（含核电）、机械（含船舶、航空、航天、兵器）	1.0
4. 林业、商业、粮食、建筑	0.8
5. 建材、交通（公路）、铁道、市政公用工程	0.7
二、工程复杂程度调整系数	0.8~1.2

注：工程复杂程度调整系数由上海市发展改革委根据工程实际情况确定。

根据《全过程工程咨询服务合同示范文本（征求意见稿）》，在双方达成一致前，咨询单位有权基于其付出的时间，根据原合同约定的收费标准获得补偿。

若之前的收费标准不适用于该变更，则建设单位应按照合理的费率或价格对咨询单位进行补偿，直至双方就投资额变更引起的价格调整和影响达成一致。

83. 当全过程工程咨询采用工程投资的比例收费时，若因全过程工程咨询合理化建议减少了投资，节约投资奖励与酬金按比例下降矛盾如何协调？

实践中，建设单位与咨询单位约定的报酬中，可能既包括了服务酬金又包括了奖励金额，而服务酬金和奖励金额往往都与项目的投资额、内容、规模、功能、条件、期限及咨询服务的范围、内容、方式等有关，特别是当咨询服务酬金按照投资额比例计收，而奖励金额往往是从咨询单位提出合理化建议节约的投资额中按比例提取，这就导致了当投资额发生变化时，服务酬金和奖励金额之间不可避免地发生冲突。

此时应考虑到全过程工程咨询服务项目的实现需要使各方利益需求得到满足。对于建设单位而言，其需要获得良好的建设项目赚取利润，同时通过委托咨询公司加强风险预防，降低项目风险，降低决策失误和安全生产事故，因此建设单位应酌情考虑给予全过程工程咨询单位适当的奖励或者补助，保证全过程工程咨询单位利益不受损，调动全过程工程咨询单位的工作积极性。对于全过程工程咨询单位而言，其需求是得到与工作努力程度相应的回报和承担一定风险的利润，合理的报酬既能补偿其提供服务的必要投入，又能保证其持续扩大再生产，也有利于实现全过程咨询服务产业化。但咨询单位仍应从职业道德出发，本着实事求是的原则，从大局出发，将项目利益放在首位，不应过于计较服务酬金的高低，积极主动提出合理化建议。

鉴于目前全过程工程咨询服务收费的标准并没有明确的法律法规和政策规定，服务酬金和奖励金额冲突的解决仍需要由双方在合同中协商确定。换而言之，若合同中没有服务酬金与奖励金额冲突的解决机制，仅能根据合同就服务酬金及奖励金额的约定进行分别处理。鉴于咨询单位的服务成本和产出有很大的调整空间，对咨询单位服务的价值确定不明确，咨询服务市场的定价更是参差不齐，非常容易造成价格的恶性竞争，因此建议在"服务酬金＋奖励金额"的框架下，尽快完善相应的法律法规政策，将全过程工程咨询涉及的工作要素（如投资咨询、勘察设计等角色及权重）、工期、质量、复杂程度，结合投资结余奖励等进行科学计算，定量化分析，以建立完整科学的报酬机制。

84. 全过程工程咨询单位能否因提出合理化建议而从节约的投资额中获取奖励？

1）有政策支持

《国家发展改革委 住房城乡建设部关于推进全过程工程咨询服务发展的指导意见》（以下简称《指导意见》）中，为优化全过程工程咨询服务市场环境，在完善全过程工程咨询服务酬金计取方式方面，不仅明确了全过程工程咨询服务酬金可在项目投资中列支，而且提出了全过程工程咨询服务酬金的两种收费方式：即叠加法（全过程工程咨询服务酬金可按各专项服务酬金叠加后再增加相应统筹管理费用计取）和成本加酬金法（按人工成本加酬金方式计取）。同时，该《指导意见》第五条"优化全过程工程咨询服务市场环境"中明确指出"鼓励投资者或建设单位根据咨询服务节约的投资额对咨询单位予以奖励"，这无疑为全过程工程咨询单位因提出合理化建议可以从节约的投资额中获取奖励提供了政策支持。

此外，各地区在建设工程领域的收费规范中，也大多明确此种"基本酬金 + 奖励"的收费方式（表4-11）。由此可见，咨询单位的收费中包含奖励费用经得起实践的检验，也有其合法性和合理性。该《指导意见》的出台更是为各试点省（市）发布全过程工程咨询试点工作方案，出台全过程工程咨询试点方案收费标准提供了政策支持。

全过程工程咨询服务收费标准汇总表　　　　　　　　　表4-11

省（市）	文号	收费规则		
		基本酬金		奖励
		叠加法	人工价法	
四川	川建发〔2017〕11号	√	√	√
宁夏	宁建（建）发〔2018〕31号	√	√	√
湖南	湘建设函〔2017〕446号	√		√
河南	豫建设标〔2018〕44号	√	√	
吉林	吉政办发〔2018〕12号	√		√
绍兴	绍市建设〔2017〕235号	√		√
厦门	厦建勘设〔2017〕33号	√		√
韶关	韶市建字〔2017〕215号	√		
宁波	甬建发〔2017〕114号	√		√
广西	桂建发〔2018〕2号	√	√	√

省（市）	文号	收费规则		
		基本酬金		奖励
		叠加法	人工价法	
广东	粤建市〔2017〕167号	√		√
浙江	建建发〔2017〕208号	√		√
莆田	莆建科设〔2017〕77号	√		√

建设单位可以按照节省投资额的一定比例提取作为奖励，具体比例由建设单位和咨询企业根据实际情况在合同中约定。

2）符合国际化趋势

我国的工程咨询业的发展一直紧追国际咨询的脚步，全过程工程咨询服务的模式就是FIDIC（国际咨询工程师联合会）理念在我国建设工程行业的实践。我国自1999年在原建设部和原国家工商行政管理局印发的《建设工程施工合同（示范文本）》中抛弃了多年来延用的模式，变为和FIDIC框架一致的通用条款与专用条款以来，FIDIC的理念和合同条款逐步为我国所接受使用。2019年初，FIDIC与世界银行就FIDIC标准合同使用事宜达成协议，同意世界银行在利用其资金的项目中使用6种FIDIC合同文本，作为其标准的投标文件，该协议的签订表明FIDIC合同条款已经获得了世界银行的肯定，也反映了FIDIC标准合同的国际化影响日益扩大及其内容和制度的科学合理性。

在《FIDIC国际合同条款中英文对照》中第13章"变更和调整"中，咨询单位向建设单位（原文分别称为"承包商"和"雇主"）提出加快竣工，降低工程施工、维护或运行的费用，提高竣工工程的效率或价值，给建设单位带来其他利益的建议，这些被称为"价值工程"，由此可见，FIDIC对咨询单位工作价值的肯定。FIDIC合同还约定建设单位应按照相应的要求，对合同价格和付款计划表做出调整，这些调整应包括合理的利润，而且如果建设单位采纳了咨询单位提出的上述"价值工程"的建议，也应将此考虑进去。由此可见，鼓励对咨询单位因提出合理化建议给予奖励，符合国际要求。

3）具有现实意义

全过程工程咨询企业提出并落实合理化建议，为建设单位节约了开支，创造了收益，带来了隐形利润，其在工程建设中发挥的卓越表现理应受到重视和鼓励。建设单位从节省投资额的比例中提取一部分作为对咨询单位工作的奖励，可以提高咨询单位及咨询工程师的工作积极性，有利于提供更优质的咨询服务，进一步提高工程质量，而且该模式也符合国际趋势，有利于我国的全过程工程咨询模式向着科学化、规范化、制度化和国际化不断前进。

4）获得奖励的前提条件

如前所述，虽然国际惯例及我国政府主管部门均鼓励建设单位能调动咨询单位的工作积极性，以求咨询单位提出更多的合理化建议、提供更优质的咨询服务，从而保证工程质量，也能为建设单位节约投资额。但是，咨询单位提出合理化建议而节约投资额也不必然认为咨询单位就有权向建设单位索要奖励。因为国际惯例不是我国的法律，没有强制力；我国政府主管部门出台的相关意见也仅是鼓励的性质，并没有上升到法律强制力的层面。即无论是根据现有的法律规定、部门规章及政策、国际惯例等，均没有赋予咨询单位有权就此向建设单位索要额外奖励的权利。

当然，如果建设单位与咨询单位事先在全过程工程咨询服务合同中已就此明确约定了奖励条款，咨询单位有权据此向建设单位主张奖励。在此提示：若咨询单位有能力提出合理化建议为建设单位节约投资额，且有意向借此向建设单位索要奖励的，建议咨询单位在签署全过程工程咨询服务合同前与建设单位友好磋商，争取获得建设单位同意，在合同中增加奖励条款，并且保证奖励条款的约定清晰、明确、可执行。

85. 工程建设全过程咨询单位在项目竣工验收阶段的工作内容有哪些？—

在竣工验收阶段，全过程工程咨询单位的任务主要是组织竣工验收、竣工结算，组织竣工资料和现场移交，协助开展竣工决算等，详述如下：

1）竣工验收

（1）全过程工程咨询单位应编制工程竣工验收计划，经建设单位批准后执行。

（2）全过程工程咨询单位或监理单位组织竣工预验收，合格后向建设单位提交竣工验收申请。

（3）竣工验收的条件、要求、组织、程序、标准及文档的整理和移交，必须符合国家有关标准和规定。

（4）建设单位接到承包人提交的竣工验收申请后，组织竣工验收，验收合格后全过程工程咨询单位协助建设单位编写竣工验收报告书。

（5）竣工验收后，全过程工程咨询单位要督促承包人在合同约定的期限内进行工程移交。

2）竣工结算

（1）工程竣工验收后，承包人应按照约定的条件向建设单位提出竣工结算报告及完整的结算资料，报全过程工程咨询单位审核，经审核后报建设单位确认。

（2）全过程工程咨询单位审核承包人提交的结算资料。

3）竣工资料管理

（1）全过程工程咨询单位应组织各参与方将工程文件的形成和积累纳入工程建设管理的各个环节和有关人员的职责范围。

（2）全过程工程咨询单位应将本单位形成的工程文件立卷后向建设单位移交。

4）竣工移交

（1）全过程工程咨询单位在移交前组织签订工程质量保修书、督促承包人清扫现场、审核承包人编写的使用维护手册。

（2）全过程工程咨询单位组织实物移交并获得移交证书，督促承包人编制主要设备移交清单，包括设备名称、型号、数量、安装地点等信息。

5）竣工决算

全过程工程咨询单位应协助建设单位依据规定编制并实施竣工决算。

案例：某项目位于广东省深圳市，项目总投资 30000 万元。新建 48 班九年一贯制学校。占地面积为 20000 平方米，项目总建筑面积为 48000 平方米。同济咨询担任该项目的全过程工程咨询单位，负责项目管理和工程监理两方面的工作。

根据签署的咨询合同，该项目全过程工程咨询单位在竣工验收阶段的工作详述如下：

编制项目竣工阶段计划；

提出有关竣工阶段管理要求；

协助组织竣工验收；

理顺、终结所涉及的对外关系；

组织现场交工并办理相关手续；

组织竣工资料移交并办理相关手续；

清算合同范围内的债权债务关系；

组织竣工结算工作；

协助建设单位开展决算工作。

86. 工程建设全过程咨询单位如何开展项目移交工作？

全过程工程咨询单位协助建设单位开展移交工作，工作内容包括但不限于审核施工单位编制的使用维护手册；协助运营管理单位人员的培训工作；督促施工单位做好场地清理工作；督促各参建单位做好人员及设备的撤离；组织签订工程质量保修书；组织向建设单位移交项目档案资料；组织向城市建设档案管理部门移交档案资料并获得相应移交证书；协助建设单位工程实物移交并获得移交证书；协助建设单位办理产权证书。

案例：某项目位于内蒙古自治区某地级市，项目总投资 18000 万元，新建 9座乡镇污水处理厂和配套污水收集管网，提升乡镇污水处理能力，达到污水处理全覆盖。同济咨询担任该项目的全过程工程咨询单位，负责决策咨询、项目管理、工程监理、造价咨询和招标代理等多方面的咨询工作。

该项目全过程工程咨询单位在项目移交阶段开展的工作详述如下：

督促承包人编制污水处理厂的运营维护手册，并对运营维护人员进行专业培训；

要求承包人在移交钥匙时，将工程室内室外进行清扫，做到窗明、地净、灯亮、水通、污水系统运转正常、排污畅通等；

要求建设单位和承包人签署工程质量保修书；

编制资料移交计划，向建设单位移交工程竣工资料，按照工程竣工资料清单目录逐项交接，办理交验签章手续；

与档案馆对接，明确移交资料目录，组织向城市建设档案馆移交档案资料；

确定工程移交时间和移交项目，要求建设单位和承包人签署工程移交证书（附移交记录）；

协助建设单位办理产权证书。

87. 工程建设全过程咨询服务是否包含缺陷责任期？如有，缺陷责任期工作有哪些？

全过程工程咨询单位履行建设过程的管理工作，服务阶段包含缺陷责任期，工作内容包括但不限于在移交给建设单位前对已完成工程进行全面检查，准备缺陷清单，限期整改的修补方案及进度表；督促施工单位修复质量缺陷；组织施工单位、监理单位参与缺陷整改，对已修复的工程，签署合格证明并签认相关费用；负责工程缺陷负责期内的修复管理工作。

案例：某公司担任全过程咨询单位的深圳某大学附属医院项目，服务内容包含项目管理和工程监理。项目规划建设床位800张，新建总建筑面积为167600平方米，其中：地上建筑面积117200平方米（含基本设施用房、科研用房、教学用房、健康体检用房、夜间值班用房），地下建筑面积50400平方米（地下停车库兼人防）。

根据签署的咨询合同，该项目全过程工程咨询单位在缺陷责任期的工作描述如下：

督查承包人编制工程缺陷责任期管理制度；

组织编制缺陷责任清单；

对投资人或运营人提出的工程质量缺陷，全过程工程咨询单位应安排相关人员进行检查和记录，并应要求承包人予以修复，同时应监督实施，合格后予以签认；

全过程工程咨询单位应对工程质量缺陷原因进行调查，并应与投资人、承包人协商确定责任归属。对非承包人原因造成的工程质量缺陷，应核实承包人申报的修复工程费用，并应签认工程款支付证书，同时应报投资人；

全过程工程咨询单位应在工程缺陷责任期内定期回访。

88. BIM 技术目前在工程建设全过程咨询服务中主要有哪些应用？—

1）决策阶段 BIM 技术应用

（1）项目决策阶段创建的模型应根据项目全生命期的 BIM 应用策划做出规划，以实现模型及信息在后续环节中的充分利用。

（2）将烦琐的文字、图纸资料、碎片化与抽象化的需求整合到建筑信息模型文件中。

2）设计阶段 BIM 技术应用

（1）在设计阶段，宜将 BIM 技术用于优化设计方案，提高各专业沟通效率，通过各专业的协同设计提高设计质量。

（2）依据方案设计阶段相关要求，完善初步设计阶段的各专业建筑信息模型，并利用各专业建筑信息模型进行设计优化。

（3）为项目建设的批复、核对、分析提供准确的工程项目设计信息，并为施工图设计阶段提供数据基础。

（4）设计阶段的 BIM 应用，宜结合设计成果交付要求，基于模型形成设计图档，使 BIM 交付模型与设计图档相一致。

3）招标采购阶段 BIM 技术应用

（1）基于 BIM 模型优化成果的施工标段划分，减少各标段之间的工作冲突，消除传统施工过程中，由于工作界面冲突而导致效率低下等问题。

（2）根据 BIM 模型编制准确的工程量清单，达到清单完整、快速算量、精确算量，有效避免漏项和错算，最大限度地减少施工阶段因工程量问题引起的纠纷。

4）施工阶段 BIM 技术应用

（1）施工阶段的模型应基于设计阶段交付的模型，并根据 BIM 施工应用需要，创建形成施工模型、专项施工模型等子模型。

（2）施工阶段采用 BIM 技术进行 4D 施工进度模拟，对比现场实际进度，实施调整施工计划，便于对施工情况进行审核。

（3）通过 BIM 模型配合传统造价软件进行成本辅助管理，增加项目的可控性，降低造价。

（4）将 BIM 模型结合手持终端带入施工现场，通过模拟施工单位上报的施工方案、技术交底及运营方案等，对现场施工质量状况进行检查，便于建设单位的管理与监督。

（5）根据项目实际情况建立项目协同管理平台，全过程工程咨询单位协调组织各参建方进行项目智慧化、信息化建设，以便为后续数字化运营奠定基础。根据项目需求，以项目建设期的协同管理平台为基础建立项目运维管理平台，做到"智建、慧管"。

5）竣工验收阶段 BIM 技术应用

（1）竣工验收时，将竣工验收信息添加到施工过程模型，并根据项目实际情况进行修正，以保证模型与工程实体的一致性，进而形成竣工模型。

（2）验收过程借助 BIM 模型对现场实际施工情况进行校核，譬如管线位置是否满足要求、是否有利于后期检修等。

（3）搭建竣工 BIM 模型，将建设项目的设计、经济、管理等信息融合到一个模型中，便于后期的运维管理单位更好、更快地检索到建设项目的各类信息，为运维管理提供有力保障。

（4）BIM 模型进行建筑空间管理，其功能主要包括空间规划、空间分配、人流管理（人流密集场所）等。

（5）利用 BIM 模型对资产进行信息化管理，辅助建设单位进行投资决策和制定短期、长期的管理计划。

（6）将建筑设备自控（BA）系统、消防（FA）系统、安防（SA）系统及其他智能化系统和建筑运维模型结合，形成基于 BIM 技术的建筑运行管理系统和运行管理方案，有利于实施建筑项目信息化维护管理。

（7）利用 BIM 模型和设施设备及系统模型，制定应急预案，开展模拟演练。

（8）利用 BIM 模型和设施设备及系统模型，结合楼宇计量系统及楼宇相关运行数据，生成按区域、楼层和房间划分的能耗数据，对能耗数据进行分析，发现高耗能位置和原因，并提出针对性的能效管理方案，降低建筑能耗。

6）运营维护收阶段 BIM 技术应用

（1）运维模型宜关联信息应在设计、施工的建设期，具备资产基本信息和建设备各阶段资料信息。

（2）运维模型宜在竣工模型基础上，添加资产运维管理信息，实现性能分析评估、资产设施管理，优化建筑运行状态，满足运营管理生产需要。

（3）运维模型宜在竣工模型基础上，实现资产清册、资产日常使用、调拨、更新管理、全寿命期成本统计分析、故障趋势分析、报废评估及资产折旧等资产管理功能。

89. 工程建设全过程咨询服务过程中可以应用哪些数字化手段？——

全过程工程咨询单位应大力推广和应用大数据、物联网、人工智能、5G 以及 BIM、CIM、GIS 等数字化手段，利用信息化、数字化手段提高全过程工程咨询服务水平。

近年，各领域的数字化转型被提到了较高的高度，成为各领域实现生产效率提升的重要手段。为培养投资建设数字化转型示范项目，更好发挥其引领带动作用，加快推进全过程工程咨询数字化转型发展，中国工程咨询协会发布了

《中国工程咨询协会关于申报投资建设数字化转型项目的紧急通知》（中咨协标准〔2022〕24号），决定开展组织申报和遴选确定投资建设数字化转型项目，并给予中央预算内资金支持。自此，全过程工程咨询行业也开启了政府引导下的数字化转型工作。

案例：项目位于山东省青岛市，总规划面积约1.25平方公里，地上地下总建筑面积约190万平方米，片区将建立高能级国际化科技创新服务系统，构筑科技赋能数字化金融服务生态圈，夯实高效高质港航物流服务支撑体系，打造顶级贸易总部经济集聚平台。项目将落实上位规划的指导方向，用智慧点亮片区未来，为实现低碳韧性的生态片区、集约共享的生活片区、数字赋能的产业片区的规划愿景作支撑，衔接规划建设、聚焦运营服务并激发创新涌现。

同济咨询担任该项目数字化实施的全过程工程咨询单位，将与建设单位及实施单位一道将项目打造成为全区域、全领域数字化发展试点示范。

项目总体目标是通过对片区的智慧化建设，全面提高片区建设运营的一体化水平和效率，实现片区开发流程全面整合、运行态势全面感知、管理工作全面把控，构建全息智慧生态体系，为未来运营阶段的数字化应用打下坚实的基础，为人民提供更好的智生产、智生活、智通勤，努力打造国际一流、国内首创的智慧双碳片区标杆。

片区综合开发作为引领城市发展升级的重要模式，为了让片区智慧化更上一个台阶，需要建立健全一体化开发管理策划与体系标准、流程；设计、施工阶段BIM总体咨询加建模的智慧建造模式；建设片区建设运营数智一体化平台，提供全域、全周期的数据中台能力；搭建BIM应用平台，包括BIM协同设计平台、工程建设综合管理信息化子平台、智慧工地、碳足迹平台。各部分以一种协作的方式相互衔接，实现数据、业务互通互联，形成完整的健康的建设、管理、运营链条（图4-19）。

片区建设运营数智一体化平台作为片区项目的底层平台，主要提供数据治理引擎、可视化空间分析引擎、数据共享与服务、开发接口服务和其他通用功能，为智慧建设BIM应用、工程建设综合管理信息化平台和碳足迹平台等应用系统提供基础支撑，实现区域建设运营一体化管控。

项目作为政府投资的重要科创片区，以现有城市信息化建设为基础，充分利用集成BIM、GSD、IOT、5G、云计算、大数据等众多先进技术，汇总融合多源异构数据，建立起城市空间模型和城市动态信息的有机综合体。通过搭建及运用

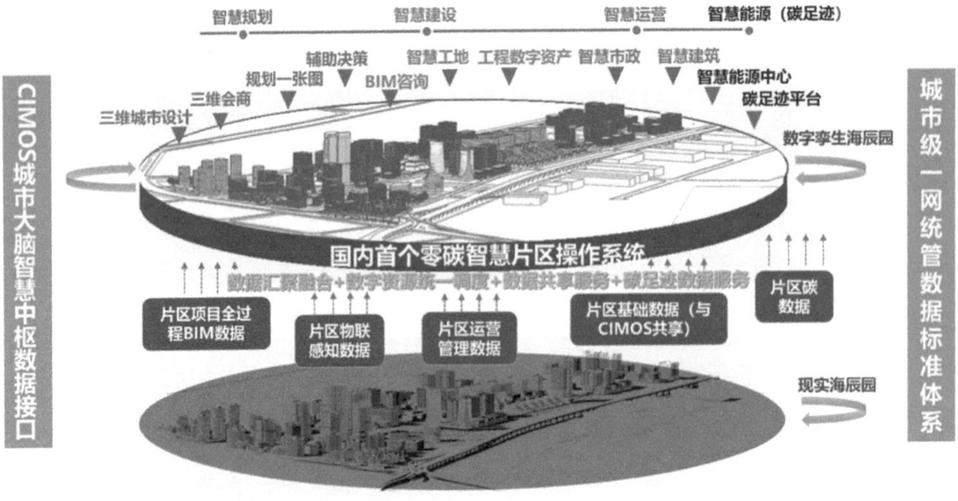

图 4-19　数字化架构图

集数据汇聚与管理、数据查询与可视化、平台分析、平台运行与服务等基础功能于一体的底层平台——建设运营数智一体化平台，支持多类数据的接入、汇聚、输出和展示，实现业务信息与二维空间信息、三维空间信息的有机融合，满足业务协同、信息联动的需要，提供全域、全周期的数据中台能力。

对接相关系统平台，整合集成全域时空基础、资源调查、规划管控、工程建设项目、公共专题和物联感知等多维、异构数据。按需补充采集更新现状数据，构建全要素多维度数据存储中心，实现对多元城市数据资源的数据汇聚、存储和处理。平台应用是探索片区迈向智慧化、碳达峰、碳中和的重要途径，可有效提升城市精细化、智慧化管理水平，促进智慧规划和智慧城市建设，提高国土空间精治、共治、法治水平。

90. 工程建设全过程工程咨询单位对项目过程中产生的数据、知识、文件具有产权吗？

1）涉及知识产权的类型

全过程工程咨询单位（以下简称"咨询单位"或"咨询人"）在项目实施推进的工程中，可能会涉及的知识产权包括：著作权及邻接权、专利权、专有技术权、商业秘密权、商标专用权等。具体分为：

（1）著作权及与著作权有关的权利（以下简称"邻接权"）：如勘察、设计、咨询活动和科研活动中形成的，以各种载体所表现的文字作品、图形作品、模型作品、建筑作品、计算机软件等勘察设计咨询作品的著作权。包括工程勘察投标方案、专业工程设计投标方案、建筑工程设计投标方案（包括创意或概念性投标方案）、工程咨询投标方案等；工程勘察和工程设计阶段的原始资料、计算书、工程设计图及说明书、技术文件和工程总结报告等；工程咨询的项目建议书、可行性研究报告、专业性评价报告、工程评估书、监理大纲等；科研活动的原始数据、设计图及说明书、技术总结和科研报告等；以及企业自行编制的计算机软件、企业标准、导则、手册、标准设计等。

（2）专利权：包括各种具有新颖性、创造性和实用性的新工艺、新设备、新材料、新结构等新技术和新设计，以及对原有技术的新改进、新组合等的发明专利、实用新型、外观设计专利权。

（3）专有技术权：勘察设计咨询业的专有技术权系指对没有申请专利，具有实用性，能为企业带来利益，并采取了保密措施，不为公众所知悉的技术享有的权利，包括各种新工艺、新设备、新材料、新结构、新技术、产品配方、各种技术诀窍及方法等。

（4）商业秘密权：指技术秘密以外的其他商业秘密，系指具有实用性，能为企业带来利益，并采取了保密措施，不为公众所知悉的经营信息，包括生产经营、企业管理、科技档案、客户名单、财务账册、统计报表等。

（5）商标专用权及相关识别性标志权利：如企业名称、商品商标、服务标志，以及依照法定程序取得的各种资质证明等依法享有的权利。

2）知识产权归属与许可问题

鉴于全过程工程咨询服务合同系复合型合同，其涵盖了建设工程合同关系、委托合同关系、技术咨询合同和技术服务合同关系等多种法律关系，目前，关于全过程工程咨询服务合同中涉及知识产权归属问题，国家层面并未出台直接的法律法规予以明确，但可以通过相关的法律规定、国家或地方的全过程工程咨询服务合同示范文本及司法实践中得出结论：有约定从约定，无约定归完成方即咨询单位所有。

首先，如前所述，全过程工程咨询服务合同系复合型合同，咨询单位交付的是建设工程的项目管理、勘察、设计、造价、监理等咨询建议服务，而该交付的载体如设计方案和技术总结报告等往往牵涉相关知识产权的实施使用，比如，工程勘察、方案设计、初步设计、施工图设计工作属于建设工程合同关系；工程报批报建服务、工程勘察管理、工程设计管理、工程监理招标代理、工程施工招标代理、材料设备采购管理、工程监理服务、施工项目管理服务应属于委托合同关系；工程造价咨询服务、风险管理咨询、工程保险咨询等属于技术咨询合同和技术服务合同。因此，双方实际上在委托关系中形成了包含建设工程合同和技术合同的复合建设工程合同。不管是委托合同还是技术咨询合同和技术服务合同，根据《中华人民共和国民法典》第八百五十九条"委托开发完成的发明创造，除法律另有规定或者当事人另有约定外，申请专利的权利属于研究开发人。研究开发人取得专利权的，委托人可以依法实施该专利"及《中华人民共和国合同法》第三百六十三条"在技术咨询合同、技术服务合同履行过程中，受托人利用委托人提供的技术资料和工作条件完成的新的技术成果，属于受托人。委托人利用受托人的工作成果完成的新的技术成果，属于委托人。当事人另有约定的，按照其约定"等相关规定，可知"有约定从约定"，如无约定，知识产权归完成单位。

其次，早在推进全过程工程咨询服务发展之前，原建设部和国家知识产权局曾于 2003 年 10 月 22 日颁发实施了《工程勘察设计咨询业知识产权保护与管理导则》（以下简称《导则》），《导则》侧重于明确咨询单位及技术人员之间知识产权的权利划分。而针对建设工程中包括工程勘察、工程设计和工程咨询等阶段咨询企业与建设单位之间的知识产权归属，《导则》第 3.6 条规定"勘察设计咨询企业接受国家、企业、事业单位的委托，或者委托其他企事业单位所形成的著作权及邻接权、专利权、专有技术权等知识产权，按照合同确定其权属。没有合同约定的，其权属归完成方所有"，该规定充分体现了尊重合同主体的"意思自治"原则，同时也明确了没有约定或者约定不明的处理原则，即"约定优先"，无约定则归完成方所有。

最后，在全过程工程咨询服务中，委托人与咨询人可结合建设工程具体情况参考《全过程工程咨询服务合同示范文本》在合同专用条款中就知识产权的归属问题自行约定。比如国家层面，住房和城乡建设部建筑市场监管司于 2020 年组织起草的《全过程工程咨询服务合同示范文本（征求意见稿）》通用合同条件中知识产权归属和许可一节，明确"8.1.1 委托人创造、开发和拥有的知识产权，包括但不限于委托人提供给咨询人的资料、文件，委托人为实施项目自行编制或委托编制的技术规范以及反映委托人要求的或其他类似性质文件的知识产权，均属于委托人。但委托人应向咨询人授予咨询人提供咨询服务而合理必需的，使用上述知识产权的免许可费、可转许可的普通许可。8.1.2 咨询人独立于合同之外而创造、开发和拥有的知识产权均属于咨询人。除专用合同条件另有约定外，咨询人为提供咨询服务而创造或开发的知识产权，包括但不限于咨询人编制的各类书面文件，均属于咨询人。但咨询人应向委托人授予委托人利用咨询服务或项目而合理必需的，使用上述知识产权的相关许可，除专用合同条件另有约定外，许可费用视为包含在服务费用中，不再另行计取。咨询人转让为提供咨询服务而创造或开发的知识产权的，委托人享有以同等条件优先受让的权利"，即无论是通用合同部分还是专用合同部分中均涉及知识产权，且明确以专用合同部分约定优先，而该部分对于知识产权的归属和许可以及撤销，都给予了双方约定的权利。再如地方层面，有的省份的《全过程工程咨询服务合同示范文本》中并未涉及知识产权问题，即使涉及，也是明确以合同主体约定为主，如北京市建设监理协会于2020年10月12日发布的《关于印发〈全过程工程咨询服务合同示范文本（试行）〉的通知》中对于知识产权问题，第9.7.1款规定"除合同专用条款另有约定外，委托人提供给咨询人的图纸、委托人的文件的著作权属于委托人，咨询人可以为实现合同目的而复制、使用此类文件，但不能用于与合同无关的其他事项。未经委托人书面同意，咨询人不得为了合同以外的目的而复制、使用上述文件或将之提供给任何第三方"；第9.7.2款规定"除合同专用条款另有约定外，咨询人为实施工程所编制的文件的著作权属于咨询人，委托人可因实施工程的运行、调试、维修、改造等目的而复制、使用此类文件，但不能擅自修改或用于与合同无关的其他事项。未经咨询人书面同意，委托人不得为了合同以外的目的而复制、使用上述文件或将之提供给任何第三方"。上述规定均明确以合同专用条款约定优先，而专用条款中关于委托人提供给咨询人的图纸、委托人为实施工程自行编制或委托编制的技术规范以及反映委托人关于合同要求或其他类似性质的文件的著作权的归属、关于委托人提供的上述文件的使用限制的要求、关于咨询人为实施工程所编制文件的著作权的归属、关于咨询人在设计过程中所采用的专利或专有技术的使用费的承担方式、关于咨询人提供的上述文件的使用限制的要求等均可以约定。由此可见，不管是国家层面还是地方层面，涉及上述知识产权的归属问题，均以双方约定优先。

3）知识产权相关的侵权责任问题

除需要明确上述知识产权的权利归属与许可外，明确相关责任也非常必要。工程建设中的知识产权侵权涉及工程设计与施工、工料采购等诸多环节，明确责任归属，有利于及时应对有关侵权纠纷。比如建设单位虚构有关事实，故意伪造有关知识产权合法性的证明文件（如施工方法经过专利权人授权的凭证）提供给咨询单位，指示咨询单位按照其提供的技术方案设计，则建设单位在主观上有侵权故意，且直接实施了使用他人知识产权的行为，而咨询单位虽无主观故意可不承担赔偿责任，但应承担停止侵权责任与替代赔偿责任；另一方面，咨询单位根据建设单位的要求，设计有关技术方案，采用相应技术参数，提供相关技术图纸等文件，其设计行为本身虽不构成擅自实施他人专利权的专利侵权行为，但如果咨询单位明知其设计方案所选定的有关建筑材料或设备存在知识产权侵权嫌疑而放任其在工程建设项目中的使用，即使建设单位并无故意实施侵权行为而构成善意使用，仍有可能面临着与咨询单位承担共同侵权责任的风险。此外，还存在如工料与设备供应商因侵犯他人知识产权涉诉，影响工程进度的责任问题等。

4）实际操作过程中的建议

首先，对于知识产权归属和许可问题，由于各《全过程工程咨询服务合同示范文本》及其征求意见稿并无强制约束力，且实践中具体的咨询服务内容不完全一致，进而影响到是否可以适用上述关于归属无约定即属于完成方，以及对方在合理范围内可以无偿使用的规定。既然法律允许双方对此可以约定，因此建议建设单位和咨询单位注重加强个人和他人的知识产权保护意识，通过协商约定，对知识产权归属和许可问题予以明确，以平衡各方利益，比如咨询人为提供咨询服务而创造或开发的知识产权，包括但不限于咨询人编制的各类书面文件，权利归属于咨询人，但咨询人应向委托人授予委托人合理使用上述知识产权的相关许可；除专用合同条件另有约定外，许可费用视为包含在服务费用中，不再另行计取。这样既有利于保护双方的权益，激发从业者的创造创新精神，促进咨询单位技术进步，也能提高其服务质量，进而提高工程项目建设质量。

其次，在责任归属方面，建议双方明确知识产权纠纷的责任分配，并将不履行约定的行为作为整个服务合同的违约情形之一，在面对侵权指控时，督促责任方积极处理，以免影响工程进度。关于责任归属，双方可以在合同中明确做出如下保证：咨询人和委托人保证，己方是拥有所提供的服务成果或资料的知识产权权利人，或已获得知识产权权利人的相关许可。如咨询人或委托人因使用对方提供的服务成果或资料而导致侵犯第三方的知识产权或其他权利，则提供方须与该第三方交涉并承担由此而引起的一切法律责任和费用，并应在法律允许的情况下自担费用确保合法的权利人将相关权利转让或授予委托人或咨询人。

91. 若项目因非咨询单位（或不可抗力）原因终止，全过程工程咨询该如何善后？酬金如何结算？

关于项目因非咨询单位（或不可抗力）原因提前终止后咨询单位的后续义务问题，根据《中华人民共和国民法典》第五百六十三条"有下列情形之一的，当事人可以解除合同：（一）因不可抗力致使不能实现合同目的"之规定可知，由于项目提前终止会导致合同目的无法实现，故可以解除全过程工程咨询服务合同。全过程工程咨询单位可与建设单位协商一致解除合同，协商不成的任何一方也可向人民法院或仲裁委员会提起诉讼或仲裁申请解除合同。合同解除后，尚未履行的合同义务终止履行。

部分地区在其施行的《全过程工程咨询服务合同示范文本》中针对此问题设置了更为明确的条款：不可抗力发生后，咨询单位在立即通知建设单位后可暂停或解除合同；不可抗力发生后，咨询单位应收集证明不可抗力发生及不可抗力造成损失的证据，并及时认真统计所造成的损失，此外，咨询单位还应采取措施尽量避免和减少损失的扩大，否则其应对扩大的损失承担责任；因非咨询单位的原因导致工程全部或部分暂停的，咨询单位在建设单位通知其暂停全部或部分工作后，应立即安排停止工作，并将开支减至最小，除不可抗力外，由此导致咨询单位遭受的损失应由建设单位予以补偿。但也有其他地区的《全过程工程咨询服务合同示范文本》规定：在发生不可抗力的情况下，即使咨询单位通知了建设单位，也应尽力避免或减少咨询服务的暂停。

无论如何，可以肯定的是，在项目因非咨询单位（或不可抗力）原因提前终止后，全过程工程咨询单位有妥当善后和避免损失扩大的义务，并对其违反相关义务给委托人造成的损失应承担相应的赔偿责任。在项目提前终止后，出于避免不必要的赔偿责任和树立自身形象及公信力的需要，全过程工程咨询单位应积极配合建设单位组织相关单位对已完工程进行计量，并与相关单位达成结算意见、形成结算成果，且应尽快组织工程移交，并及时对工程未完部分采取合理的保护措施，以避免安全隐患。

关于项目因非咨询单位（或不可抗力）原因提前终止后咨询单位酬金的结算问题，根据《中华人民共和国民法典》第五百六十七条"合同的权利义务关系终止，不影响合同中结算和清理条款的效力"之规定可知，即使项目提前终止导致全过程工程咨询服务合同解除，由于合同中结算条款的效力具有独立性，不因合同权利义务关系的终止而失效，故合同中的结算条款仍然具有法律效力。即，在全过程工程咨询服务合同解除后，对于全过程工程咨询单位在合同解除前已经完成的咨询服务，建设单位仍有义务按照合同中约定的结算条款予以结算。

部分地区在其施行的《全过程工程咨询服务合同示范文本》中针对此问题也设置了相关条款：在合同终止的情况下，即使未到支付服务费用的日期，咨询单位也有权得到已完成的咨询服务的付款；不可抗力发生前已完成的咨询服务应当按照合同约定进行支付；合同解除后，合同约定的有关结算、清理、争议解决方式的条款仍然有效。

在实务操作中，建议在全过程工程咨询服务合同的专用条款部分对合同被提前解除后服务费用的结算进行明确约定，同时咨询单位应养成保留其已完成的咨询服务成果的证据的良好习惯，以避免日后引发纠纷。结算标准应考虑到项目管理、投资咨询、招标代理、勘察、设计、监理、造价等不同专业的特性而区别约定。若已完成工作量可明确量化，或是项目进展有重要时间节点的，或随着项目的推进但工作量仍相对均衡的，可根据已完成的工作量、项目进展的时间节点、已提供服务的时间为依据进行结算。当然，双方可协商其他明确的、可执行的结算标准。

总之，若全过程工程咨询服务合同中对此种情况下酬金的结算问题有明确约定的，则双方应按约定结算；若未约定的，双方应本着诚实信用原则友好协商。协商不成的，可提请人民法院或仲裁委员会就已完成工作量及应支付的酬金相关问题进行司法鉴定。

92. 全过程工程咨询单位与建设单位有争议或纠纷时，如何解决？——

全过程工程咨询单位在工作过程中难免会与建设单位有不同的工作意见，甚至与建设单位产生争议或纠纷。

中国招标投标协会发布的《建设项目全过程工程咨询服务招标文件示范文本》中关于争议的解决方式规定如下："建设单位和咨询人在履行合同中发生争议的，可以友好协商解决、调解或者提请争议评审组评审。合同当事人友好协商解决或调解不成、不愿提请争议评审或者不接受争议评审组意见的，可在专用合同条款中约定下列一种方式解决：（1）向有管辖权的人民法院提起诉讼；（2）向约定的仲裁委员会申请仲裁"；关于协商和调解规定如下："在提请争议评审、仲裁或者诉讼前，以及在争议评审、仲裁或诉讼过程中，建设单位和咨询人均可共同努力友好协商解决争议，或将争议提交专用合同条款约定的或事后达成协议的调解人进行调解"；关于争议评审规定如下："合同当事人友好协商解决或调解争议不成的，可以将其提交争议评审小组进行评审"。

全过程工程咨询单位与建设单位之间的争议，因具有咨询和管理的特性而区别于建设单位与其他单位之间的争议。解决全过程工程咨询单位与建设单位之间争议的途径：

1）设置前置性协商和调解机制

为减少诉累，建议在全过程工程咨询服务合同中设置争议解决机制的相关条款。如：在全过程工程咨询服务合同中设置不同层级的前置性协商和解机制，只有当这些机制无法解决双方的争议时，才启动仲裁、诉讼等外部争议解决机制。再如：在全过程工程咨询服务合同中设置独立的专家争议解决机制，可由工程行业内的专家及法律方面的专家组成专家团队。由于此类争议具有较强的专业性，仲裁或诉讼时仲裁机构或法院往往也会聘请专家提供专业意见，并将此作为认定案件事实的重要依据。因而，在全过程工程咨询服务合同中设置独立的专家争议解决机制可在取得类似争议解决效果的前提下，有效节约双方的经济和时间成本。

"争端审议委员会"DRB（Dispute Review Board）、"争端裁决委员会"DAB（Dispute Adjudication Board）是国际上常用的新型争端解决机制。这种新型的争端解决方式的核心是独立地、公平公正地、合理及时地处理在合同实施过程中所出现的争端。它的实质是引入了独立的第三方进行裁决，其裁定结果不具有法定约束力，但因其裁决的专业性和权威性通常受到广大建筑企业和工程专家的认可。随着国际上新型争端解决方式的采用，我国建筑业的项目管理也开始尝试使用这种新型有效的争端解决方式，最初采用这种新型争端解决方式的项目有四川二滩水电站项目，以及后来利用了世界银行贷款建设的大型水利水电项目——小浪底水利枢纽工程部分。实践证明：利用这种方式解决争议缩短了时间，节约了费用，运作良好，成效显著，使提交人民法院或仲裁委员会解决争议的情况大为减少，值得我们借鉴。有鉴于此，建议可由行业协会设置独立的、公正公平的、专业高效的第三方争议解决机构，健全调解工作机制，建立以工程行业专家和法律专家为核心的"专家库"，为纠纷解决提供专业高效的服务。

2）提交人民法院或仲裁委员会裁决

如全过程工程咨询服务合同中并未设置前述争议解决机制的相关条款，在争议发生后，又协商不成且无法达成合意共同委托第三方机构调解的，可依据全过程工程咨询服务合同的其他相关争议解决条款，向人民法院或仲裁委员会申请诉讼或仲裁。

此外，解决全过程工程咨询单位与建设单位之间的争议时应注意：

1）明确争议产生的源头责任方

建设工程项目主体繁多，盘根错节，因而全过程工程咨询单位与建设单位之间争议的背后可能是其他工程主体之间的争议，比如：全过程咨询单位联合体成员之间的争议、全过程咨询单位与专业咨询分包单位之间的争议、全过程咨询单位与其他参建方之间的争议、建设单位与其他参建方之间的争议等。明确全过程咨询单位与建设单位之间争议产生的源头责任方，并据此选择更为适宜的争议解决方式，是妥善解决争议的"釜底抽薪"之策。

2）保证咨询工作的持续性

由于全过程工程咨询往往覆盖建设工程项目期策划、项目管理、设计、监理、造价咨询、招标投标、项目后期运行等各个方面与阶段，因而全过程工程咨询单位与建设单位之间产生的争议可能会"牵一发而动全身"，影响后续工程项目的实施，给建设单位造成损失，继而引起全过程工程咨询单位承担相应赔偿责任的风险。因此，在解决争议的过程中，全过程工程咨询单位应将建设单位的项目利益放在首位，持续提供咨询服务，继续履行合同义务，并尽最大努力减少争议对项目实施产生的影响。对无法通过协商解决的争议，应尽快依法提请仲裁或诉讼，以避免对咨询工作的开展产生不利影响。

93. 如何对全过程工程咨询服务进行评价考核？ ——————

全过程工程咨询单位提供的是智力型服务，建设单位很难用量化的指标对全过程工程咨询服务的过程和结果进行考核和评价。如果建设单位仅凭个人的主观感受进行评价，很难得到全过程工程咨询单位的认同，客观的考核和评价存在较大难度。建设单位可考虑建立奖、罚并举的综合打分考核方式，尽量量化考核指标，并与全过程工程咨询单位进行平等、公平的交流，在考核额度、考核指标等方面达成一致意见。

建设单位可从多个维度对全过程工程咨询单位的服务进行综合考量，包括但不限于：

合同的响应度。从合同的服务范围、服务内容、服务团队、服务成果提交等多个方面评判咨询团队对咨询合同的响应度。

服务的响应度。咨询团队能否响应建设单位的合理要求和合理诉求，满足建设单位对服务的质量和时间要求。

服务成果的质量。咨询团队提交的专题报告、汇报材料、周月报等成果材料，能否满足建设单位的要求，能否起到推动工程的效果。

工程的合规性。咨询团队能否发挥专业的服务能力，重点把控住工程在合规性方面的问题，如是否符合相关法律法规、是否按照流程审批、是否符合相关规范要求等。

五、全过程工程咨询的未来发展

94. 全过程工程咨询是否是未来工程咨询行业的发展趋势？

从我国全过程工程咨询发展现状及项目建设管理需求变化分析，全过程工程咨询必定是未来工程咨询行业的发展趋势（图5-1）。

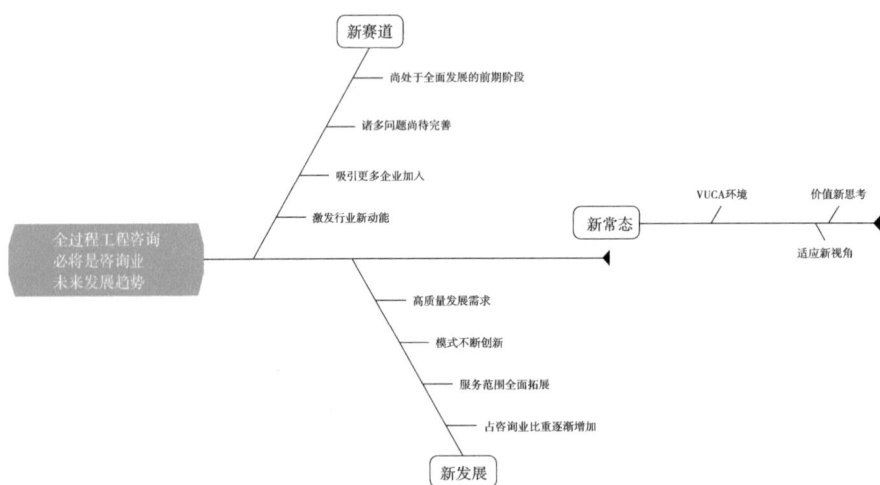

图5-1 全过程工程咨询成为咨询业未来趋势的理由

1）全过程工程咨询开辟了工程咨询行业的新赛道

自2017年试点以来，全过程工程咨询已有6年发展历程，目前尚处于全面发展的前期阶段，但行业内的各类工程咨询单位都积极投入，获得了预期效果。当初，全过程工程咨询是在我国深化投融资体制改革、完善工程建设组织模式，提高投资效益、工程建设质量和运营效率等需求的背景下提出的，力图解决综合性、跨阶段、一体化的咨询服务需求与现行制度造成单项服务供给模式之间的矛盾，为市场提供高质量智力技术服务，从而全面提升投资效益、工程建设质量和运营效率，推动高质量发展。

虽然，目前全过程工程咨询的行业发展环境有待优化，诸多问题需进一步完善，如相关管理政策制度和行业规范还不够健全，强制性标准得不到落实，缺乏科学合理的价格引导机制和配套政策，信息数据开放共享程度亟待提高等。但从市场发展来看，我国全过程工程咨询需求量提高，咨询领域逐步增加，市场呈现健康持续发展状态，已经开辟了工程咨询行业发展的新赛道，正在吸引更多的企业加入。这条新赛道以引领性发展为特征，以综合性、跨阶段、一体化为原则，以模式与技术协同创新为驱动力，激发出工程咨询行业的新动能。

2）全过程工程咨询符合我国新发展阶段的高质量需求

根据《中国工程咨询年度行业发展报告》（2018—2020 年），2018 年、2019年和 2020 年，全过程工程咨询新签合同数分别达到 31041 个、36037 个和 44587个，年平均增长率为 19.91%。2018 年、2019 年和 2020 年，全过程工程咨询营业收入分别达到 263.33 亿元、389.47 亿元和 1444.03 亿元，年平均增长率为159.33%（表 5-1）。全过程工程咨询项目已涉及建筑、市政、公路、水利、基础设施建设（包括新基建）等诸多领域，同时全过程工程咨询服务模式在服务范围拓展、数字化技术利用等方面得到了创新与发展。

全过程工程咨询 2018—2020 年业务状况统计数据　　　　　　表 5-1

内容	2018 年	2019 年	2020 年
合同数量（个）	31041	36037	44587
营业收入（亿元）	263.33	389.47	1444.03

2022 年 3 月，中国工程咨询协会发布《关于加快推进工程咨询业高质量发展的指导意见》，提出"立足新发展阶段，把握行业高质量发展的奋斗方向"。新发展阶段是继我国全面建成小康社会、实现第一个百年奋斗目标之后，乘势而上开启全面建设社会主义现代化国家新征程、向第二个百年奋斗目标进军的又一个重要阶段，因此高质量发展是新发展的必然要求。经过多年实践，全过程工程咨询在提高投资效益、建设质量和运营效率中发挥出良好的综合效应，符合创新、协调、绿色、开放、共享的高质量发展需求。各咨询企业在充分发挥自身专业和技术优势的同时，通过业务、技术、管理、体制创新等模式，不断提升全过程工程咨询的能力和水平，使高质量发展迈上了新的台阶。

3）全过程工程咨询适应了新常态实现项目价值的要求

当前，工程项目日趋复杂，环境不断变化，"不稳定、不确定、复杂性和模糊性（VUCA）"已成为新常态，需要工程咨询企业及人员用全局性、系统性、整体性的视角来看待和思考项目所处的环境及项目运作的全过程。同时，衡量项目建设成功的标准也有所不同，在传统以建设成果为导向的基础上，更需要不断适应变化。项目建设需求的是过程适应、克服复杂性和价值实现。而全过程工程咨询推行的系统性管理、综合协同工作、全生命周期管理等理念正符合项目建设变化的需求。通过全过程工程咨询的创新与发展，全面调动咨询各类资源（如人才、信息资源等），突破常规的项目咨询与管理方法，由规定性要求向基于原则的灵活适应性转变，持续关注项目复杂性的迹象，结合系统思考和项目经验，以提高项目建设管理的适应性和韧性，不断完善项目目标，进而实现建设成果和项目收益，并最终实现项目价值。

95. 全过程工程咨询企业呈现怎样的发展趋势？

随着全过程工程咨询市场活跃度提高，越来越多的企业投入全过程工程咨询中，在推动全过程工程咨询服务理念和服务模式创新中将起到决定性的作用。通过市场竞争和企业对卓越绩效的追求，不仅可提高全过程工程咨询的供给质量和能力，而且可提升客户满意度，从而增加全过程工程咨询市场需求，促进全过程工程咨询健康、持续发展，未来发展趋势如图5-2所示。

1）加入全过程工程咨询企业逐步增加，且呈现融合趋势

从目前全过程工程咨询相关政策及实践来看，全过程工程咨询业务不仅仅只是原先项目管理的简单延伸，更是项目管理与决策咨询、设计咨询、造价咨询等

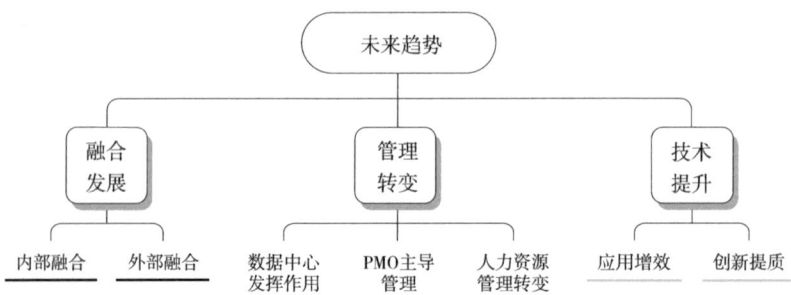

图5-2 全过程工程咨询的未来趋势

各专项建设服务的融合，也就是将企业原先多元化的咨询服务融合成一个综合性服务产品。因此，融合趋势日趋明显。具体表现在内部融合和外部融合两个方面：

（1）内部融合

内部融合是企业在原有建设服务业务的基础上，对组织、管理模式、人才、技术、知识数据等方面进行全面整合，以满足全过程工程咨询的市场需求。在组织融合方面，企业需打破传统思维模式，勇于创新，根据自身专业优势整合企业内部资源，发动企业全体成员参与流程改造和变革；在管理模式融合方面，企业应以市场需求为导向，以顾客期望为重点，加强责任体系管理、服务标准化管理、动态绩效管理及知识库管理；在人才融合方面，应积极探索高效的培育机制和激励机制；在技术升级方面，机构应及时将高科技手段融入项目管理、工程咨询和专业技术发展中，尤其是绿色发展技术、信息化技术、BIM 技术、数字化工程技术和人工智能的融合应用，通过技术创新来提升咨询质量，并获得市场认可；在知识数据方面，企业应对原有各服务知识和数据集成，提高数据的正确性和完整性，减少冗余度，并挖掘有价值的知识，为开展全过程工程咨询工作提供有力的技术支撑。

（2）外部融合

外部融合主要是通过外包、收购、重组、联盟、平台运作及联合体等方式与外部组织合作，在保留自身专业比较优势基础上，做到优势互补。随着工程咨询业发展，各类工程咨询服务界限已经逐渐模糊，咨询业务内容及人才资源交叉，其间技术壁垒较低，使得咨询企业外部融合较为容易。在外包、收购、重组方面，企业在权衡自身经营优势和外部环境需求情况下，选择优秀的外部团队加入，以解决全过程工程咨询的不足之处；在联盟方面，企业将厘清市场竞争格局，注重联盟伙伴的战略需求、核心竞争力、文化与市场渠道，并设置合理的战略伙伴筛选、联盟方式（股权与契约型联盟）、联盟利益分配等机制，以提升联盟的合作绩效；在平台运作方面，企业平台对外部开放，设置合理激励机制，鼓励外部组织和创新人才加入全过程工程咨询平台，通过平台组合及管理项目团队，有效形成内外互动局面。

2）咨询企业内部管理方式发生根本性转变

从咨询业务特点来看，无论是全过程工程咨询业务，还是各类专项咨询，都由单个项目组成，即使是某个复杂的项目群，也可以视作一个大项目。项目需要项目团队管理，而项目团队需要项目经理带领，并动用企业各类资源。针对全过程工程咨询的项目管理需求，企业有必要在融合基础上转变原先传统的管理方式，使企业人力、财力、物力资源得以合理"分配"与"共享"，否则会造成新的组织冲突与资源浪费，不仅会导致项目失败，而且也给企业带来巨大损失。随着信息技术、组织管理理论、项目管理方法的发展，咨询企业的管理思维方式转变极为重要，管理方式将更加注重数据中心、项目管理办公室（PMO）、人才管理等方面建设，这三者结合将使企业管理方式发生根本性转变。

第一个根本性转变是企业数据中心将发挥越来越大的作用。首先，企业是通过数据来优化企业资源。通过数据收集与分析，能够及时、精确了解资源的分配和利用情况，便于资源调动和集约化配置，并有资源浪费或紧缺的预警功能。其次，企业通过数据来推动企业管理模式的提升。推进企业从阶层式管理到扁平化管理，有利于通过项目管理办公室（PMO）建立以项目为核心的管理模式，从而达到整体支持，便于企业整体规划。再次，企业是通过数据推动新兴咨询业务发展。任何一项新兴业务，都出自于市场和既有咨询业务更新需求，同时也是全过程工程咨询综合、追求高质量发展的需要，而数据的积累，不仅为新咨询业务探索、开发与创新提供良好的支撑，而且通过数据研发能够使自身产生新需求和新咨询业务。最后，企业是通过数据协助咨询技术的发展。以往由于缺乏数据，往往通过定性分析来对某一事项做出主观判断，缺乏一定的科学性；如果采用数据分析，从定性分析到定量分析的转变，可引起咨询服务质的转变。

第二个根本性转变是企业项目管理办公室（PMO）将主导企业管理新格局。与传统的咨询企业总工办不同的是，企业 PMO 更加灵活，从原先总工办的质量管理、技术管理、知识管理中升级，更注重过程管理、资源管理、风险管理、创新管理和协同管理。可以说，未来的企业 PMO 是一个资源中心，也是企业的创新中心。作为企业资源中心，PMO 利用相关协同软件和数据中心对项目进行评估、优先排序，选择合适的项目经理和团队，在项目进展中做好项目人员沟通与绩效监控工作，努力提高项目经理及其团队的管理能力，并提供与项目相关的技术资料和数据，及时解决项目组织和技术难题。作为企业创新中心，PMO 将根据市场环境和技术发展状况，制定或引入工程咨询最佳实践流程和服务标准，树立标杆项目，组织专门团队或选择合作伙伴（其他咨询企业、院校及专业团队）研究与创新新兴咨询业务，整合产业链和项目数据资源，形成有价值的数据中心，并创造和维护知识产权，从而达到创新目的，以提升组织竞争力、业务水平、人力资源质量。

第三个根本性转变是企业人力资源管理的转变。随着企业融合深入，原有专业分工和等级制组织结构被逐步打破，根据客户及咨询服务需求而临时建立的项目团队结构将代替层级结构，组织扁平化进一步加剧，其高效性优势需要人力资源管理体系的支撑。考虑到扁平化结构下的管理层级减少，员工晋升职位也相应减少，企业员工今后在企业中的职业发展不再与职位紧密联系，而是与能力（个人成长）、成就（荣誉）、薪酬（激励）、价值观（文化）相关。因此，除PMO协助人力资源部门加强人才培训、知识管理、建立学习型组织外，人力资源管理将重新设置激励机制、薪酬制度和文化建设，增强员工咨询技能的同时横向拓展员工的自主权、责任感和劳动回报率。有条件的咨询企业将鼓励对经营业务和持续发展有较大贡献的关键骨干持股或采用合伙人制度，形成资本所有者和劳动者利益共同体，可进一步激活各工程咨询单位的经营活力，也为员工提供了更加开阔和开放的自我实现的平台，从而激发咨询人员的工作热情，提升咨询人员的努力程度，同时强化团队合作理念和价值观，从整体上优化人力资源体系，达到吸引住人才、利用好人才的目的，形成"专业化＋职业化＋国际化"的人才梯队。

3）技术应用与创新成为提高全过程工程咨询服务水平的核心竞争力

根据《工程咨询行业管理办法》对"工程咨询"的定义，工程咨询是遵循独立、公正、科学的原则，综合运用多学科知识、工程实践经验、现代科学和管理方法，在经济社会发展、境内外投资建设项目决策与实施活动中，为投资者和政府部门提供阶段性或全过程咨询和管理的智力服务。这些智力服务由具有相当经验的技术与经济知识型人才提供，因此工程咨询行业隶属于技术密集型行业。无论是传统的工程咨询企业，还是设计、监理、造价咨询、招标代理等工程咨询相关企业，都涉及如何采用有效的技术手段完成咨询服务，以及如何将工程技术应用到相关的专业工程领域中。工程咨询相关企业开展全过程工程咨询，更需要熟练掌握和运用相关技术，并努力创新，成为提高企业全过程工程咨询服务水平的核心竞争力。

（1）技术应用方面

在工程咨询领域，涉及工程技术的范围相当广泛。根据现有的《工程咨询行业管理办法》和《工程设计资质标准（征求意见稿）》，工程咨询业务和设计行业中专业都达到21项之多，不仅包括建筑、市政公用、铁路和城市轨道交通工程等专业，还包括农业、林业、石化、电力等专业，涵盖了大多数行业工程技术。

在全过程工程咨询中，工程咨询企业作为工程技术的引导者和重要推手，通过技术咨询，将先进、成熟、适用的工程建造技术、工程材料技术、工程设备技术、工艺技术（工法）应用于工程建设项目中，确保工程建设项目的施工、运营效果都达到既定目标。另一方面，在全过程工程咨询开展中，还需要运用大量先进的咨询技术手段来提高咨询效率和水平。为此，工程咨询企业应融入 BIM 技术、"互联网 +"、大数据、数字工程、云计算、物联网、GIS 系统、区块链等新一代信息技术，并积极探索将智能监测系统、计算机与数字工程、AR 仿真模拟、穿戴式智能设备、无人机、人工智能辅助系统等新科技设备作为咨询辅助手段，做好纵向和横向技术手段的综合交叉运用。因此，工程咨询企业将日益注重新技术、新材料、新工艺、新设备的技术发展状况，工程新技术的成功掌握与熟练应用将成为全过程工程咨询服务水平的核心竞争力。

（2）技术创新方面

企业是科技创新的主体，全过程工程咨询企业在引导工程建设高新技术的同时，需要通过自身咨询技术创新与突破，把创新作为企业生存发展的根本动力和内生性发展要求，大幅改进咨询方法，从而有力推动全过程工程咨询的创新发展。工程咨询企业通过技术创新，能够解决工程建设中的技术难题，提高建设项目的质量和安全性能，或者可降低建设工程投资；其次，通过技术创新，可打造咨询企业核心竞争力，为客户提供更好的咨询服务；另外，通过技术创新，可培养出一批咨询技术创新人才，成为咨询企业核心力量。在工程创新途径方面，工程咨询企业将陆续成立自身的技术研究中心（或者项目管理办公室），加大科学技术研究资金，结合市场需求开发企业专有技术及专利产品，并考虑与相关高等院校、施工建设企业、其他专项咨询企业合作，重点解决影响行业发展的关键性技术，将专业学科中最新技术运用到建设项目或咨询技术中。同时，咨询企业将建立自身技术标准，并参与咨询行业中相关规范的编制，随着国家发展的全球化进程，国内全过程工程咨询企业还将考虑标准与国际咨询业接轨，争取在国际中更多的咨询话语权和更强的竞争力。

96. 将来如何提升数字化在全过程工程咨询的应用水平？————

《工程咨询行业 2021—2025 年发展规划纲要》提出，加快工程咨询数字化、智能化发展，运用"互联网 +"、人工智能、大数据、云计算等新一代信息技术提高工程咨询数字化水平，建立行业数据库与分析系统，逐步形成高效的行业信息资源管理和共享体系。推进全过程工程咨询数字化转型，需要积极发挥政府、行业协会和企业的作用，在推进数字化交付、共享平台建设、标准制度体系等方面协同发力，共同推进全过程工程咨询数字化应用水平提升。将来提升数字化在全过程工程咨询的应用水平主要包括核心技术研发、数字化基础设施建设、数字化人才发展三个方面（图5-3）。

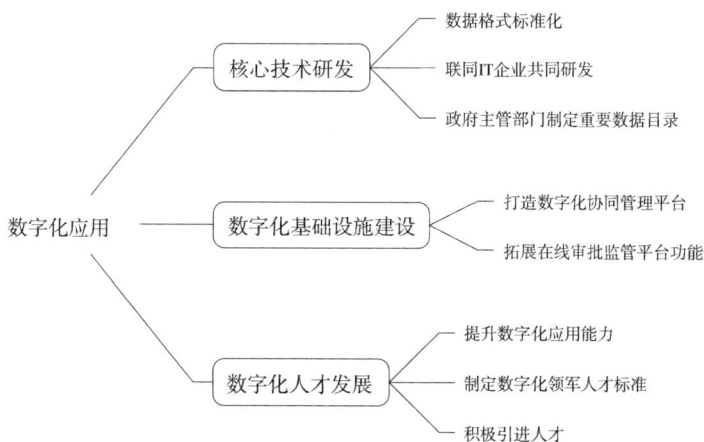

图5-3　全过程工程咨询数字化应用发展

1）核心技术研发方面

首先，由国家主导，对工程咨询相关软件数据格式进行标准化规定，设置通用文件格式的导入导出接口，实现投资决策咨询、招标代理、勘察、设计、监理、造价咨询、项目管理等专业化的咨询服务的数据交互，打通全过程工程咨询数据传递链条。统一智能硬件设备接口标准、通信协议，降低数据的异构性和多源性，使数据信息更为顺畅地在多场景、多环节、多对象间流通共享，起到降本增效和增强合作的作用。

其次，咨询企业应携手IT企业加大对数字化核心技术的研发力度，大力开发和利用专业化插件，并积极开发支持投资决策咨询、建设实施与运营维护等多阶段数据流通的专业软件模块，实现轻量化浏览与多线程操作。在充分考虑全过程工程咨询服务多样性特征与数字化需求的基础上，探索软件协同方式，提高数字化成果应用的便利性与快捷性，形成具有自身特色的全过程工程咨询数字化服务。

最后，由政府主管部门制定工程咨询行业重要数据目录，建立可操作的行业数据分类分级管理办法，推进行业数据安全标准体系的建设。根据技术成熟条件，积极推进区块链技术在全过程工程咨询领域的应用，实现前期决策咨询、造价咨询、勘察、设计、施工、监理、运维等各阶段重要数据全部"上链"。针对传统数字安全问题和新技术下的数字安全新隐患，完善相应的管理机制，强化数字化管理能力，探索智能合约，建立数字化信用档案，实现合作方之间信息公开、安全、透明，提升全过程工程咨询服务效能。

2）数字化基础设施建设方面

一方面，工程咨询企业应积极推进数字化转型，结合全过程工程咨询数字化服务板块，打造可以对项目不同实施阶段进行数字化统一管理、多方参与的项目协同管理平台。同时广泛推进工程咨询企业项目管理平台与企业管理平台的有效衔接，促进企业内部信息、知识与资源的整合。

另一方面，政府主管部门应拓展在线审批监管平台功能，打造全新的一体化数字平台，并促进各项目管理平台与一体化数字平台的有效衔接。为更好地发挥平台作用，应加大一体化数字平台数据的应用力度，如构建并有序开放行业数据库、知识库，鼓励工程咨询企业对业务进行标准化的数据采集和上传共享，利用大数据技术进行数据采集、清洗及分析。

3）数字化人才发展方面

运用专业培训、技能竞赛、合作交流、高峰论坛、资格考试等多种方式，提升工程咨询、规划、设计、施工、运营等各环节的从业人员的数字化应用能力。企业需对全过程工程咨询关键岗位人员提出数字化技术应用能力要求，并给予一定的奖励机制。同时，政府主管部门应以行业健康、可持续发展为目标，为工程咨询行业数字化人才的引入提供多样性的鼓励性政策，并制定数字化领军人才和青年创新人才标准，积极运用各地梯度化人才引进政策和重点领域产业类紧缺人才奖励政策。

综上所述，提升全过程工程咨询数字化应用水平并非一朝一夕能够实现，需要政府、协会、企业等各方持久努力，主动融入数字化转型浪潮，深入推进"数字化＋"全过程工程咨询，加速提升数字化能力与水平，提升服务质量、效率与满意度。同时，结合全过程工程咨询特点和项目管理新理念，积极采用先进的数字化技术，探索未来全过程工程咨询新模式。如虚拟团队、AR、VR及元宇宙的结合，又如大数据、人工智能与管理技术的融合等，推进服务标准化、数字化、远程化和智慧化。此外，提高咨询人员对数字化技术应用的认识，也是提升全过程工程咨询数字化应用水平的关键。

97. 全过程工程咨询服务将来是否会包括运营阶段？ ——————

全过程工程咨询服务不仅将来会包括运营阶段，而且现在就应包括。

首先，515 号文提出，鼓励多种形式全过程工程咨询模式，即"除投资决策综合性咨询和工程建设全过程咨询外，咨询单位可根据市场需求，从投资决策、工程建设、运营等项目全生命周期角度，开展跨阶段咨询服务组合或同一阶段内不同类型咨询服务组合"。

其次，在目前陆续出台的行业或地方的全过程工程咨询服务导则中，也将运营阶段纳入全过程工程咨询服务范围。

最后，在国际上，已将项目管理视作价值交付的全生命周期管理，实现价值成为项目管理各阶段的关键路径，价值体现是价值项目管理交付系统的最终目的。价值体现是通过运营阶段实现的，运营阶段若不秉承全生命周期管理理念继续精心管理，势必前功尽弃。因此，对于全过程工程咨询服务，不仅将来包括运营阶段是必然趋势，而且现在就应包括运营阶段。

98. 全过程工程咨询开展运营阶段咨询服务有哪些主要内容和工作重点？ ——————

全过程工程咨询开展运营阶段咨询服务，主要包括运营管理总体策划、运营采购与合同管理咨询、运营资产价值与成本管理咨询、建筑空间管理咨询、建筑与设施管理咨询、运营信息管理咨询、运营风险管理咨询、运营安全与应急管理咨询等。运营管理内容与主要咨询工作中的重点如下表所示（表 5-2）。

全过程工程咨询在运营阶段的工作重点　　　　　　　　　　表 5-2

序号	运营管理内容	主要咨询工作重点
1	运营管理总体策划咨询	➤ 运营管理战略制定 ➤ 运营管理各项管理方案 ➤ 重要管理事项及时间表
2	运营采购与合同管理咨询	➤ 服务外包采购与合同管理 ➤ 使用单位入驻条件、合同签订与管理
3	运营进度管理咨询	➤ 外包单位服务时间管理 ➤ 使用单位入驻、装修及迁出等进度管理 ➤ 维修进度管理

续表

序号	运营管理内容	主要咨询工作重点
4	运营资产价值与成本管理咨询	➤ 运营维护支出计划及管理 ➤ 资产保值升值管理
5	建筑空间管理咨询；建筑与设施管理咨询	➤ 建筑空间使用规划（使用方案优化）、使用标准、提供条件等管理 ➤ 建筑设施运行质量标准、维护要求、能耗、环境等方面管理 ➤ 建筑设施的升级改造（可持续发展）管理 ➤ 物业服务质量满意度调查与管理
6	运营安全与应急管理咨询	➤ 安全与应急管理小组建立 ➤ 安全与应急管理计划制定 ➤ 协助应急演练
7	运营信息管理咨询	➤ 信息管理系统（平台）建立及管理 ➤ BIM 技术应用 ➤ 运营数据统计、传递及报告制度 ➤ 运营会议制度建立及运行
8	运营风险管理咨询	➤ 运营风险识别、评估及风险分配 ➤ 运营风险管理措施落实

99. 促进全过程工程咨询高质量发展的顶层设计还需要在哪些方面改善？

随着我国进入全面建设社会主义现代化国家的新发展阶段，全过程工程咨询高质量发展正面临百年未有的新形势与新要求，为更好促进全行业完整、准确、全面贯彻新发展理念，更好融入和服务新发展格局，推动国家治理体系和治理能力现代化，全过程工程咨询需要加强顶层设计，主要体现在以下几个方面（图 5-4）：

1）完善相关法律法规

全过程工程咨询需尽快完善相关法律法规，并根据全过程工程咨询工作开展的需要，修订已有的法律法规，逐步建立全过程工程咨询的法律体系框架，使全

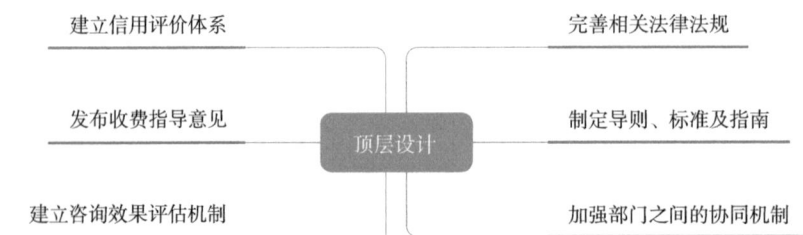

图5-4 全过程工程咨询顶层设计的完善

过程工程咨询有法可依。

2）制定相应的全过程工程咨询导则、标准及指南等规范性文件

为进一步推动全过程工程咨询的健康持续发展，建议政府相关部门能够综合各部门职权，优化流程，开发信息化平台，并尽快出台全过程工程咨询服务招标文件示范文本、服务合同示范文本、服务人员配置标准、服务工作质量检查标准等指导性文件，规范行业竞争行为，及时对"劣币驱逐良币"的不正当竞争进行监管，建立有序的工程咨询行业市场，利于发挥工程咨询业在国家投融资领域的积极作用。

3）加强政府各相关部门之间的协同机制

针对阻碍全过程工程咨询工作的政策痛点和盲点（如项目审批、招标条件、税收优惠、政府项目审计等），共同研究如何完善配套政策和保障机制，明确项目各阶段牵头管理的政府部门，如发展改革、规划国土资源、住房和城乡建设管理等部门，便于全过程工程咨询的监督和落实。

4）规范招标投标行为，发布收费指导意见，优化竞争环境

为优化市场竞争环境，需规范工程咨询的采购行为和招标投标行为，禁止设立区域性、行业性限制等歧视性条款。考虑到提高工程咨询的服务质量，政府应进一步倡导以价值为导向的"优质优价"市场化机制，尽快建立与高质量发展相适应的咨询服务价格体系，维护公平、高效、有序的市场竞争环境，凝聚推动行业高质量发展的强大正能量。因此，制定切实可行的咨询服务收费指导意见是十分必要的，为建设单位和工程咨询企业确定服务酬金提供参考，保证咨询行业服务的高质量。在制定收费指导意见时，由相关部门授权行业协会组织研究和定期地动态发布国家或地方收费指导意见。如，咨询人员的人工成本指导意见、咨询业务开展的工时工效等指导意见，既利于市场的有序竞争又有利于市场的可持续发展。同时，可以研究制定本地的绩效奖励实操办法或实施细则。

5）建立全过程工程咨询效果评估机制

由政府或协会组织社会力量对试点工作评估机制及跟踪评估效果加以调研，结合相关咨询服务工作质量检查标准，推出一套高效、合理的全过程工程咨询工作质量和效果评估机制（包括过程评估和后评估），不仅可对今后全过程工程咨询行业工作加以规范，而且能够有效提升全过程工程咨询的价值。鉴于市场对全过程工程咨询创新能力的高需求，建议评估机制中设立鼓励创新内容。

6）建立信用评价体系，发挥信用的主导作用

发达国家对于工程咨询行业的管理，一般是靠行业协会等自律性组织制定工作条例、工作准则、职业道德标准等来进行监督和指导。国际上多数国家主要通过信用、业绩和能力考察来选择市场主体，有成熟的信用评价机制和工程担保机制。目前，各地还未建立成熟的信用评价制度，主要依靠对企业资质的限定来选择全过程工程咨询单位。因此，下一步需逐步推进企业信用评价体系的建设，放宽资质要求，提高能力要求。为了避免与现行法规相冲突，短期内可以要求提供勘察、设计和监理咨询服务等全过程工程咨询服务的企业应具有与所承担工程规模相符的资质。从长远来讲，应逐渐转换为通过信用、业绩和能力来选择全过程工程咨询企业，同时加强对咨询人员能力的考核和认证，完善职业准入制度。

7）激活数据要素潜能，强化数据资产管理

政府主管部门可明确对数字化资产进行监管的内容和方式，建立与全过程工程咨询数字化交付成果相配套的监管体系，为咨询企业自主管理向行业统筹监管的贯通奠定基础。

100. 行业协会在全过程工程咨询开展中将会提供哪些支持？———

我国行业协会是介于政府和企业之间、随着体制改革逐渐在政府支持下发展而成的非营利性行业社会组织，其职能是对行业内部进行自律和规范，协调行业内外关系，维护会员合法权益，为会员提供行业间交流与合作服务。从行业协会的业务范围来看，行业协会主要作为国家有关政府部门管理职能的延续，在政府部门指导下承担行业企业微观管理与服务的任务。因此，行业协会要提升自身从事行业服务的能力和效率，积极承接政府相关职能转移，优化行业发展环境。

我国全过程工程咨询主要由工程咨询行业协会主管，各级工程咨询协会将继续履行"提供服务、反映诉求、规范行为、促进和谐"的职责，在市场、社会方面发挥引导、管理和服务作用，推动全过程工程咨询健康、高质量发展（图5-5）。

（1）工程咨询协会将进一步根据投融资体制改革，调整工程咨询业市场战略部署，厘清当前工程咨询业相关市场行业规则，并组织力量根据当今法律、政策变化来调整规则，规范工程咨询行为，及时对"劣币驱逐良币"的不正当竞争进行监管，保证工程咨询市场健康持续发展，发挥工程咨询业在国家投融资领域的积极作用。

图 5-5　协会对全过程工程咨询的支持

（2）工程咨询协会将整合现有各项工程咨询企业资质和个人资质的管理，建立健全工程咨询行业执业监督检查制度，并推动继续教育和培训工作，培养大量的工程咨询复合型高端人才，同时做好咨询工程师职业责任保险体系的建设工作。

（3）工程咨询协会未来更加注重加大工程咨询行业形象及咨询成果的宣传力度。宣传具有一定行业代表性和技术典型性的优秀工程咨询成果，树立行业标杆，激发工程咨询企业及个人开展高标准、高质量工作的积极性，同时凸显工程咨询智力服务的重要性，提升工程咨询业的社会认知度和咨询工程师的形象，也进一步提升行业影响力。

（4）注重工程咨询业统计指标体系以及技术数据指标体系的建设。全面、客观反映工程咨询业的运行状态、管理水平、绩效水平、信用水平、咨询人员整体素质，并提供工程咨询所需的技术数据统计，为工程咨询行业重大决策提供科学依据，为提高我国工程咨询行业水平做数据支撑。同时，研究发布工程咨询业高质量发展指数，推动发展指数成为引领行业高质量发展的风向标。

（5）积极加强行业内交流，健全行业交流平台，促进行业信息与知识共享。并努力推动重大项目、复杂项目、创新性项目的联合攻关，树立行业标杆。同时，发挥重大建设项目对全过程工程咨询的示范作用，发挥全过程工程咨询在提高投资效益、建设质量和运营效率中的综合效应，及时做好经验规律的总结与推广。

（6）加强各级行业协会组织之间、政府和行业组织间的沟通合作，建立紧密互动的常态化工作交流机制，相互支持配合，形成共商、共建、共享、共赢的命运共同体，提升行业自律水平。

（7）推动行业信息共享和资源充分利用。由中国工程咨询协会牵头，建立工程咨询行业规范信息平台，构建工程咨询行业信息共享数据系统，共享行业数据资源，促进工程咨询企业高质量发展。

参考文献

[1] 全国咨询工程师（投资）职业资格考试教材编写委员会.项目决策分析与评价（2021 修订版）[M].北京：中国统计出版社，2021：79.

[2] 汪洋.关于优化投资项目服务流程的思考 [J].中国工程咨询，2021（1）：91-93.

[3] 国务院办公厅.国务院办公厅关于促进建筑业持续健康发展的意见 [Z].2017-02-21.

[4] 中华人民共和国住房和城乡建设部.住房城乡建设部关于开展全过程工程咨询试点工作的通知 [Z].2017-05-02.

[5] 中华人民共和国国家发展和改革委员会，中华人民共和国住房和城乡建设部.国家发展改革委 住房城乡建设部关于推进全过程工程咨询服务发展的指导意见 [Z].2019-03-15.

[6] 中华人民共和国住房和城乡建设部建筑市场监管司.住房和城乡建设部市场监管司关于征求全过程工程咨询服务合同示范文本（征求意见稿）意见的函 [Z].2020-08-28.

[7] 杨卫东，敖永杰，翁晓红，等.全过程工程咨询实践指南 [M].北京：中国建筑工业出版社，2018.

[8] 中国工程咨询协会.中国工程咨询协会 2018 年度行业发展报告 [R].北京：中国工程咨询协会，2018.

[9] 中国工程咨询协会.中国工程咨询协会 2019 年度行业发展报告 [R].北京：中国工程咨询协会，2019.

[10] 中国工程咨询协会.中国工程咨询协会 2020 年度行业发展报告 [R].北京：中国工程咨询协会，2020.

[11] Project Management Institute. 项目管理知识体系（PMBOK 体系）指南第七版和项目管理标准 [M]. 2021.

[12] 上海市建设工程咨询行业协会，同济大学复杂工程管理研究院 . 建设工程项目管理服务大纲和指南（2018 年版）[M]. 上海：同济大学出版社，2019.

[13] 财政部政府和社会资本合作中心 . PPP 模式融资问题研究 [M]. 北京：中国财经出版传媒集团经济科学出版社，2017.

[14] 韩光耀，沈翔 . 全过程工程咨询的特点和内涵辨析与实施措施 [J]. 中国工程咨询，2018（3）：38-41.

[15] 杨进，汪洋，黄聪 . 围绕技术提升和能力再造 塑造中西融合的全过程咨询标杆——林同棪国际全过程工程咨询的实践和思考 [J]. 中国勘察设计，2017（7）：40-43.

[16] 沈翔，韩光耀 . 新机遇 新挑战 新发展——试论工程咨询业在我国投融资体制改革下的可持续发展 [J]. 中国工程咨询，2017（7）：15-18.

[17] 李俭 . 企业，一定要担当起科技创新的主体责任 [N]. 和讯评论，2016（6）.

[18] 王晓亮，杜志芳 . 数字经济背景下建筑行业数字化转型研究 [J]. 河北软件职业技术学院学报，2020（4）：57-59.

[19] 段鑫，李杨春，李新国 . EPCM 项目管理及应对 [J]. 管理观察，2016（22）：36-38，42.

[20] 丁士昭 . 激励市场需求是全过程工程咨询推进的主要驱动力 [J]. 建筑，2020（14）：16-17.

[21] 赵柏树 . 建设工程设计管理中存在的问题及优化策略 [J]. 上海建设科技，2011（6）：68-72.

[22] 高永峰，张淑红 . 浅谈施工项目的管理 [J]. 黑龙江科技信息，2008（21）：82.

[23] 周晓杨 . 浅谈建筑工程设计管理研究 [J]. 商情，2017（26）：196.

[24] 赵辉 . 建设工程项目中的设计管理 [J]. 城市建设理论研究（电子版），2012（30）：1-6.

[25] 沈柏，吴丽萍 . 论项目管理服务在全过程咨询项目中的核心作用 [J]. 中国工程咨询，2020（5）：59-67.

[26] 原国家发展计划委员会 . 工程建设项目招标范围和规模标准规定 [Z]. 2000-05-01.

[27] 中华人民共和国国家发展和改革委员会 . 必须招标的工程项目规定 [Z]. 2018-

03-27.

[28] 中华人民共和国国家发展和改革委员会.必须招标的基础设施和公用事业项目范围规定 [Z]. 2018-06-06.

[29] 中华人民共和国国家发展和改革委员会办公厅.国家发展改革委办公厅关于进一步做好《必须招标的工程项目规定》和《必须招标的基础设施和公用事业项目范围规定》实施工作的通知 [Z]. 2020-10-19.